행복과 자유

인문정신의 탐구 29

행복과 자유
서양 중세 윤리학 연구

김율 지음

도서출판 길

지은이 **김율**은 서울대 미학과를 졸업하고 같은 대학교 대학원에서 석사 학위를 받았다. 이후 독일 뮌헨 예수회 철학 대학에서 수학했으며, 2004년 레겐스부르크 대학에서 중세 철학(토마스 아퀴나스) 전공으로 박사 학위를 받았다. 서울대와 서강대 등에서 7년 동안 시간강사로 일했으며, 현재 대구가톨릭대 교수로 재직 중이다. 저서로 『서양 고대 미학사 강의』(한길사, 2010), 『중세의 아름다움』(한길사, 2017) 등이 있으며, 역서로는 『대이교도대전 3-1』(토마스 아퀴나스, 분도출판사, 2019), 『사랑과 책임』(교황 요한 바오로 2세, 누멘, 2017), 『고딕건축과 스콜라 철학』(에르빈 파노프스키, 한길사, 2016), 『신학대전 13』(토마스 아퀴나스, 바오로딸, 2008), 『신앙의 근거들』(토마스 아퀴나스, 철학과현실사, 2005), 『은총과 자유』(버나드 로너간, 가톨릭출판사, 2005), 『자연의 원리들』(토마스 아퀴나스, 철학과현실사, 2005), 『토마스 읽기』(알버트 침머만, 성바오로출판사, 2004) 등이 있다. 전성기 및 후기 스콜라철학이 주요 연구 분야이며, 서양 고대 및 중세 철학에 대한 약 50편의 논문을 국내외 학술지에 발표했다.

인문정신의 탐구 29

행복과 자유
서양 중세 윤리학 연구

2025년 3월 20일 제1판 제1쇄 인쇄
2025년 3월 31일 제1판 제1쇄 발행

지은이 | 김율
펴낸이 | 박우정

기획 • 편집 | 이승우
전산 | 최원석

펴낸곳 | 도서출판 길
주소 | 06032 서울 강남구 도산대로 25길 16 우리빌딩 201호
전화 | 02)595-3153 팩스 | 02)595-3165
등록 | 1997년 6월 17일 제113호

ⓒ 김율, 2025. Printed in Seoul, Korea

ISBN 978-89-6445-295-0 93100

차례

들어가는 말 • 9

제1장 행복이란 무엇인가 • 19

1. 앎으로서의 행복 • 21
  1) "모든 인간은 본성적으로 앎을 욕구한다" • 21
  2) 앎의 욕구에 대한 긍정 • 26
  3) 지성적 관조로서의 행복 • 31

2. 신을 아는 행복 • 36
  1) 신 인식의 단계 • 36
  2) 행복은 현세에서 왜 불가능한가 • 41
  3) 사후의 행복은 왜 가능한가 • 44

3. 행복에 수반되는 것들 • 47
  1) 즐거움과 행복 • 47
  2) 의지의 올바름 • 50
  3) 육체와 그 완전성 • 52
  4) 외적 선과 친애 • 54

제2장 의지란 무엇인가 • 57

1. 영혼의 본질과 능력 • 59
　1) 본질과 능력의 구별 • 59
　2) 영혼 능력의 분류 기준과 질서 • 65
　3) 영혼 능력의 다섯 유(類) • 71
　4) 의지, 감각적 욕구, 지성 • 75

2. 지성적 욕구로서의 의지 • 80
　1) 의지 개념의 형이상학적 토대: 경향 • 80
　2) 경향 개념의 전개 • 83

3. 의지 운동의 원인 • 90
　1) 욕구의 원인 • 90
　2) 인식하는 실체와 원인의 내재화 • 93
　3) 의지와 지성의 이중적 원인성 • 96
　4) 의지와 지성의 상호 운동 • 99

제3장 의지는 어떤 의미에서 자유로운가 • 107

1. 초기 저작에 나타나는 자유 결단 이론 • 109
　1) 자유 결단 개념의 의미 • 109
　2) 인간은 왜 자유 결단을 지니는가 • 112
　3) 토마스 자유 결단 이론의 주지주의적 특징 • 119
　4) 토마스는 주지주의적 심리결정론자인가 • 123

2. 후기 저작에 나타나는 의지의 자유 • 129
　1) 의지 활동의 내적 구조 • 129
　2) 이중적 자유 개념: 실행의 자유와 종별화의 자유 • 136
　3) 선택 활동의 통일성 • 141
　4) 의지의 자유와 선택의 합리성 • 144

제4장　감정은 어떤 의미에서 도덕적인가 • 149

1. 감정의 위치와 정체 • 151
　1) '영혼적 수동'으로서의 감정 • 151
　2) 감정의 위치 • 156
　3) 감정의 정체 • 160

2. 감정의 종류 • 163
　1) 욕망적 욕구와 분노적 욕구 • 163
　2) 감정의 분류 체계 • 167
　3) 분노 • 172

3. 감정의 도덕성 • 175
　1) 이성 능력의 활동을 따르는 감정 • 175
　2) 이성 활동에 선행하는 감정 • 183
　3) 감정에 대한 책임의 근거 • 186
　4) 감정에 대한 내적 태도 • 190

지은이의 말 • 199

참고문헌 • 203
찾아보기 • 212

들어가는 말

I.

『니코마코스 윤리학』 제1권 제13장에는 정치가가 영혼에 대한 지식을 마땅히 지녀야 한다고 주장하는 구절(1102a19-25)이 있다. 딱딱하게 시작해서 미안하지만, 이 유명한 구절에 대한 토마스 아퀴나스(Thomas Aquinas)의 주해를 읽어 보자.

> 이처럼 몸의 건강을 탐구하는 의사가 몸을 고찰하듯이, 마음의 덕을 찾는 정치가는 마음을 고찰한다. 따라서 눈과 몸 전체를 돌보는 의사가 눈과 몸 전체를 고찰해야 하듯이, 정치가가 마음에 속하는 것을 어떤 식으로든 인식해야 함은 분명하다. 그리고 앞의 논의에서 드러난 것처럼 정치학이 의학보다 더 나은 만큼 마음의 덕을 탐구하는 정치학에 마음을 고찰하는 과제는 [의학에 몸을 고찰하는 과제가 속하는 것보다] 더 긴밀히 속한다. 따라서 마음의 고찰은 [몸의 고찰보다] 더 완전해야 한다. 그런데 우리는 뛰어난 의사가 비단 의료 행위에 관한 것뿐만 아니라 몸의 인식과 관련해 많은 것을 다루고 있음을 안다.[1]

좋은 공동체는 좋은 사람들의 모임이다. 그리고 좋은 사람이란 무엇보다 마음의 덕(탁월성)을 지닌 사람이다. 따라서 좋은 공동체를 일구고자 하는 정치가는 무릇 마음에 대한 지식을 가지고 있어야 한다. 몸 건강을 돌보는 의사가 몸에 대한 지식을 지녀야 하는 것과 마찬가지 이치이다. 눈을 제대로 고치기 위해서는 눈뿐만 아니라 몸 전체에 대한 지식을 어느 정도 가지고 있어야 한다. 그리고 인간의 몸을 제대로 알기 위해서는 유기체 및 물체 일반의 속성에 대한 지식이 뒷받침되어야 한다. 의사는 생리학자이자 자연학자이다. 그리고 바로 이런 의미에서 정치가는 마음의 학문, 즉 영혼론을 아는 사람이어야 한다.

공동체의 좋음은 개인의 좋음보다 더 신적(神的)이라고 했다.[2] 공동체의 좋음을 추구하는 사람은 개인적 차원에서 좋은 삶을 성취하고 거기서 한 걸음 더 나아가는 사람일 것이다. 그런데 설혹 당장 더 나아가지 못한다고 하더라도 나의 좋은 삶을 성취하는 사람이 공동체의 좋음에 기여하지 못하는 것은 아니다. 건축가 혼자서 건축을 하는 것은 아니기 때문이다. 좋은 자재와 일꾼 없이 건축가는 집을 짓지 못한다. 아니, 어떤 의미에서 각자는 각자의 삶을 기획하는 건축가이자 각자의 삶을 다스리는 정치가이다. 한편, 이렇게도 생각할 수 있겠다. 자기의 것을 훌륭하게 돌보는 사람은

---

[1] *Sententia libri Ethicorum* lib. I, lect. 19: "Sic ergo se habet politicus ad considerandum de anima cuius virtutem quaerit, sicut medicus ad considerandum de corpore cuius sanitatem inquirit. Unde manifestum est quod oportet politicum aliqualiter cognoscere ea quae pertinent ad animam, sicut medicus qui curat oculos et totum corpus oportet quod consideret de oculis et de toto corpore, et tanto magis hoc pertinet ad politicam ut consideret animam cuius virtutem inquirit, quanto est melior ipsa quam scientia medicinae, ut ex supradictis patet. Et ideo oportet, quod eius consideratio sit magis completa. Videmus autem quod excellentes medici multa tractant circa cognitionem corporis, et non solum circa medicinales operationes. Unde et politicus debet aliqua considerare de anima."

[2] *Ethica nicomachea* I, c. 2, 1094b7-11.

이미 공동의 것도 잘 돌볼 자질이 있는 사람이다. 개별적인 것을 보살피는 일은 결코 사소한 일이 아니다. 내가 잘 산다는 것, 개인으로서의 나를 잘 보살핀다는 것은 보편적 좋음을 나에게 잘 적용한다는 뜻이다.[3] 보편적 지식을 갖지 않고서 개별적 사례에서 성공을 거두기란 쉽지 않다. 그러므로 내가 잘 산다는 것은 공동체의 선익(善益)이 무엇인지를 이해하고 그에 기여할 준비가 되어 있다는 뜻이다.

정치학은 의학보다 우월하다. 공동체 전체의 좋음을 기획하는 건축적 학문이기 때문이다.[4] 아리스토텔레스(Aristoteles)와 토마스 아퀴나스는 이 우월성을 자신이 추구하는 좋음이 속하는 주체를 더 깊이 이해해야 한다는 요구와 결부시킨다. 즉 몸에 대한 의사의 지식보다 마음에 대한 정치가의 지식이 더 완전한 것이어야 한다. 여기서 더 완전하다는 말의 의미는 무엇일까? 적어도 정확성을 의미하는 것이 아님은 아리스토텔레스 자신이 말하고 있다. 마음에 대한 학문은 그 자체로서는 다른 학문보다 정확하고 엄밀하지만,[5] 이 지식의 획득에서 정치가가 심리학자만큼의 정확성을 추구할 필요는 없다는 뜻이다. 정확성은 모든 논의에서 똑같은 정도로 추구되어야 하는 것은 아니기 때문이다.[6]

그렇다면 여기서 더 완전하다는 말의 의미는 대략 두 가지로 이해할 수 있겠다. 첫째, 마음이 몸보다 더 고귀한 인식 대상이라는 의미에서 마음에 대한 정치가의 지식은 몸에 대한 의사의 지식보다 그 자체로 더 완전하다. 마음의 탐구는 자연학에 도움을 주며, 또한 많은 부분 자연학으로 설명될 수도 있지만 전부 그런 것은 아니다. 어떤 의미에서 보자면, 마음은 감각되

---

3 *EN* X, c. 9, 1180b8-16.
4 *EN* I, c. 2, 1094a28-1094b4.
5 *De anima* I, c. 1, 402a1-4.
6 *EN* I, c. 3, 1094b14.

는 것이 아니라 이해되는 것이다. 둘째, 개별적 행위뿐만 아니라 그 행위의 주체 또는 대상에 대한 더 일반적 지식이라는 점에서, 마음에 대한 정치가의 지식은 몸에 대한 의사의 지식보다 더 완전하다. 수준 높은 의사 역시 개별적 의료 행위뿐만 아니라 인체에 대한 일정한 이론적 지식을 지니고 있으니, 정치가가 개별적 실천뿐만 아니라 그 원리인 인간의 마음 일반에 정통한 사람이라는 것은 더 말할 나위도 없다는 것이다.

이제 용어를 바꾸어 논의해 보자. 마음과 몸을 각각 영혼과 육체로 부르자. 그리고 공동체의 좋음을 목표로 작업하는 정치학 대신에 개인들 일반의 차원에서 좋은 성품과 행복을 논하는 윤리학을 문제 삼아 보자. 앞에서 실천철학자로서의 정치가가 영혼에 대한 지식을 지녀야 한다고 말했던 근본적 까닭은 무엇인가? 그것은 인간의 행복이 탁월성에 따르는 영혼의 활동이기 때문이다.[7] 『영혼론 주해』 서두에서 토마스는 영혼에 대한 학문의 유용성에 대해 다음과 같이 명시적으로 말한다.

> 도덕철학을 놓고 보자면, 우리가 영혼의 능력을 알지 못하고서 도덕적 학문에 완전하게 도달하기란 불가능하다. 『니코마코스 윤리학』에서 다양한 영혼 능력에 각각의 특정 덕을 귀속시키는 까닭이다.[8]

영혼이란 무엇인지에 대해 전문 영혼 연구자들이 가질 법한 엄밀한 앎을 획득하지 못하더라도, 영혼의 구조와 기능에 대해 폭넓은 지식을 갖는 것은 윤리학 연구의 기초이다. 아리스토텔레스가 성격적 탁월성을 탐구

---

7 *EN* I, c. 13, 1102a5.

8 *Sententia libri De anima* lib. 1, lect. 1: "Si vero attendatur quantum ad moralem, non possumus perfecte ad scientiam moralem pervenire, nisi sciamus potentias animae. Et inde est, quod philosophus in Ethicis attribuit quaslibet virtutes diversis potentiis animae."

하기 이전에 자발성, 선택, 숙고, 바람 등의 기초 개념을 논하는 이유도 여기에 있다. 영혼론은 그 자체로 독자적인 그리고 대단히 고귀한 학문이지만, 시야를 넓혀 고찰하면 실천철학으로 들어가기 위해 필수적인 예비학(Propädeutik)이기도 하다.

II.

무엇을 위해 어떻게 살아야 하는가? 이 질문에 대한 대답을 중세인들은 당연히 그리스도교적 삶의 이상에서 찾았다. 다른 많은 종교적 삶도 그렇겠지만 그리스도교적 삶은 물질보다 정신이, 육체보다 영혼이 더 중요한 삶이다. 또한 그 삶은 아는 것만 아는 삶과는 거리가 멀다. 스스로 알고 경험하는 삶의 영역을 넘어 모르는 것, 종내 모를 수밖에 없는 것 역시 고려하는 삶이 그리스도교적 삶이다. 의심해 본 적 없이 확신에만 가득 찬 삶, 실패와 환멸로 인한 낮추어짐을 모르는 삶, 자기중심적이라는 의미에서 자족적인 삶은 그리스도교적 삶이 아니다. 그리스도가 살아 냈고 성경과 아우구스티누스(Augustinus)가 가르치는 이 삶의 이상이 12세기에 들어 아리스토텔레스 철학을 만나게 되었을 때, 그 이상은 이 그리스 정신에 의해 어떻게 소화되는가?

일단 『분석론 후서』의 틀에 따라 신학이 비로소 학문으로 정립되는 과정을 이해할 필요가 있겠다. 삶의 방침을 가르치는 윤리신학이라고 해도 예외가 아니다. 윤리신학이 학문으로 존재하기 위해 그것은 당연히 원리와 추론을 필요로 한다. 위대한 스콜라학자들은 어디서 윤리신학의 원리를 찾았는가? 성경과 교부는 그들의 흔들림 없는 준거였으되, 아리스토텔레스의 『니코마코스 윤리학』 또한 그들이 진지하게 고려한 전거였다. 이 저작의 제2권과 제3권 일부를 따로 떼어 번역한 이른바 '구(舊)번역'(translatio vetus)은 이미 1,200년 이전부터 널리 유포되고 있었다. 라틴 유럽 세계에서 이 저작의 덕론(德論) 부분부터 번역되고 유포되었다는 사실은 의미심장하다. 그리스도교는 은총의 종교일 뿐만 아니라 덕의 종교이다. 구번역은 덕에 대한 그리스도교 신학자들의 원초적 관심을 충족해 주었을 뿐만 아니라 덕 윤리에 대한 그들의 체계적 관심을 불러일으켰을 것이다. 제1권을 증보한 '신(新)번역'(translatio nova)은 13세기 전반부를 풍미했으며, 마침내 저 유명한 로베르투스 그로세테스테(Robertus Grosseteste, 1168?~1253)에 의한 완역 — 구번역에 기초한 재번역으로 흔히 '신교정'(recensio nova)이라 불린다 — 이 1246년 등장한다.

한편, 그리스도교 전통과 아리스토텔레스 학문 정신의 만남이 원만하기만 했던 것은 아니라는 점을 기억해 둘 필요가 있다. 셈족의 초월적이고 배타적인 종교적 전통에서 역설적으로 파생된 사랑의 민중 종교가 인도유럽어의 한 갈래인 그리스어로 사유하고 말했던 '철학'을 만나 길항하고 교섭하는 역사는 유구하지만, 12~13세기 라틴 유럽이 그 길항과 교섭의 한 절정이었다는 점은 분명해 보인다. 파리 대학에서 반복적으로 아리스토텔레스 금지령이 내려지고, 유명무실해진 금지령이 나중에 철회되고, 종국에는 단죄의 형식으로 다시 한 번 백래시가 일어나는 일련의 과정은 아리스토텔레스에 대한 열광과 반감이 교차한 13세기의 지적 풍경을 극적으로 보여 준다. 토마스는 이 소용돌이 속에서 균형을 잡으려 한 인물이다. 그는 보나벤투라(Bonaventura)나 페트루스 요하네스 올리비(Petrus Johannes Olivi)처럼 아리스토텔레스를 경멸하지도 않았으며, 아베로에스주의자들처럼 아리스토텔레스를 추종하지도 않았다. 스승 알베르투스 마그누스(Albertus Magnus)가 갔던 길을 따라 토마스는 아리스토텔레스를 진중하게 주해하면서 그리스도교 신학을 학문의 반석에 올려놓았다. 그런데 아리스토텔레스의 학문은 그 위에 지적 보화가 놓여질 반석이되, 그러기 위해서는 다듬어야 할 반석이다. 현세적 행복을 넘어서는 초월적 희망의 가능성, 합리적 선택을 넘어서는 의지적 자유의 가능성, 보편성에 함몰되지 않는 인격적 지성의 가능성, 고고한 자기 인식에 갇히지 않고 세상의 비루함까지 둘러보는 신적 인식의 가능성을 이론적으로 정초하기 위해 스콜라 학자들은 아리스토텔레스를 넘어서야 했다. 역사적 중요성이 과대평가되었다는 논란이 최근 들어 있을지언정,[9] 토마스는 적어도 나름의 신뢰할 만한 방식으로 이 작업을 정확히 해낸 인물이다.

무엇을 위해 어떻게 살아야 하는가? 토마스는 『니코마코스 윤리학』 제10권에 나오는 행복 개념을 답변의 출발점으로 삼기를 주저하지 않는다.[10] 『원인론 주해』 서문을 읽어 보자. 행복은 최고의 인식 대상과 관련해 인간 지성이 수행하는 최상의 활동이다. 동시에 그는 행복을 가능하게 하는 최고의 인식 대상에 도달한다는 것이 결코 쉬운 일이 아님을 분명히 한다. 다른 사물을 존재하게 하고 참되게 하는 원인이라는 점에서 최고의 인식 대상은 사태의 질서상 앞서는 것이지만, 인간 지성이 갖는 인식의 질서상으로는 나중에 오는 것일 수밖에 없다. "[제일원인]에 대한 우리 지성의 관계는 태양 빛에 대한 올빼미 눈의 관계와 같다. 태양 빛은 과도한 밝음 때문에 온전히 지각될 수 없으니까."[11] 태양 빛의 밝음을 다 받아들일

---

9 2017년 아일랜드 메이누스 대학(Maynooth University)의 아퀴나스 기념 강연(Aquinas Lecture)에서 '우리는 왜 토마스를 공부하지 말아야 하는가'(Why we shouldn't study Aquinas)라는 제목의 도발적 강연을 한 존 마렌본(John Marenbon)을 주목할 만하다. 그는 중세 철학 연구의 시야를 협소하게 하는 '토마스 중심주의'(Aquinocentrism)를 강력히 비판한다. 그러나 교황 레오 13세에서 비롯되어 에티엔 질송(Étienne Gilson)이 강력히 수호했던 이른바 '토마스 중심주의'는 이미 오래전부터 쿠르트 플라시(Kurt Flasch), 데오 고부시(Theo Kobusch), 로리스 스털리즈(Loris Sturlese) 등의 작업에 의해 꾸준히 해체되고 있었다고 보아야 한다.

10 *Ethica nicomachea* X, 8, 1177a12-13.

11 *Super librum De causis expositio*, prooemium: "…… habet enim se ad ea intellectus noster sicut oculus noctuae ad lucem solis quam propter excedentem claritatem perfecte percipere non potest."

수 없는 것처럼 현세의 감각적 삶을 사는 인간의 지성이 제일원인에 대해 가질 수 있는 지식 역시 미소(微小)할 뿐이다. 그러나 토마스는 아리스토텔레스를 인용하면서 그 미소하고 보잘것없는 앎이 지상 세계의 사물에 대한 모든 인식보다 더 고귀하고 더 사랑할 만하다는 점을 강조한다.[12] 아무리 둔한 형이상학자라도 형이상학자로 사는 삶은 그 자체로 바람직하다. 그리고 토마스는 현세의 삶에서 우리가 얻는 그 미소한 앎도 지극히 사랑할 만하지만, 성경의 말씀대로 현세의 삶 이후에 그 인식이 완전성에 도달하리라는 언급도 잊지 않는다.[13]

제일원인, 즉 신 인식을 위해 관조적 삶을 살아야 한다는 것은 아리스토텔레스 윤리학의 기본 강령이었다. 우리로서는, 관조하는 형이상학자의 삶을 좁게 이해하지 말자. 철학은 지혜에 대한 사랑이지만, 또한 행복에 대한 사랑이기도 하다. 철학은 사랑하는 삶의 양식이다. 무엇인가 가치 있는 것을 사랑하는 사람은 철학자이다. 그는 자신이 사랑하는 것을 더 잘 알고자 노력할 것이다. 좋은 것을 좋은 방식으로 사랑함으로써 우리의 영혼은 좋은 영혼이 된다. 세심한 사려와 행위 속에서 여러 가지 영혼의 덕을 낳으라고 권유하는 철학의 목소리를 다만 기억하자. 토마스가『신학대전』제2부의 행복론, 행위론, 감정론, 덕론, 죄론, 법론, 은총론을 저술할 때, 그는 아리스토텔레스를 공부했을 뿐만 아니라 그 이전에 그리스도를 사랑한 사람으로서 영혼에 대한 철학의 그 권유를 하고 싶었을 것이다.

---

12 *Ibid.*: "Oportet igitur quod ultima felicitas hominis quae in hac vita haberi potest, consistat in consideratione primarum causarum, quia illud modicum quod de eis sciri potest, est magis amabile et nobilius omnibus his quae de rebus inferioribus cognosci possunt, ut patet per philosophum in I de partibus animalium."; *De part. an.* I, c. 5, 644b32-34.
13 「요한」 17, 3: "영원한 생명이란 홀로 참하느님이신 아버지를 알고 아버지께서 보내신 예수 그리스도를 아는 것입니다."

III.

실천철학으로서의 윤리신학은 영혼에 대한 지식을 전제로 한다. 특히 인간적 행위의 원리인 의지에 대한 지식이 중요하다. 의지는 무엇이고 어떻게 작용하는가? 의지는 왜 자유로운가? 자유로운 의지는 어떤 의미에서 행복을 원할 수밖에 없는가? 구체적 선택에서 의지(원하는 능력)와 지성(이해하는 능력)은 어떻게 협업하는가? 이런 물음 외에도, 지성과 달리 영혼의 감각적 부분에서 생겨나 의지에 영향을 주는 감정의 현상 또한 살펴보아야 한다. 감정은 무엇이며, 인간에게는 어떤 종류의 감정들이 있는가? 감정적 삶을 피할 수 없이 살아야 하는 인간에게 감정을 이성적으로 다룬다는 것은 무엇을 의미하는가?

토마스 윤리학의 출발점이자 정점인 행복 개념을 설명하고 윤리학의 각론적 탐구로 나아가기 위해 알아야 할 영혼론의 기초 이론을 설명하는 것, 그것이 독자들이 손에 들고 있는 이 책의 목적이다. 행복과 자유 의지는 오늘날에도 낯설지 않은 주제이다. 이 문제를 토마스의 원전에 기초해 다루는 이 책이 토마스 사상의 어떤 정수(精髓)를 독자들에게 드러내기를 바란다. 그리고 이 책이 '무엇을 위해 어떻게 살아야 하는가'라는 숙명적 질문을 오롯이 밀고 나가는 데 도움이 되기를 바란다. 어찌 보면 이 책 자체도 그러한 질문과 씨름한 작은 결과물임에랴.

제1장

행복이란 무엇인가

행복하게 살기를 바라지 않는 사람은 없지만, 행복이 무엇인지를 물으려 하는 사람들은 많지 않다. 많은 사람이 선호하는 질문의 형식은 '행복이란 무엇인가'라기보다는 '어떤 것이 행복인가'일 것이다. 행복의 본질이 아니라 행복의 사례를 묻는 뒤의 질문이 더 쉽기 때문이다. 그런데 이 질문은 쉬울 뿐만 아니라 피상적이기도 하다. 이 질문은 우리가 행복하다고 느끼는 상황을 찾도록 함으로써, 행복에 대한 질문을 행복감에 대한 질문 또는 기껏해야 행복의 주관적 조건에 대한 질문으로 변형시키기 때문이다. 그러나 행복은 행복하다는 느낌도 아니고, 단순히 자신이 행복하다고 생각하는 상태도 아니다. 행복은 모든 사람이 추구해야 할 객관적 이상이자 목적이다. 그것은 우연히 얻어지는 것이 아니다. 생각 없이 행복할 수 없다. 목적이 무엇인지 모르는 사람은 목적을 성취할 수 없다. 행복에 대한 이론적 지식이 행복한 삶을 대체할 수 있는 것은 물론 아니지만, 행복이 무엇인지 아는 것은 행복한 삶의 필요조건이다.

그렇다면 이제 행복에 대한 앎이 아니라 앎 일반을 문제 삼아 보자. '앎을 감행하라'(aude sapere)라는 저 유명한 경구를 내세우는 근대 계몽주의 이후, 어떤 것을 알고자 하는 욕구가 그 자체로 비난받는 경우는 찾아보기 힘들다. 안다는 것은 인간의 주체적 역량의 실현이자 더 나아가 권위에 대항하는 용기로서 찬양을 받았다. 사용 양태나 사용의 결과에서 간혹 부작용이 있을지라도 지식(knowledge, scientia, episteme)은 그 자체로 인간 정신의 고유한 업적이자 희망의 빛이라고 보는 관점은 우리 시대에도 강하게 남아 있다. 그런데 안다는 것은 무엇을 뜻하며 우리는 왜 알고자 하는가? 무릇 앎에 대한 앎이 모든 앎의 요체라는 것은 소크라테스(Socrates) 이래 철학사가 우리에게 전해 준 가장 중요한 자산이다. 앎을 물음과 생각의 응축물이라고 한다면, 앎의 원리와 앎의 목적에 대한 물음을 던지지 않는 일체의 생각은 앎으로 응축될 수 없다.

행복은 앎과 체계적 연관을 지니고 있다. 방금 말한 행복에 대한 앎이 행복의 조건이라는 의미뿐만 아니라 모든 앎에는 목적이 존재하며 그것이 곧 행복으로 이해될 수 있다는 더 근본적인 의미에서 그렇다. 이런 점에서 중세인들은 앎에 대해 대단히 실용적인 관점을 가지고 있었다고 말할 수 있다. 앎의 욕구는 그 자체로 가치 있는 것이 아니라 구원의 길에 도움이 되는 한에서 가치 있다는 것이 그들의 관점이었다. 우리로서는 구원이라는 말이 놓여 있는 종교적 맥락에 너무 연연하지 않는 것이 좋겠다. 이른바 구원이란 참된 행복, 즉 객관적 행복으로 나아가는 통로이다. 중세인들에게 앎의 목적은 행복이었다. 그리고 앎의 목적에 대한 앎, 즉 행복에 대한 투명한 인식은 그 자체가 일종의 행복이었다.

앎의 실용성 또는 규범성에 대한 이러한 주장이 현대의 계몽주의자들에게는 이상하게 들릴 수 있겠지만, 앎의 목적에 대한 질문을 던지지 않는다면 앎의 온전한 자기 완성은 불가능하다. 바로 이 점에서 토마스는 연구의 모범으로 주목할 만하다. 그는 인간의 철학적·과학적 지식에 혁명적 지평을 열어 주는 13세기 아리스토텔레스 수용의 한복판에서 지식의 자기 확장을 경계하는 동시대의 보수적 신학자들에 맞서 지식의 독자적 존재 권리를 근본적으로 검토하는 동시에, 앎과 행복의 체계적 연관을 사유했던 인물이기 때문이다. 앎은 어떤 가치가 있는가? 이 물음을 체계적으로 밀고 나가기 위해 '인간은 왜 알고자 하는가'에 대한 아리스토텔레스의 직관적 설명을 출발점으로 삼자. 토마스 자신이 그렇게 했다.

1. 앎으로서의 행복

1) "모든 인간은 본성적으로 앎을 욕구한다"

앎에 대한 토마스의 기본 관점이 인상 깊게 드러나는 대목은 아리스토텔레스『형이상학』의 저 유명한 첫 구절에 대한 주해이다. 토마스의『형이상학 주해』를 살펴보기 전에 먼저 주해 대상인 아리스토텔레스의 텍스트를 인용해 보자.

> 모든 인간은 본성적으로 앎을 욕구한다. 이 점은 인간이 감각을 즐긴다는 데에서 드러나거니와, 우리는 정말 필요와 상관없이 감각을 그 자체로 즐기고 다른 감각보다 특히 눈을 통한 감각을 즐기기 때문이다. 우리는 실천을 하기 위해서뿐만 아니라 어떤 것도 하려 하지 않을 때도 ─ 사람들 말대로 ─ 만사를 제쳐두고 보기를 선택하기 때문이다. 그 이유는 감각들 가운데 시각이 우리가 사물을 아는 데 가장 큰 구실을 하고 많은 차이점을 밝혀 준다는 데 있다.[1]

욕구는 일종의 운동이며, 운동은 운동하지 않고 멈추어 있는 상태와 반대된다. 운동의 존재를 이해하기 위해 우리는 운동하는 자(주체)의 존재뿐만 아니라 시작과 끝의 존재를 전제해야 한다. 운동을 이해한다는 것은 운

---

1 *Metaphysica* I, c. 1, 980a21-27.

동의 시작과 끝을 안다는 것이다. 즉 멈춤의 상태에서 어떻게 운동이 일어나는가 그리고 운동의 상태에서 어떻게 멈춤이 일어나는가에 답할 수 있을 때, 우리는 어떤 운동 그리고 더 나아가 운동하는 사물을 이해한다고 말할 수 있다. 운동의 시작과 끝을 이해하는 것은 쉽지 않다. 우리는 운동하는 사물에서 운동의 현상을 목격할 뿐인데, 운동의 현상 안에는 시작(principium, 원리)과 끝(finis, 목적)이 현전하지 않기 때문이다. 우리가 관찰하는 운동이란, 이미 떠나온 지점과 아직 도달하지 않은 지점 사이를 가득 메우고 있는 일종의 미결정의 흐름이다.

운동이란 아직 끝에 도달하지 못했다는 표지(標識)이다. 즉 운동은 '아직 완성되지 못한 것'에 속하는 현실이다. 이런 의미에서 스콜라철학자들은 운동을 '불완전자의 현실성'(actus imperfecti)이라 불렀다. 끝은 현전하지 않으며 다만 흐름의 방향으로써 가정될 뿐이다. 그리고 다만 그런 한에서 우리는 어떤 욕구가 앎에 대한 욕구인지, 즐거움에 대한 욕구인지, 명예에 대한 욕구인지를 분간할 수 있을 뿐이다. 그런데 아리스토텔레스는 유독 앎에 대한 욕구를 모든 인간의 본성적 욕구로 단언한다. 당연히 이렇게 말하는 근거가 제시되어야 한다. 아리스토텔레스가 제시하는 근거는 인간이 감각을 그 자체로 즐기며, 모든 감각 중에 시각을 선호한다는 것이다.

그렇다면 토마스는 『형이상학』의 첫 구절을 어떻게 주해하는가? "모든 인간은 본성적으로 앎을 욕구한다"라는 명제를 정당화하기 위해 그는 세 가지 논변을 제시한다. 첫 번째 논변은 다음과 같다.

> [모든 인간이 본성적으로 앎을 욕구하는 까닭은] 모든 사물이 본성적으로 자신의 완전성을 욕구하기 때문이다. 불완전자가 자신의 완성을 욕구한다는 의미에서 질료 또한 형상을 욕구한다고 사람들은 말한다. 그런데 인간을 인간으로 만들어 주는 지성은 그 자체로 고찰했을 때 가능적으로 모든 것이며, 오로지 앎을 통해서만 자신의 현실성으로 이행한다. 『영혼론』

제3권에서 말하듯이, 지성은 이해하기 전에는 존재하는 어떤 것도 아니기 때문이다.[2]

첫 번째 논변에서 토마스는 아리스토텔레스의 가능 지성 개념에 호소한다. 이 논변의 핵심은 가능 지성과 현실적 앎의 관계를 질료와 형상의 관계에 빗댄다는 점이다. 인간을 인간으로 만들어 주는, 다시 말해 인간의 정체성과 다름없는 지성은 모든 것을 현실적으로 이해하고 있지는 못하더라도 모든 것을 이해할 수 있는 가능성을 지니고 있다. 즉 지성은 가능성의 의미에서 모든 것이다. 그런데 가능성의 의미에서 모든 것이라 하더라도 지성은 어떤 것을 실제로 이해하기 전까지는 현실적으로 아무것도 아니다. 이 말은 가능 지성이 이해, 즉 앎을 통해서만 자신의 현실성으로 이행할 수 있다는 뜻이다. 질료가 형상에 의해, 즉 형상을 취해 완성되듯이, 가능 지성은 앎에 의해, 앎을 취해 완성된다. 따라서 질료가 형상을 욕구하듯이, 가능 지성은 앎을 욕구하며, 이런 의미에서 모든 인간은 앎을 욕구한다.

첫 번째 논변이 질료와 형상의 관계에 주목한다면, 두 번째 논변은 사물과 그 고유한 작용의 관계에 주목한다.

[모든 인간이 본성적으로 앎을 욕구하는 까닭은] 모든 사물이 자신의 고유한 작용을 향한 자연적 경향을 지니고 있기 때문이다. 마치 뜨거운 것이

---

2 *Sententia libri Metaphysicae* lib. 1, lect. 1: "······ primo quidem, quia unaquaeque res naturaliter appetit perfectionem sui. Unde et materia dicitur appetere formam, sicut imperfectum appetit suam perfectionem. Cum igitur intellectus, a quo homo est id quod est, in se consideratus sit in potentia omnia, nec in actum eorum reducatur nisi per scientiam, quia nihil est eorum quae sunt, ante intelligere, ut dicitur in tertio de anima: sic naturaliter unusquisque desiderat scientiam sicut materia formam."

가열을 향한 경향을 지니고 무거운 것이 아래로 움직이려는 경향을 지니는 것처럼 말이다. 그런데 인간이 인간인 한에서, 인간의 고유한 작용은 이해하는 것이다. 이 점에서 인간은 다른 모든 것과 구별된다. 따라서 인간의 갈망은 본성적으로 이해를 향해 이끌리며, 결과적으로 앎을 향해 이끌린다.[3]

질료와 형상이 제일가능성(potentia prima)과 제일현실성(actus primus)의 관계에 있다면, 형상을 갖춘 사물과 그 사물의 작용은 제이가능성(potentia secunda)과 제이현실성(actus secundus)의 관계에 있다.[4] 첫 번째 관계이든 두 번째 관계이든 간에, 가능성과 현실성의 관계는 특정한 규칙성의 한도 내에 존재하는 일종의 구체적 경향으로 관찰된다. 습기가 동그란 물방울로 맺히는 현상이나 난로가 주변을 가열하는 현상은 그 규칙적 성격으로 말미암아 경향이라는 개념으로 설명된다. 물론, 형상을 향한 질료의 경향보다는 작용을 향한 사물의 경향이 우리의 경험적 관찰에 훨씬 더 용이하다. 형상과 질료의 관계는 사물 사이의 관계가 아니라 사물을 구성하는 내적 원리들의 관계이므로 덜 직접적으로 관찰되기 때문이다. 이런 의미에서 토마스의 두 번째 논변은 가장 이해하기 쉬운 논변이다.[5]

---

3 *Ibid.*: "······ quia quaelibet res naturalem inclinationem habet ad suam propriam operationem: sicut calidum ad calefaciendum, et grave ut deorsum moveatur. Propria autem operatio hominis inquantum homo, est intelligere. Per hoc enim ab omnibus aliis differt. Unde naturaliter desiderium hominis inclinatur ad intelligendum, et per consequens ad sciendum."

4 *De anima* II, c. 1, 412a22-28; 제일현실성과 제이현실성의 구별에 대한 토마스의 설명은 *Sum. theol.* I. q. 42. a. 1 ad 1; q. 48. a. 5 c.; q. 75. a. 5 ad 1; q. 76. a. 4, ad 1 등을 참조.

5 물론, 스코투스주의자라면 이 논변의 소전제, 즉 인간의 고유한 작용이 이해에 있다는 점에 근본적 의문을 제기할 수도 있겠지만, 여기서 토마스는 그런 의문의 여지를 인정하지 않는다. 인간의 영혼에서 가장 인간적인 부분은 지성이며, 지성은 이해하는 힘이다.

아리스토텔레스적 사고방식에 익숙한 사람이라면 첫 번째와 두 번째 논변을 별 어려움 없이 받아들일 수 있지만, 세 번째 논변은 다소 성격이 다르다.

> [모든 인간이 본성적으로 앎을 욕구하는 까닭은] 자신의 원리와 결합되는 것이 각각의 사물에 바람직한 일이기 때문이다. 각각의 사물의 완전성은 바로 여기에 있으니까. 그러므로 『자연학』 제8권에서 증명되듯이, 원환 운동이 [운동 가운데] 가장 완전한 것인데, 원환 운동은 끝을 시작과 결합하지 않는가. 그런데 분리 실체 ─ 인간 지성의 원리이자 불완전자로서의 인간 지성에 대해 완전자로서 관계를 맺는 바로 그것 ─ 에 인간은 오직 지성을 통해서만 결합된다. 따라서 인간의 궁극적 행복 역시 여기에 있다. 또한 그래서 인간은 본성적으로 앎을 욕구한다.[6]

이 논변의 대전제는 각각의 사물은 자신이 나온 곳으로 돌아가려 한다는 사고방식이다. 이것은 신플라톤주의에 전형적인 통찰이다. 근원과 끝, 원리와 목적은 동일하다. 따라서 사물의 완성은 시원(始原)으로 돌아가는 것이다. 신플라톤주의의 세계관을 노골적으로 차입하면서 토마스는 인간 지성의 원리이자 인간 지성을 완성하는 것이 바로 신과 같은 분리 실체임을 환기한다. 지성은 질료적 실체에서 비롯되지 않았을뿐더러 질료적 실체에 도달함으로써 완성될 수도 없다. 문제는 신적이고 비질료적 실체로 인

---

6 *Ibid.*: "…… quia unicuique rei desiderabile est, ut suo principio coniungatur; in hoc enim uniuscuiusque perfectio consistit. Unde et motus circularis est perfectissimus, ut probatur octavo physicorum, quia finem coniungit principio. Substantiis autem separatis, quae sunt principia intellectus humani, et ad quae intellectus humanus se habet ut imperfectum ad perfectum, non coniungitur homo nisi per intellectum: unde et in hoc ultima hominis felicitas consistit. Et ideo naturaliter homo desiderat scientiam."

간의 지성이 돌아가는 일이 어떻게 가능하냐는 것이다. 그것은 지성의 고유한 작용인 인식을 통해서이다. 지성은 자신의 유래인 분리 실체를 앎으로써 그 분리 실체와 결합된다.[7] 앎이란 지성이 자신 아닌 타자와 연합되는 작용이기 때문이다. 인간의 궁극 목적은 지성의 인식을 통한 바로 이 근원과의 결합에 있다. 따라서 인간의 본성에는 앎에 대한 욕구가 속하는 것이다.

2) 앎의 욕구에 대한 긍정

방금 검토한 바, 세 번째 논변의 결론에서 토마스는 앎에 대한 인간의 본성적 욕구를 궁극적 행복에 대한 욕구로 해석하고 있다. 평범한 대목으로 보일지 모르지만, 사실 이것은 당대 철학사의 맥락을 염두에 두면 상당히 도발적이고 과격한 주장이다. 토마스 이전의 중세 철학에서 앎 그 자체를 위한 앎의 욕구가 긍정적 반응을 얻는 경우는 찾아보기 힘들다. 앎을 위한 앎의 욕구를 호기심이라고 비난하는 것은 당시를 지배했던 수도원적 전통(monastic tradition)의 특징이었다. 12세기 수도원적 사유 전통을 대표하는 클레르보의 베르나르두스(Bernardus Claravallensis, 1090~1153)의 주장을 들어 보자.

거룩한 사도들은 우리에게 무엇을 가르쳤으며 또 무엇을 가르치고 있습니까? 생선 낚는 기술이나 연극 무대 꾸미는 기술 같은 것들이 아닙니다. 그분들은 플라톤(Platon)을 읽으라고 하지도 않았고, 재주 있는 아리스토

---

[7] 토마스에게서 '분리 실체'(substantia separata)는 질료와 분리된 실체, 즉 천사나 신을 가리키는 용어이다. 여기서는 신을 가리킨다.

텔레스에게서 어슬렁거리라고 하지도 않았으며, 진리의 앎에는 도달하지 못하면서 항상 배우기만 하라고 하지도 않았습니다. 그분들은 나에게 살아가라고 가르쳤습니다. 살아가는 법을 안다는 것이 과연 사소한 일입니까? 그것은 중차대한 일이고 가장 중차대한 일입니다.[8]

여러분을 스승님[바오로 사도]에게 보내는 편이 낫겠습니다. 이 가르침은 내 가르침이 아니라 그의 가르침이기 때문입니다. 그러나 [결국은] 진리의 가르침이니 내 것이기도 합니다. 스승님 가라사대, 어떤 것을 안다고 생각하는 사람은 자신이 알아야만 한다는 사실을 알지 못합니다.[9] 앎의 방식을 모르는 사람이 많은 것을 안다고 인정하지는 않음을 여러분은 [이 성경 구절에서] 봅니다. 말하노니, [스승님이] 앎의 열매와 유익을 앎의 방식에 두었음을 여러분은 봅니다. 앎의 방식이란 그러니 무엇입니까? 무엇이 되었든 어떤 순서로, 어떤 열의로, 어떤 목적으로 알아야 하는지 바로 그것을 아는 것이 아니고 무엇이겠습니까? 우리 구원과 직접 관련된 것을 먼저 아는 것이 그 순서요, 더 강한 사랑을 낳는 것을 더 뜨겁게 아는 것이 그 열의요, 헛된 영광이나 호기심 같은 것이 아니라 여러분 자신과 이웃의 [영적] 기틀에 도움 되는 것을 아는 것이 그 목적 아니겠습니까? 단지 알려고 하는 목

---

8 *In festo Ss. Apostolorum Petri et Pauli* 3: "Hi sunt magistri nostri, qui a magistro omnium vias vitae plenius didicerunt, et docent nos usque in hodiernum diem. Quid ergo docuerunt vel docent nos apostoli sancti? Non piscatoriam artem, non scenofactoriam, vel quidquid hujusmodi est: non Platonem legere, non Aristotelis versutias inversare, non semper discere, et nunquam ad veritatis scientiam pervenire. Docuerunt me vivere. Putas, parva res est scire vivere? Magnum aliquid, imo maximum est."

9 「고린 I」 8, 1-3: "우상에게 바쳤던 제물에 관해 말하겠습니다. '우리 모두 지식이 있다'는 것을 우리도 압니다. 그러나 지식은 교만하게 하고 사랑은 성장하게 합니다. 자기가 무엇을 안다고 생각하는 사람은 마땅히 알아야 할 것을 아직 알지 못합니다. 그러나 하느님을 사랑하는 사람은, 하느님께서도 그를 알아주십니다."

적에서 알기를 원하는 사람들도 있습니다. 이것은 부끄러운 호기심입니다. 또한 자신을 알리는 목적에서 알기를 원하는 사람들도 있습니다. 이것은 부끄러운 공허입니다. 그런 사람에게는 과연 타락한 자를 다음과 같이 조롱하는 풍자가의 말이 들어맞을 터이니, "네가 안다는 것을 타인이 알아주지 않는다면, 너의 앎은 아무것도 아니구나!" 또한 자신이 아는 지식을 팔아 돈이나 명예를 얻고자 알기를 원하는 사람도 있습니다. 이것은 부끄러운 이득입니다. 그러나 [영적] 기틀을 놓고자 알기를 원하는 사람 또한 있습니다. 이것이 애덕(愛德)입니다. 그리고 [영적] 기틀을 받아들이고자 알기를 원하는 사람도 있습니다. 이것이 현명입니다.[10]

이런 사고는 『고백록』 제10권에 나오는 '학문이라는 거창한 이름으로 윤색된 공허한 호기심'이라는 관념에 뿌리를 둔다. 여기서 아우구스티누스는 절제하지 못하는 육체적 욕망을 다섯 가지 감각 각각의 관점에서 신랄하

---

10 *Sermones in Cantica canticorum* 36, 3: "Sed melius mitto vos ad Magistrum. Non est enim nostra ista sententia, sed illius; imo et nostra, quoniam Veritatis. Qui se, inquit, putat aliquid scire, nondum scit quomodo oporteat eum scire (I Cor. VIII, 2). Vides quoniam non probat multa scientem, si sciendi modum nescierit. Vides, inquam, quomodo fructum et utilitatem scientiae in modo sciendi constituit? Quid ergo dicit modum sciendi? Quid, nisi ut scias quo ordine, quo studio, quo fine quaeque nosse oporteat? Quo ordine, ut id prius, quod maturius ad salutem: quo studio, ut id ardentius, quod vehementius ad amorem: quo fine, ut non ad inanem gloriam, aut curiositatem, aut aliquid simile, sed tantum ad aedificationem tuam vel proximi. Sunt namque qui scire volunt eo fine tantum, ut sciant; et turpis curiositas est. Et sunt qui scire volunt, ut sciantur ipsi; et turpis vanitas est. Qui profecto non evadent subsannantem satyricum, et ei qui ejusmodi est decantantem: Scire tuum nihil est, nisi te scire hoc sciat alter. Et sunt item qui scire volunt ut scientiam suam vendant; verbi causa, pro pecunia, pro honoribus: et turpis quaestus est. Sed sunt quoque qui scire volunt, ut aedificent; et charitas est. Et item qui scire volunt, ut aedificentur; et prudentia est."

게 비판하다가 급기야 호기심 자체에 대한 비판으로 나아간다.

> "여기에 덧붙여 여러모로 위험한 형태의 다른 유혹이 있습니다. 모든 관능과 쾌락을 즐기는 가운데 내재하는 육신의 욕망 말고도(그것에 예속되는 자들은 당신으로부터 멀어지다 스스로 멸망하곤 합니다), 육체의 똑같은 관능들을 경유해 영혼에 내재하고 있는 호기심이 있습니다. 스스로 육신 안에서 쾌감을 즐긴다기보다는 육신을 통해 허망하고 흥미 있는 것을 경험하려는 호기심이 앎과 지식의 미명으로 분장합니다. 호기심은 알고 싶은 욕구 속에 자리 잡고 있는데, 감관(感官) 중에 무엇을 인식하는 데 첫째가는 것이 눈입니다."[11]

이에 비해 토마스는 사뭇 다른 이야기를 한다. 그는 아리스토텔레스를 따라 앎을 인간 본성이 완성되는 길로 본다. 앎은 인간의 본성적 능력의 실현이다. 바로 그런 한에서 앎은 그 자체로 좋은 것이다. 그는 『영혼론 주해』 제1권 앞부분에서 영혼에 대한 앎의 탁월성을 설명하면서 앎의 선성(善性)을 가감 없이 인정한다.

---

[11] *Confessiones* X, 35: "Huc accedit alia forma temptationis multiplicius periculosa. Praeter enim concupiscentiam carnis, quae inest in delectatione omnium sensum et voluptatum, cui servientes depereunt qui longe se faciunt a te, inest animae per eosdem sensus corporis quaedam non se oblectandi in carne, sed experiendi per carnem vana et curiosa cupiditas, nomine cognitionis et scientiae palliata, quae quoniam in appetitu noscendi est, oculi autem sunt ad noscendum in sensibus principes." (우리말 번역은 성염의 것을 따랐다.) 여기서 아우구스티누스는 기개 가득한 비판을 몰고 나아가 자신이 탐닉했던 연극까지 문제 삼는다. 이토록 아리스토텔레스와는 명백히 다른 길을 가는 아우구스티누스의 경건한 관점은 아우구스티누스, 『참된 종교』 49, 94-52에서도 나타난다.

모든 지식은 선하다. 그리고 선할 뿐만 아니라 고귀하기도 하다. 그렇지만 이 점에서 한 지식이 다른 지식을 앞지른다. 그런데 모든 지식이 선하다는 점은 다음과 같이 드러난다. 사물의 선은 사물이 [그것을 통해] 완전한 존재를 지니게 되는 바로 그것이다. 바로 그것을 모든 사물은 추구하고 갈망하지 않는가. 그러므로 지식은 인간의 선이니, 학문은 인간이 인간인 한에서 인간의 완전성이기 때문이다.[12]

호기심을 주제로 삼는 『신학대전』 제2부 제2편 제167문의 다음 대목도 인상적이다. 여기서 토마스는 신앙과 마찰을 빚는 일부 철학자들 — 라틴 아베로에스주의자들 — 에게 경책(警策)의 말을 던지면서도 성경적 근거를 들어 철학 연구의 가치를 강력하게 옹호한다.

철학 연구는 그 자체로 적법하고 칭찬할 만하다. 「로마서」 제1장 제19절에서 말하듯이, 신이 그들에게 계시해 철학자들이 인식하는 진리 때문에 그러하다. 그렇지만 어떤 철학자들은 경거망동해 신앙을 공격하거니와, 그래서 사도는 「콜로새 신자들에게 보낸 서간」에서 "아무도 여러분을 철학과 헛된 지식으로 속이지 않도록 조심하십시오, 그것들은 인간의 전통을 따르는 것이지 그리스도를 따르는 것이 아닙니다"(2, 8)라고 말한다.[13]

---

12 *Sententia libri De anima* lib. 1, lect. 1: "⋯⋯ omnis scientia bona est: et non solum bona, verum etiam honorabilis. Nihilominus tamen una scientia in hoc superexcellit aliam. Quod autem omnis scientia sit bona, patet; quia bonum rei est illud, secundum quod res habet esse perfectum: hoc enim unaquaeque res quaerit et desiderat. Cum igitur scientia sit perfectio hominis, inquantum homo, scientia est bonum hominis."

13 *Sum. theol.* II-II, 167, a. 1, ad 3: "⋯⋯ studium philosophiae secundum se est licitum et laudabile, propter veritatem quam philosophi perceperunt, Deo illis revelante, ut dicitur Rom. I. Sed quia quidam philosophi abutuntur ad fidei impugnationem, ideo apostolus dicit, ad Coloss. II, videte ne quis

3) 지성적 관조로서의 행복

인간이 본성적으로 앎을 욕구한다는 명제에 대한 토마스의 세 번째 논변으로 돌아가자. 이 논변은 아리스토텔레스를 신플라톤주의와 연결한다는 점에서 대단히 독특하고 중요한 논변이다. 앞서 말했듯이, 모든 사물이 자신의 근원으로 되돌아가 근원과 재결합하기를 욕구한다는 말은 신플라톤주의의 전형적 사고방식이다. 시작과 끝이 결합하는 것은 원환 운동인데, 여기서 운동은 발출(exitus, 나옴)과 회귀(reditus, 돌아감)의 구조로 이해된다. 토마스는 이러한 사고와 직접 관계가 없는 아리스토텔레스의 개념 ─ 원환 운동 ─ 을 끌어들이는 것도 마다하지 않았다.

그런데 토마스는 발출과 회귀라는 신플라톤주의 세계관을 받아들이면서도 자기 나름대로 변형을 가한다. 즉 사물은 제일원리로부터 단계적 유출을 거쳐 생겨난 것이 아니라 창조를 통해 신이 직접 만들어 냈다는 것이다. 그리고 신을 향한 회귀 과정에서 인간은 매우 특별한 지위를 차지한다. 이성적 피조물만이 '의식적으로' 신을 향할 수 있다. 그리고 본래적 의미에서 신의 모상(imago Dei)이 될 수 있는 것은 오직 인간뿐이다.[14] 토마스는 이러한 '돌아가는 완성'이 앎에 대한 인간의 본성적 욕구가 발전됨으로써 가능하다고 생각하는 것이다. 이러한 생각이 뚜렷이 개진되는 곳이 『대이교도대전』 제3권 제25장이다.

---

vos decipiat per philosophiam et inanem scientiam, secundum traditionem hominum, et non secundum Christum." 여기서 인용되는 성경 구절은 다음과 같다. 「로마」 1, 19: "하느님에 관해 알 수 있는 것이 이미 그들에게 명백히 드러나 있기 때문입니다. 사실, 하느님께서 그것들을 그들에게 명백히 드러내 주셨습니다." 「콜로새」 2, 8: "아무도 사람을 속이는 헛된 철학으로 여러분을 사로잡지 못하게 조심하십시오. 그런 것은 사람들의 전통과 이 세상의 정령들을 따르는 것이지 그리스도를 따르는 것이 아닙니다."

14 *Sum. theol.* I, q. 93, a. 3.

모든 인간에게는 그가 보는 것들의 원인을 인식하려는 바람이 본성적으로 내재한다. 그러므로 사람들은 그가 보기는 하지만 그 원인은 숨겨져 있는 것들에 대한 놀람 때문에 처음으로 철학하기 시작했다. 그리고 그들이 원인을 발견했을 때 [놀람은] 멈추게 되었다. 그런데 탐구는 제일원인에 닿을 때까지 멈추지 않기 마련인데, "제일원인을 인식하는 바로 그때 우리는 완전하게 안다고 생각하기"[15] 때문이다. 그러므로 인간은 본성적으로 제일원인의 인식을 궁극 목적으로서 바란다. 그런데 모든 것의 제일원인은 신이다. 그러므로 인간의 궁극 목적은 신을 인식하는 것이다.[16]

앎이란 원인을 아는 것이다. 따라서 인간이 앎을 욕구한다면 가장 많이 욕구되는 것은 모든 것의 원인, 제일원인일 것이다. 그리고 욕구는 자신의 목적에 도달할 때까지 사라지지 않으니, 앎의 욕구는 제일원인을 인식할 때까지 사라지지 않을 것이다. 인간의 최종 목적(finis ultimus)은 제일원인, 즉 신을 인식하는 데 있다. 이렇게 토마스는 본성적인 앎의 욕구를 신 인식에 대한 욕구로 해석한다. 그리고 바로 여기서 인간적 행복이라는 철학의 고전적 개념이 신학적으로 소화된다. 신을 인식하는 것이 인간의 최종 목적임을 논증하는 『대이교도대전』 제3권 제25장을 마무리하면서, 그는 행복에 대한 성경적 관념을 아리스토텔레스의 관조적 행복의 개념과 연결

---

15 *Met.* I, 3, 983a25.
16 *SCG* III, c. 25, n. 2065: "Naturaliter inest omnibus hominibus desiderium cognoscendi causas eorum quae videntur: unde propter admirationem eorum quae videbantur, quorum causae latebant, homines primo philosophari coeperunt, invenientes autem causam quiescebant. Nec sistit inquisitio quousque perveniatur ad primam causam: et tunc perfecte nos scire arbitramur quando primam causam cognoscimus. Desiderat igitur homo naturaliter cognoscere primam causam quasi ultimum finem. Prima autem omnium causa Deus est. Est igitur ultimus finis hominis cognoscere Deum."

한다.

「마태오 복음서」 제5장에서는 "마음이 깨끗한 이들은 행복하니 그들은 신을 볼 것이기 때문이다"라고 말하며, 「요한 복음서」 제17장에서는 "참된 신인 당신을 아는 것, 이것이 영원한 생명이다"라고 말한다. 『니코마코스 윤리학』 마지막 권에 나타난 아리스토텔레스의 견해 역시 이와 일치한다. 거기서 아리스토텔레스는 "인간의 궁극적 행복이 최선의 사변 대상을 사변하는 것"이라고 말한다.[17]

이 연결은 상당히 대담한 시도이다. 뒤에서 다시 설명하겠지만, 성경이 가르치는 그리스도교적 행복 개념은 현세적인 것이 아니다. 그러나 아리스토텔레스는 현세의 사변적 학문 활동을 행복으로 간주하지 않았는가? 복음서와 『니코마코스 윤리학』을 병렬해 인용하는 토마스는 이 차이를 간과하고 있는 것이 아닐까? 토마스는 이 차이를 정확히 이해하고 있었지만, 그것이 어떠한 연결도 허용하지 않는 차이라고 생각하지는 않았다. 이해 내용의 순수성과 이해 활동의 지속성 측면에서 신에 대한 현세적 관상이 불완전할 수밖에 없다는 것을 토마스는 잘 알고 있었다. 그런데 그는 이것이 부정되어야 할 불완전성이 아니라 완전해져야만 할, 그리고 완전해질 수 있는 불완전성이라고 생각한다. 성경이 말하는 영원한 행복으로서의 신의 봄은 아리스토텔레스가 말하는 신적 관조를 질적으로 완성하는 어떤 것이다. 완전한 행복은 아리스토텔레스의 행복 개념의 가치를 전면 부정해

---

17 *op. cit.*, nn. 2069-2070: "…… dicitur Matth. 5-8: beati mundo corde, quoniam ipsi Deum videbunt. Et Ioan. 17-3: haec est vita aeterna, ut cognoscant te, Deum verum. Huic etiam sententiae Aristoteles in ultimo Ethicorum, concordat, ubi ultimam hominis felicitatem dicit esse speculativam, quantum ad speculationem optimi speculabilis."

야 비로소 설명될 수 있는 어떤 것이 아니라 오히려 아리스토텔레스의 행복 개념의 제한성을 직시하되 그 개념을 토대로 삼아 설명될 수 있는 것이다.

아리스토텔레스의 행복 개념에 대해 토마스가 이렇게 우호적이고 전향적인 태도를 보일 수 있었던 까닭은 아리스토텔레스의 행복 개념의 제한성을 다름 아닌 아리스토텔레스 자신이 의식하고 있었다는 해석 때문이다. 토마스와 함께 『니코마코스 윤리학』 제1권 제10장의 다음 구절을 읽어 보자.

> 완전한 탁월성에 따라 활동하면서 외적인 좋음을 충분히 구비하고 있는 사람을, 어떤 특정한 시간 동안만이 아니라 전 생애에 있어 행복한 사람이라고 부르지 말라는 법이 어디 있단 말인가? …… 우리는 살아 있는 사람들 가운데서 우리가 이야기했던 것들을 가지고 있고 앞으로도 가질 사람들을 지극히 복된 사람이라고, 물론 인간인 한에서 지극히 복된 사람이라고 부를 것이다.[18]

토마스는 여기서 '인간인 한에서'(ut homines)라는 표현에 주목한다. 이 표현은 아리스토텔레스가 스스로 현세적 삶의 행복에 대해 말하고 있을 뿐이라는 사실을 분명히 하는 표현이다. 토마스에 따르면, 아리스토텔레스는 자신의 행복 개념이 완전한 것임을 강변하지 않았으며, 오히려 현세의 인간적 삶을 살아가는 한에서 적용되는 것임을 자인하고 있었다. 토마스가 설명하는 바, "이것"[19]은 앞서 말한 행복의 조건을 모든 관점에서 충족하

---

18 *Ethica Nichomachea* I, c. 10, 1101a14-20.
19 획득되고 나면 상실될 수 없는 것이 된다는 의미의 자기 완결성을 지니지 않으며, 예측 불허의 운수와 결합되어 있는 행복을 말한다.

지는 않는 것으로 보이므로, 아리스토텔레스는 우리가 이 삶에서 가변성에 종속되어 있고 완전한 행복을 소유할 수 없는 그러한 사람들이 인간으로서 행복하다고 말한다고 덧붙이는 것이다. 그리고 본성의 바람은 헛되지 않으므로, 인간에게는 이 현세의 삶 이후에 완전한 행복이 주어진다고 가정하는 것이 합당하다."[20]

토마스는 곳곳에서 아리스토텔레스의 이 표현을 환기한다.[21] 예컨대, 『신학대전』 제2부 제1편 제3문 제2절을 보자. 여기서 토마스는 행복이 일종의 작용이라고 주장하면서, 이 주장에 대한 반론으로서 행복은 항구적이지만 작용은 일시적이지 않느냐라는 의견을 검토한다. 반론에 대한 답변에서 그는 현세의 인간적 삶에서 신과 합일을 이루는 작용은 끊임없는 중단으로 인해 파편화되므로 현세의 삶에서는 완전한 행복이 불가능하다고 명쾌하게 대답한다. 재미있는 것은 여기서 토마스가 아리스토텔레스를 인용하는 방식이다.

> 따라서 철학자로 『니코마코스 윤리학』 제1권에서 인간의 행복을 현세에서 인정하면서도 그것이 불완전하다고 말한다. 그는 여러 논의 끝에 다음과 같이 결론을 내린다. 우리는 [행복한 이들이] 인간으로서 행복하다고 말한다.[22]

---

20 *Sententia libri Ethicorum* lib. 1, lect. 16, n. 16: "Sed quia ista videntur non usquequaque attingere ad conditiones supra de felicitate positas, subdit quod tales dicimus beatos sicut homines, qui in hac vita mutabilitati subiecta non possunt perfectam beatitudinem habere. Et quia non est inane naturae desiderium, recte aestimari potest quod reservatur homini perfecta beatitudo post hanc vitam."

21 *Super III Sent.*, d. 27, q. 2, a. 2, c.; *SCG* III, c. 48, n. 2254; *Sum. theol.* I-II, q. 3, a. 2, ad 4; *Sum. theol.* I-II, q. 5, a. 4, c.

22 *Sum. theol.* I-II, q. 3, a. 2, ad 4: "Unde philosophus, in I Ethic., ponens beatitudinem hominis in hac vita, dicit eam imperfectam, post multa

아리스토텔레스 자신이 자신의 행복 개념이 불완전한 것임을 스스로 인정하고 있었다는 토마스의 해석은, 아리스토텔레스가 이교도임에도 불구하고 토마스가 그의 행복 개념을 거리낌 없이 승인하고 활용할 수 있게 한 일종의 안전장치와도 같다. 말하자면, 성경은 아리스토텔레스의 불완전한 행복 개념에 완전한 함축을 부여한다. 토마스의 요점은, 아리스토텔레스가 가르친 불완전한 행복에서 성경이 가르치는 완전한 행복으로 우리의 이해가 나아갈 때, 가장 고귀한 대상에 대한 지성의 탁월한 활동이라는 행복의 개념이 달라질 이유는 없다는 것이다. 그리고 그 활동을 향한 우리의 현세적 욕구가 비록 불완전한 행복에 대한 욕구일지라도, 완전한 행복을 향한 도정에서 결코 부정되어서는 안 된다는 것이다.

2. 신을 아는 행복

1) 신 인식의 단계

이제 우리가 다루어야 하는 물음은 다음과 같은 것들이다. 신에 대한 지성적 인식이 행복이라면 그 인식은 구체적으로 어떤 것인가? 그리고 그 인식에 인간은 어떻게 도달할 수 있는가? 이러한 물음이 제기되는 이유는 인간이 성취할 수 있는 신 인식에 명백하게도 여러 종류가 있기 때문이다.

토마스는 『대이교도대전』 제3권 제38장부터 신 인식의 단계를 구별하면서 행복의 개념을 엄밀히 규정하려 한다. 토마스가 제일 먼저 언급하는 신 인식은 사람들 다수가 공통적 방식으로 지니는 신 인식이다. 생물체의 생명 활동을 관찰하는 사람들이 그 활동의 원리로서 영혼의 존재를 자명

concludens, beatos autem dicimus ut homines."

하게 가정하듯이, 우리는 자연 세계에 존재하는 질서를 관찰함으로써 그 질서의 원리, 즉 질서 부여자의 존재를 자명하게 가정할 수 있다. '질서 부여자'(ordinator)로서 신이 존재한다는 관념, 이것이 사람들 다수가 갖는 신 인식이다. 물론, 자연 관찰자가 자연 관찰만으로 영혼이 무엇인지를 알 수는 없듯이, 다수가 갖는 이런 신 인식은 신의 본질에는 닿지 못한다. 토마스가 이 첫째 단계의 인식을 '일반적이고 혼연한 인식'(communis et confusa cognitio)이라고 부르는 이유이다. 이런 신 인식은 수많은 오류와 섞이기 쉽다. 즉 신이 천체라는 또는 원소라는 식의, 신의 본질에 대한 그릇된 인식으로 얼마든지 나아갈 수 있다. 그런데 오류 가능성은 행복의 무결성(無缺性)과 양립하지 못한다. 토마스는 이 인식이 오류와 혼합될 가능성뿐만 아니라 그것이 지닌 일종의 당위적 성격을 지적함으로써 이 인식이 행복일 수 없음을 논증한다. 질서 부여자로서의 신 존재를 부정하는 것은 실로 비난받을 만한 어리석음이다. 그러나 "그 누구도 행복을 가지고 있지 않다는 이유로 비난받을 수 있다고 생각되지는 않는다."[23]

토마스가 다음으로 검토하는 행복의 후보는 증명을 통해 얻는 신 인식이다. 이러한 신 인식이 무엇인지 궁금한 사람은 『신학대전』 첫 부분을 펼쳐 읽으면 된다. 토마스는 신학, 제일철학 등으로 불리는 신적 존재자에 대한 이론뿐만 아니라 무엇보다 신 존재 증명의 기술을 그리스 철학과 아랍 철학에서 전해 받았다. 토마스의 '다섯 길'(quinque viae)은 아리스토텔레스에서 아비첸나(Avicenna, Ibn Sina)와 아베로에스(Averroës, Ibn Rushd)에 이르는 신학적 사변의 전통이 낳은 결실이다. 다섯 길은 각각 다른 실마리에서 출발하지만 기본적으로 동일한 구조를 가지고 있다. 즉 세계의 현상에서 출발해 이것들이 그 자체로 설명될 수 없으며, 신이라 불리는 제일원인

---

23 *SCG* III, c. 38, n. 2165: "Nullus propter hoc vituperabilis apparet quia felicitate careat."

으로 소급될 수밖에 없음을 보이는 구조이다.

증명을 통해 철학이 획득하는 신 인식에 인간의 행복이 있는가? 다치아의 보에티우스(Boetius de Dacia)는 『최고선에 대하여』에서 이를 긍정하는 듯이 보인다. 그에 따르면, 소수의 사람만이 최고선에 도달하며, 오직 철학자의 삶이 바로 그런 최고선에 도달하는 길이다.

> 바로 이것이 철학자의 삶이니, 이 삶을 살지 않는 사람은 올바른 삶을 살지 않는 것이다. 그런데 나는 자연의 올바른 질서를 따라 살아가면서 인간적 삶의 최선의 궁극 목적을 획득한 모든 사람을 철학자라고 부른다. 그리고 설명한 제일원리는, 세세토록 찬양받는 영광스럽고 숭고한 하느님이다.[24]

이러한 견해는 저 유명한 1277년의 단죄 목록에도 등장한다.[25]

> 철학에 종사하는 것보다 더 탁월한 상태는 없다.[26]

---

24 Boethius de Dacia, *De summo bono* (ed. N. Green-Perdersen, p. 377): "Haec est vita philosophi, quam quicumque non habuerit non habet rectam vitam. Philosophum autem voco omnem hominem viventem secundum rectum ordinem naturae, et qui acquisivit optimum et ultimum finem vitae humanae. Primum autem principium, de quo sermo factus est, est deus gloriosus et sublimis, qui est benedictus in saecula saeculorum." 손은실, 「보에티우스 다치아의 최고선에 관하여: 13세기의 신학적 행복론과 철학적 행복론의 충돌?」, 『철학사상』 41, 2011, 307~45쪽, 특히 323쪽 참조.

25 1277년의 단죄 목록은 『파리 대학 기록집』(*Chartularium Universitatis Parisiensis*, CUP, Paris: Delalain 1889), 제1권, pp. 543~58에 실려 있다. 이후 피에르 망도네(Pierre Mandonnet)가 1908년에 시제 브라방(Siger de Brabant)의 텍스트를 편집해 출판하면서 부록으로 재배열해 실었다. *Siger de Brabant et l'averroisme latin au XIIIe siècle*, IIme Partie, Louvain: Institut Supérieur de Philosophie de l'Université, 1908, pp. 175~91. 현대어 번역 및 주해로는 롤랑 이세트(Roland Hissette)의 것이 대표적이다. Roland Hissette, *Enquête sur les 219 articles condamnés à Paris le 7 mars 1277*, Louvain: Peeters 1977.

세계의 현자는 철학자들뿐이다.[27]

아리스토텔레스의 영향을 강하게 받은 이러한 견해에 토마스는 동의하지 않는다. 그가 이러한 행복 개념을 비판하는 이유에는 크게 세 가지가 있다. 첫 번째는 행복의 보편성 때문이다. 행복은 "어떤 장애가 누군가에게 발생하지 않는 한, 모든 인간에게서 나타날 수 있는 일종의 공통적 선"[28] 이다. 행복은 모든 인간이 본성적으로 욕구하는 것, 즉 인간이라는 종(種)의 목적이다. 어떻게 소수의 사람만이 획득할 수 있는 이 철학적 신 인식이 인간이라는 종의 목적일 수 있겠는가? 두 번째는 철학적 신 인식에 내재한 불확실성 때문이다. 토마스는 증명의 길에는 실패 가능성, 즉 오류 가능성이 섞여 있을 수밖에 없다고 생각한다. 하나의 지식에서 다른 지식으로 나아가는 일, 즉 추론과 증명을 실패의 위험 없이 해 나갈 수 있는 인간은 존재하지 않는다. 생각해 보면 증명의 길을 통해 신적 진리를 찾고자 시도하는 사람들이 제각기 다양한 지식을 갖는다는 사실 자체가 이러한 불확실성의 명백한 증거이다.[29] 토마스는 『분석론 후서』를 인용해 증명이라는 사고 절차는 필연적 사태에 대한 인식—다르게는 존재할 수 없는 것에 대한 인식—을 만들어 냄을 환기한다.[30] 그런데 만일 동일한 대상과 관련해 그러한 인식이 다양하다면, 그 다양성은 오류가 만들어 낸 것이 아니고 무엇이겠는가?

가장 중요한 것은 세 번째 이유인데, 그것은 철학적 신 인식의 제한성

---

26 "Quod non est excellentior status, quam vacare philosophie." (40, 망도네 1).
27 "Quod sapientes mundi sunt philosophi tantum." (154, 망도네 2).
28 *SCG* III, c. 39, n. 2168: "…… quoddam commune bonum possibile provenire omnibus hominibus, nisi accidat aliquibus impedimentum quo sint orbati."
29 *SCG* III, c. 39, nn. 2170-2171 참조.
30 *Anal. post.* I, 2, 72a17.

때문이다. 우리가 어떤 것을 안다는 것은 일반적으로 다음의 두 가지 물음, 즉 '어떤 것이 존재하는가'(an est)라는 물음 또는 '그것이 무엇인가'(quid est)라는 물음에 대답할 수 있다는 것을 의미한다. 토마스는 철학적 신 인식이 첫 번째 물음에 대한 대답 이상일 수 없다고 생각한다. 철학이 증명할 수 있는 것은 신이 존재한다는 사실이지, 신이 어떤 존재인지가 아니다. 인간의 인식은 감각 경험에 의존하기 때문에 비질료적 실체의 무엇임(본질)은 인간의 이성에 숨겨져 있다.

토마스가 그다음으로 검토하는 것은 신앙에 의한 신 인식이다. 철학자가 이성적으로 증명해 낼 수 있는 것이 신의 존재에 불과한 데 비해, 그리스도교 신앙은 신의 본질, 즉 그분이 어떤 분인지에 대한 윤곽을 그려 준다. 성자의 구체적 삶이 증언하는 바, 그분은 세상을 창조하고 인류를 구원하는 사랑의 삼위일체 하느님이다. 그리스도인은 신앙의 교의를 허위일 수 없는 절대적 진리로 받아들이며, 이런 의미에서 신앙은 확실성을 지닌다. 그런데 이 확실성은 인식의 내용이 지성에 명징하게 제시되어 지성이 동의하지 않을 수 없는 필연성을 갖게 된다는 의미가 아니다. 신앙의 확실성은 믿음이라는 주관적인 심적 상태의 확실성, 즉 신앙의 대상에 대한 의지적 고착(adhaesio)을 의미할 뿐이다. 그래서 토마스에 따르면, 신앙의 인식에서 "지성의 활동은 대상의 측면에서는 가장 완전한 상태에 처할지 모르지만, 지성의 측면에서 관찰하자면 대단히 불완전한 상태에 처하게 된다."[31] 믿음이란 현전하는 것이 아니라 부재하는 것을 대상으로 한다.[32] 현전하는 것은 믿음이 아니라 인식의 대상이 될 뿐이다. 그러므로 신앙이란 일종의 은총으로서 신에 대한 우리 의지의 확고한 집착이지만, 다른 한편으로는 신

---

31 *SCG* III, c. 40, n. 2175: "In cognitione autem fidei invenitur operatio intellectus imperfectissima quantum ad id quod est ex parte intellectus, quamvis maxima perfectio inveniatur ex parte obiecti ……."

32 *SCG* III, c. 40, n. 2179 참조.

과 우리 나그네 인간이 아직 멀리 떨어져 있음을 보여 주는 징표와 다를 바 없다. 인식의 욕구는 신앙에서 멈출 수 없다. 오히려 신앙의 인식은, 부재하는 머나먼 인식 대상을 현존하는 것으로서 보고자 하는 갈망에 불을 붙인다. 갈망이 남아 있는 한, 인간은 행복할 수 없다.

2) 행복은 현세에서 왜 불가능한가

공통적이고 일반적인 신 인식, 철학적 신 인식, 신앙에 의한 신 인식 모두는 행복으로 간주될 수 없는 불완전한 인식이다. 인간의 본성적 앎의 욕구는 이런 인식에서 멈추지 않는다. 그런데 현세적 인간 인식의 이러한 제한성은 신 인식에서만 나타나는 것이 아니다. 토마스는 현세적 인간이 분리 실체의 본질을 이해하는 것 역시 불가능하다고 주장한다. 인간은 신이 있듯이 분리 실체도 있다는 사실은 이해할 수 있지만, 현세의 삶에서 그것이 무엇인지는 이해하지 못한다. 분리 실체의 인식 불가능성을 토마스가 굳이 강조하는 이유는 분리 실체의 인식을 통해 행복을 설명하려 한 일군의 선행 철학자가 있었기 때문이다. 아프로디시아스의 알렉산드로스(Alexander of Aphrodisias), 아벰파체(Avempace, 1095?~1138?), 테미스티우스(Themistius), 아베로에스 같은 이들이 바로 그들인데, 이들은 신과의 직접적 연결 대신에 분리 실체와의 인식적 연결이라는 에움길을 간다. 즉 인간이 분리 실체의 본질을 인식함으로써 능동 지성과 연결될 수 있고 그것이 바로 인간의 행복일 것이라는 주장이다.[33]

---

33 Helmut Hoping, *Weisheit als Wissen des Ursprungs*, Freiburg: Herder 1997, pp. 330~36 참조.

『대이교도대전』제3권 제42장에서 제45장까지 토마스는 이들의 이론을 상세히 검토하고 그 허점을 비판한다. 내친김에 그는 제46장에서 인간이 자신의 영혼을 이해함으로써 분리 실체의 인식에 도달할 수 있다고 생각하는 일부 아우구스티누스주의자들의 이론 또한 비판한다. 우리가 분리 실체든 인간 자신의 영혼이든 간에, 그것이 무엇인지를 현세의 삶에서 온전히 이해할 수 없는 근본적 이유는 우리 인식이 감각적 조건과 오류 가능성에서 자유롭지 못하기 때문이다. 육체와 결합해 있는 지성은 그 작용에서 표상과 결부될 수밖에 없다.

토마스는 행복을 설명하기 위해 분리 실체의 인식이라는 작위적 에움길을 가려는 시도가 성공할 수 없음을 보일 뿐만 아니라 그들의 이 무망한 시도가 어디에서 비롯되는지를 진단한다. 그것은 "그들의 특출한 재능이 시야의 협소함에 짓눌려 있기"[34] 때문이다. 토마스가 말하는 시야의 협소함이란 무엇인가? 그것은 내세에 대한 희망의 부재, 즉 행복을 현세에서 찾으려는 강박이다. 이들을 비판하면서 토마스는 현세에 완전한 행복이 존재할 수 없음을 단언한다. 많은 사람이 눈 감으려 하는 진실이지만 이 진실을 입증하는 것은 그다지 어렵지 않다. 먼저 토마스는 아우구스티누스를 인용해 인간의 세 가지 속박을 환기한다. "현세의 삶에서 인간은 지성의 측면에서는 무지(無知)에, 욕구의 측면에서는 정념의 무질서에, 육체의 측면에서는 갖가지 고통에"[35] 묶여 있다. 불교의 고해(苦海)라는 관념을 상기하지 않아도 현세의 삶에는 갖가지 고통과 결함이 없을 수 없다. 그러나

---

34 *SCG* III, c. 48, n. 2261: "…… quantam angustiam patiebantur hinc inde eorum praeclara ingenia."

35 *Sum. theol.* I-II, q. 5, a. 3 c.: "…… et ignorantiae ex parte intellectus, et inordinatae affectioni ex parte appetitus, et multiplicibus poenalitatibus ex parte corporis."

행복은 '완전하고 충만한 선'(perfectum et sufficiens bonum)이다. 그리고 "완전하게 하얀 것에는 검정색이 전혀 섞여 있지 않은 것처럼 완전한 선과 악은 전혀 혼합되어 있지 않다."[36]

한편, 행복의 완전성은 마땅히 행복의 항구성을 함축해야 한다. 궁극적 선을 누리면서 그 선이 끝날까 안달한다는 것은 사리에 맞지 않다. 최고선은 상실될 수 없는 것이어야 하며, 최고선의 상실 불가능한 소유가 곧 참된 행복일 것이다. 그런데 현세의 삶은, 인간이 죽음을 본성적으로 피한다는 사실에서 드러나듯이, 우리가 아무리 영원히 소유하기를 원할지라도 그 자체가 지나가는 것이다. 따라서 만일 현세의 삶에 행복이 있다면 그 행복은 무상한 것일 텐데, 적어도 죽음에 의해 끝날 것이기 때문이다.

토마스는 인간이 현세에서 행복에 도달할 수 없음을 확인한 후에(*Sum. theol.* I-II, q. 5, a. 3), 인간이 자신의 본성적 역량에 의해 행복을 얻을 수 없다는 사실 또한 주장한다(q. 5. a. 5).[37] 이를 위해 그가 인용하는 것은 저 유명한 『원인론』이다. 자신의 본성적 역량으로 신의 본질을 본다는 것은 인간은 물론이고 분리 실체에게도 불가능하다. 그 까닭은,

> 모든 피조물의 본성적 인식은 자신의 실체의 양태를 따르기 때문이다. 이는 지성체에 대한 『원인론』의 다음 설명과 같다. 지성체는 "자신 위에 있는 것들과 자신 아래 있는 것들을 자신의 실체에 따라 인식한다." 그런데 창조된 실체의 양태에 따른 모든 인식은, 창조된 모든 실체를 무한히 초월하는 신적 본질의 봄에 미칠 수 없다.[38]

---

36 *SCG* III, q. 48, n. 2250: "Perfectum autem bonum est quod omnino caret admixtione mali: sicut perfecte album est quod est omnino impermixtum nigro."

37 *Sum. theol.* I-II, q. 2, a. 8도 참조.

38 *Sum. theol.* I-II, q. 5, a, 5, c.: "Naturalis enim cognitio cuiuslibet creaturae

본성적 인식이 실체의 양태를 따른다는 말은 각각의 인식자가 자신의 실체적 완전성에 따라 각기 다른 수준의 인식을 갖게 된다는 뜻이다. 개구리가 보는 인간, 인간이 보는 인간, 천사가 보는 인간은 각기 다른 것이다. 같은 유한한 피조물끼리도 개구리가 아는 인간이 온전한 인간이 아니고 인간이 아는 천사가 온전한 천사가 아닐 텐데, 어찌 유한한 실체가 무한한 신적 실체를 알 수 있는 본성을 지녔겠는가?

3) 사후의 행복은 왜 가능한가

현세적 신 인식의 제한성과 인간 본성의 한계에 대한 이상의 비관적 진단은 인간이 완전한 행복에 도달할 수 없다는 비관주의를 뜻하는 것이 아니다. 종종 그렇듯이, 어떤 비관은 오히려 희망의 조건이다. 현세적 행복의 불완전성은 현세적 삶 이후에 불완전하지 않은 행복이 주어질 수 있음을 말해 준다. 완전한 행복이, 그것도 죽은 후에 존재할 수 있음을 어떻게 확신할 수 있는가? 차라리 완전한 행복이 허상의 관념이라는 것을 인정하는 편이 낫지 않을까? 그러나 토마스에게는 두 가지 희망의 근거가 있다. 첫째, 인간이 자신의 본성적 역량을 넘어서는 것을 향한 본성적 바람을 가지고 있다는 사실이다.

인간의 지성이 창조된 어떤 결과의 본질을 인식하면서 하느님에 대해서

est secundum modum substantiae eius, sicut de intelligentia dicitur in libro de causis, quod cognoscit ea quae sunt supra se, et ea quae sunt infra se, secundum modum substantiae suae. Omnis autem cognitio quae est secundum modum substantiae creatae, deficit a visione divinae essentiae, quae in infinitum excedit omnem substantiam creatam."

는 그가 존재한다는 사실만 인식한다면, 지성의 완전성은 아직 제일원인에 단적으로 닿지 못한 것이며, 지성에는 원인을 질의하려는 본성적 갈망이 남기 마련이다.[39]

그런데 아리스토텔레스도 말했듯이, 자연은 헛된 일을 하지 않으므로 행복에 대한 인간의 본성적 갈망은 무의미할 수 없다. 인간이 참 행복을 본성적으로 바란다는 사실, 그것이 참 행복이 존재한다는 이성적 증거이다. 토마스는 단순히 인간 본성의 현실적 한계를 통찰할 뿐만 아니라 그 한계 너머를 향하는 본성의 바람을 신뢰한다. 둘째, 그는 육체의 죽음이 인격의 소멸을 뜻하지 않음을 알고 있다. 그는 오히려 인간 영혼이 사후에 인식 방식에서 모종의 본질적 고양을 겪게 됨을 주장한다. 즉 "인간 영혼은 현세의 삶 이후에 분리 실체들이 이해하는 그런 방식으로 이해하게 될 것이다."[40]

영혼의 불멸성과 사후 인식 방식의 변화에 대한 토마스의 이론은, 자연은 헛된 일을 하지 않는다는 아리스토텔레스적 공리와 더불어 완전한 행복의 존재에 대한 희망의 근거이다. 인간이 현세의 삶에서 완전한 행복에 도달할 수 없으므로(c. 47-48) 그런 행복은 존재하지 않는다는 주장은 이성에 어긋날 뿐만 아니라 신앙과도 상충한다.[41] 성경은 우리가 현세에 신을 직접 볼 수 없지만 언젠가 신을 볼 수 있으리라고 분명히 약속하기 때문이다. "우리가 지금은 거울에 비친 모습처럼 어렴풋이 보지만 그때에는 얼굴

---

39 *Sum. theol.* I-II, q. 3, a. 8, c.: "Si igitur intellectus humanus, cognoscens essentiam alicuius effectus creati, non cognoscat de Deo nisi an est; nondum perfectio eius attingit simpliciter ad causam primam, sed remanet ei adhuc naturale desiderium inquirendi causam."
40 *SCG* III, c. 48, n. 2261: "…… anima intelliget per modum quo intelligunt substantiae separatae ……." 영혼의 불멸성에 대한 논의는 SCG II, cc. 80-81 참조.
41 *SCG* III, c. 54, n. 2311.

과 얼굴을 마주볼 것입니다."[42]

그러나 이것으로는 아직 인간이 신의 본질을 볼 수 있다는 결론에 도달하기에 충분하지 않다. 사후 인간의 분리된 영혼이 분리 실체의 이해 방식을 따른다는 점에서 분리 실체와 유사해지는 것은 사실이지만, 분리 실체들이라고 해서 신의 본질을 인식할 수 있는 자연적 역량을 가진 것은 아니기 때문이다. 신의 본질을 인식하려는 본성적 욕구와 그럴 수 없는 자연적 역량의 비대칭성은 인간뿐만 아니라 지성적 실체 일반의 존재 조건이다(SCG III 49-52). 어떤 존재자가 지성적 피조물이라는 말은, 그가 자신의 자연적 힘을 넘어서는 어떤 것을 바랄 수 있는, 아니 바랄 수밖에 없는 운명을 타고났다는 의미이다.

이러한 운명의 진단에서 출발해 토마스는 단순히 완전한 행복에 대한 인간적 희망의 근거뿐만 아니라 그 희망이 지성적 피조물 일반에서 실현될 수 있는 최종 조건을 설명한다. 말하자면, 자신의 역량과 비대칭적인 신적 본질을 보기 위해 "창조된 지성은 신적 선성(善性)의 영향에 의해 이토록 고귀한 봄으로 고양되어야 한다."[43] 처음부터 행복의 상태에 있는 선한 천사들이든 행복을 나중에(죽은 후에) 얻게 될 의로운 인간들이든 간에, 신을 보는 행복은 그들의 지성 역량이 어떤 새로운 성향을 취득해 커졌기 때문에 얻는 것이다. 자연적 역량을 초자연적으로 고양하는 이러한 신적 개입을 토마스는 아리스토텔레스의 『영혼론』과 성경 구절을 인용해 '빛'이라고 부른다.[44] 창조된 지성은 이 빛을 통해 인식에서 신과 결합할 수 있

---

42 SCG III, c. 51, n. 2288: "Haec igitur visio immediata Dei repromittitur nobis in Scriptura, I Cor. 13-12: videmus nunc per speculum in aenigmate: tunc autem facie ad faciem." 또한 「코린 I」 13, 12 참조.

43 SCG III, c. 53, n. 2297: "Oportet autem quod ad tam nobilem visionem intellectus creatus per aliquam divinae bonitatis influentiam elevetur."

44 De anima III, 430a15; 「요한」 1, 9.

다.[45] 마치 올빼미가 모종의 본질적인 시력 강화를 겪고 태양빛을 볼 수 있게 되는 사태처럼 창조된 지성은 '영광의 빛'(lux gloriae)[46]이라 불리는 그 빛에 의해 고양되어 '그 자체로서 최고로 인식 가능한 무한자'를 인식할 수 있게 된다.[47]

물론, 토마스는 지성이 신적 빛에 의해 고양되어 신의 본질을 보는 초자연적 완성에 도달한다고 해서 이것이 신의 본질을 남김없이 파악한다는 의미가 될 수 없음을 강조한다. 신을 파악할 수 있는 존재는 신 자신뿐이기 때문이다. 신에게서 실체와 인식은 구별되지 않거니와, 최고의 신적 행복은 동일자로 존재함으로써 스스로를 파악하는 신 자신에게 속할 것이다. 모든 지성은 이러한 신적 행복, 즉 신 고유의 봄을 어느 정도 분유(分有, participere)함으로써 행복을 누리게 된다.[48] 이로써 토마스는 그 어떤 갈망도 남지 않을 초자연적 행복의 상태가 피조물과 신의 차이가 희미해지는 상태를 의미하는 것이 아님을 분명히 한다. 피조물은 피조물로서 완성될 뿐, 피조물이 신 안에서 완성된다고 해서 신이 되는 것은 아니다.

3. 행복에 수반되는 것들

1) 즐거움과 행복

토마스는 행복을 두 가지로 고찰한다. 첫째 행복은 신 자신이다. 우리

---

45 *SCG* III, c. 54, n. 2313.
46 *SCG* III, c. 53, n. 2302.
47 *SCG* III, c. 54, n. 2316.
48 신의 영광에 참여하게 된다는 뜻이다.

는 신이 될 수 없으며(신일 수 없으며), 신을 소유할 수 있을 뿐이다. 말하자면, 신은 스스로 존재하는 행복이며, 우리는 그 행복을 분유해 향유할 뿐이다. 신을 온전히 소유하고 향유하는 상태 역시 행복이니, 이는 우리에게 속하는 행복이다. 마치 돈을 사랑하는 사람의 목적이 돈으로 이해될 수도 있고 돈을 소유한 상태로 이해될 수 있는 것처럼 목적으로서의 행복 역시 신 자체와 신의 소유로 이해할 수 있겠다.

객관적 의미의 행복, 즉 신 자체를 논하는 것은 신론(神論)의 과제일 것이며, 주관적 의미의 행복, 즉 우리의 신 소유를 논하는 것은 윤리신학의 과제일 것이다. 우리가 신을 어떻게 인식적으로 전유하는지에 대한 지금까지의 논의는 후자에 속한다. 토마스는 『신학대전』 제2부 제2편 제4문에서 행복에 수반되는 구성 요인들을 설명하면서 윤리신학적 행복론을 더 구체화한다. 주관적 행복이 객관적으로 갖추어야만 하는 것이 있다는 말인데, 그것은 곧 즐거움, 의지의 올바름, 육체의 완전성 같은 것들이다.

토마스가 행복의 구성 요소로서 가장 먼저 검토하는 것은 즐거움이다. 행복이 즐거움을 포함하는가라는 물음은 토마스가 초기 『명제집 주해』에서부터 던져 온 질문으로, 이 문제 설정 자체가 아리스토텔레스의 『니코마코스 윤리학』 제10권의 영향을 강하게 받은 것이다. 아리스토텔레스는 『니코마코스 윤리학』에서 관조적 활동으로서의 행복에는 즐거움이 포함되어 있을 수밖에 없다고 주장한다.[49] 행복이 존재하기 위해서는 내적 구성 요인으로서 즐거움이 필요하다는 뜻이다. 그런데 이것은 어떤 의미인가?

토마스는 아리스토텔레스를 공부한 사람답게 막연하고 혼란스럽게 사용되는 일상어의 의미를 구분한다. '필요하다'(require)라는 말의 의미에는 네 가지가 있다. 첫째, 어떤 것을 준비한다는 의미, 둘째, 어떤 것을 완성한

---

49 *EN* X, c, 7, 1177a23-28.

다는 의미, 셋째, 어떤 것에 조력한다는 의미, 넷째, 어떤 것과 병발(竝發)한다는 의미이다. 각각의 의미를 설명하기 위해 토마스가 드는 사례는 이런 것들이다. 첫째, 학문적 지식을 얻기 위해서는 연학(硏學)이 필요하며, 둘째, 육체적 삶을 위해서는 영혼이 필요하며, 셋째, 모종의 행위를 하기 위해서는 조력자인 친구가 필요하며, 넷째, 불이 존재하기 위해서는 열(熱)이 필요하다. 토마스에 따르면, 즐거움은 네 번째 의미에서 행복에 속한다.[50] 중요한 것은 토마스가 즐거움과 행복의 관계를 이렇게 규정하는 이유이다. 그 이유는 즐거움의 정의에 있다. 즐거움이란 욕구가 자신의 목적에 도달해 휴식할 때 수반되는 현상이다. 토마스는 곳곳에서 즐거움을 '목적에 도달한 욕구의 휴식'이라고 규정한다. 그러므로 행복이 목적을 향한 운동이 아니라 목적, 즉 최고선에 도달한 그 상태를 말하는 한에서 행복에는 휴식, 즉 즐거움의 의미가 속할 수밖에 없다.

그런데 즐거움이 일종의 휴식이라는 말은 목적을 향한 '욕구의 운동'이 그 목적에 도달해 멈추었다는 의미이지, 목적에 해당하는 작용 자체가 중단된다는 의미가 아니다. 목적이 사라진다면 목적 안에서 쉬는 자는 허무하게 방황하다 함께 사라지든지, 아니면 다른 목적을 찾아 운동하기 시작할 것이다. 앞서 말했듯이, 인간의 목적은 신을 아는 것인데, 이 앎이란 모종의 습성적 상태가 아니라 신의 본질적 모습을 보는 작용을 의미한다. 그런데 운동의 궁극적 원인이 목적을 통해 설명될 수 있듯이, 휴식의 원인도 목적을 통해 설명될 수 있다. 목적에 해당하는 것이 어떤 작용일 경우에,

---

50 *Sum. theol.* I-II, q. 4, a. 1, c.: "…… quadrupliciter aliquid requiritur ad aliud. Uno modo, sicut praeambulum vel praeparatorium ad ipsum, sicut disciplina requiritur ad scientiam. Alio modo, sicut perficiens aliquid, sicut anima requiritur ad vitam corporis. Tertio modo, sicut coadiuvans extrinsecum, sicut amici requiruntur ad aliquid agendum. Quarto modo, sicut aliquid concomitans, ut si dicamus quod calor requiritur ad ignem. Et hoc modo delectatio requiritur ad beatitudinem."

그 작용이 휴식의 원인일 수 있을 뿐 휴식이 그 작용의 원인일 수는 없다. 작용이 휴식의 원인이라는 바로 이런 의미에서, 토마스는 행복의 개념에서 봄이 즐거움보다 더 근원적인 것이라고 말한다.[51] 신을 즐거워하는 일, 즉 신의 향유(fruitio Dei)는 그 자체가 엄격하고 적극적인 목적 개념을 충족할 수 없다. 신의 향유는 신을 아는 일, 즉 신의 봄(visio Dei)에 수반되는 현상일 따름이다.

2) 의지의 올바름

토마스는 행복을 인간 지성의 완전성으로 이해하지만, 그렇다고 해서 그가 행복과 의지 사이의 본질적 관련성을 무시하는 것은 아니다. 『신학대전』제2부 제1편 제4문 제4절에서 그는 행복이 의지의 올바름을 포함한다는 것을 강조한다.

의지가 올곧고 바르다는 것은 무엇인가? 그것은 의지가 자신의 목적을 마땅한 순서와 질서에 따라 추구한다는 의미이다. 토마스에 따르면, 모든 인간이 행복을 원한다는 의미에서 의지는 궁극 목적으로서의 최고선을 추구하지 않을 수 없는데, 문제는 그 추구가 무질서하게, 즉 올바르지 않게 일어날 수도 있다는 점이다. 재미있게도 토마스는 의지와 의지의 목적을 각각 질료와 형상에 빗댄다. 질료는 특정한 형상을 받아들이기 위해 마땅히 필요한 소질(dispositio)을 갖추고 있지 않으면 그 형상을 받아들일 수 없다.[52] 좋은 작품을 만들기 위해 적절한 재료를 선별하는 장인을 생각해

51　*Sum. theol.* I-II, q. 4, a. 2.
52　*Sum. theol.* I-II, q. 4, a. 4, c.: "Finis autem comparatur ad id quod ordinatur ad finem, sicut forma ad materiam. Unde sicut materia non potest consequi formam, nisi sit debito modo disposita ad ipsam, ita nihil consequitur finem,

보라. 적절한 소질을 갖추지 못해 둔하기만 한 지성이 학문이라는 형상을 받아들일 수 없는 것도 생각해 볼 수 있는 사례이다. 마찬가지로 의지 역시 목적을 향해 올곧고 바르게 나아가는 성향, 즉 질서 있게 목적을 지향하는 성향을 갖고 있지 않다면 목적에 도달할 수 없다. 이런 의미에서 의지의 올바름은 행복에 도달하기 위한 선결 조건으로 간주될 수 있다.

한편, 의지의 올바름은 이러한 행복에 선행한다는 의미뿐만 아니라 행복에 수반된다는 의미에서도 행복을 위해 필요하다. 여기서 토마스는 행복한 사람과 아직 행복에 도달하지 못한 사람을 구분해 의지 운동의 목적인을 설명한다. 신의 본질을 보지 못하는 사람의 경우에, 모든 의지 운동은 선의 공통적 의미 근거 속에서(sub communi ratione boni) 발생한다. 우리는 그 어떤 것도 일반적 의미에서 '좋음'으로 파악되지 않는 한에서는 욕구하지 못한다. 그런데 신의 본질을 보는 사람의 경우에, 모든 의지 운동의 근거는 선의 일반 개념이 아니라 신 자체이다. 보편 선이자 최고선으로서의 신을 보고 있는 상태라면, 신 이외의 어떤 것을 사랑한다는 것은 그것이 신의 피조물인 한에서 신 다음으로 사랑한다는 의미일 수밖에 없지 않은가?

올바른 의지가 행복에 선행하는 조건이자 구성 요소임을 밝히면서 토마스가 강조하려는 것은 행복의 성취에 공로가 필요하다는 사실이다. 행복은 탁월성에 대한 일종의 보상이라는 아리스토텔레스의 말처럼[53] 인간은 의지적 선행이라는 공로를 쌓음으로써 행복으로 나아간다. 그러니 참된 행복에 도달하는 것이 현세에 불가능하다고 해서 현세의 삶이 무의미한 것은 아니다. 현세의 삶을 여러 선한 행업(行業)으로 차근차근 채움으로써 우리는 행복에 접근해야 한다. 행복하지 않은 사람이 행복으로 나아가는 것

---

nisi sit debito modo ordinatum ad ipsum. "; q. 5, a. 7, c.
53 EN I, 1099b16-17.

을 토마스는 일종의 운동으로 표현한다.⁵⁴ 물론, 이 운동이 인간의 의지만
으로 이루어지는 것은 아니다. 토마스는 우리의 선한 행업에 선함이라는
형상을 불어넣어 주는 것이 은총이라고 생각하기 때문이다.⁵⁵

3) 육체와 그 완전성

행복은 지성의 완성이다. 지성은 천사와 인간에게 속한다. 인간은 지성
으로 인해 하위 피조물과 구별되는 지성적 피조물의 지위를 지닌다. 지성
의 완성이 인간의 완성이다. 그런데 유독 인간의 지성은 육체와 결합해 있
다. 물론, 이것은 지성의 활동이 육체적 기관의 현실성이라는 의미가 아니
라 지성이 표상을 통해 사유한다는 의미일 뿐이다. 그렇다면 지성은 왜 표
상을 통해 사유할 수밖에 없는가? 그 까닭은 지성이 규정하는 인간의 단
일한 영혼, 즉 지성혼(anima intellectiva)이라고 불리는 인간 영혼이 육체라
는 질료의 형상으로 존재하기 때문이다.

지성적 실체이자 육체를 지닌 실체라는 인간의 이중적 규정은 행복론에
서 어떤 물음을 제기하는가? 가장 먼저 제기되는 질문은 당연히 완전한
행복에 도달하는 데 육체가 어떤 의미를 갖는지에 대한 것이다. 만일 우리
가 현세의 불완전한 행복을 문제 삼는다면, 신체는 그런 행복을 위해 필요
할 것이다. 다른 이유가 아니라 지성의 사고 활동이 현세의 육체적 삶에서

---

54 *Sum. theol.* I-II, q. 5, a. 7, c.
55 *Sum. theol.* I-II, q. 5, a. 8, ad 3: "…… apostolus loquitur de beatitudine spei, quae habetur per gratiam iustificantem, quae quidem non datur propter opera praecedentia. Non enim habet rationem termini motus, ut beatitudo, sed magis est principium motus quo ad beatitudinem tenditur."; *Sum. theol.* I, q. 112, a. 2.

는 표상에 의존한다는 바로 그 사실 때문이다. 그러나 토마스는 신을 보는 완전한 행복이 문제인 한에서, 행복은 신체에 의존하지 않으며 신체와 분리된 영혼(anima separata a corpora)도 신체 없는 그 상태 그대로 얼마든지 행복할 수 있다고 단언한다.[56] 여기서 그는 최후 심판과 부활을 통해 다시 육체를 취할 때까지 분리 영혼에 행복이 유보된다는 일부 그리스 학자들의 주장을 단호하게 비판한다. 육체의 부활을 겪어야 비로소 행복할 수 있다는 주장은 분리 영혼이 육체 없이도, 아니 오히려 육체적 인식 조건에 속박되어 있지 않기 때문에 신의 본질을 볼 수 있다는 사실에 의해 논박된다.

그렇다면 분리 영혼이 부활을 통해 다시 육체를 얻게 되기를 갈망한다는 사실은 어떻게 설명될 수 있을까? 아우구스티누스의 권위에 근거하는 이러한 질문을 토마스는 다섯 번째 반론에서 다룬다. 어떤 갈망이든 간에, 도대체 갈망이 남아 있다면 그러한 상태는 행복이 아니지 않은가? 토마스의 답변은 조심스럽다.

> 분리 영혼의 갈망은 욕구 대상의 측면에서 보면 완전히 휴식한다. [신을 보는 분리 영혼은] 그의 욕구를 충족하는 바 그것을 소유하고 있기 때문이다. 그런데 욕구 주체의 측면에서 보면 완전히 휴식하는 것은 아니다. 그 까닭은 자신이 원하는 모든 소유의 방식으로 그 선[신]을 소유하지는 않기 때문이다. 그러므로 [분리 영혼이] 육체를 다시 취할 때, 행복은 강도가 아니라 외연에서 더 커진다.[57]

---

56 *Sum. theol.* I-II, q. 4, a. 5, c.: "…… cum in visione divinae essentiae perfecta hominis beatitudo consistat, non dependet beatitudo perfecta hominis a corpore. Unde sine corpore potest anima esse beata."

57 *Sum. theol.* I-II, q. 4, a. 5, ad 5: "…… desiderium animae separatae totaliter quiescit ex parte appetibilis, quia scilicet habet id quod suo appetitui sufficit.

부활한 영혼이 얻게 될 육체는 현세의 인간이 묶여 있는 질료적 물체로서의 육체와는 다르다. 후자는 완전한 행복으로서의 지성의 신적 완성을 불가능하게 하는 장애물이지만, 전자는 오히려 신의 봄을 풍성하게 할 수 있는 인식의 통로이다. 부활한 육체를 갖게 됨으로써 행복한 인간의 영혼은 영혼으로서 신을 소유할 수 있을 뿐만 아니라 육체를 지닌 인간으로서도 신을 소유할 수 있다. 인간 정체성의 폭이 넓어짐으로써 신을 소유하는 방식도 넓어진다는 것이다.

변하지 않는 요점은 부활하지 않은 상태의 분리 영혼도 여전히 인간의 영혼이며, 행복의 형상적 대상, 즉 신을 온전히 인식하고 누릴 수 있다는 사실이다. 인간의 완성인 행복이 신의 봄에 있는 한에서, 부활한 육체가 인간의 완성을 위한 본질적 구성 요소는 아니다. 다만 이미 특정한 실체적 완전성을 획득한 어떤 실체가 자신에게 덧붙는 우유(偶有, accidens)에 의해, 또한 완전해질 수 있다는 의미에서 부활한 육체는 행복에 우유적으로 속할 뿐이다.[58] 이러한 신체가 불구의 것이 아니라 구존적(具存的, integer)이고 완전한 신체일 것임은 분명하다.[59]

4) 외적 선과 친애

토마스가 마지막으로 검토하는 것은 부유함이나 건강 같은 외적 선(q. 4, a. 7) 그리고 친구의 존재(q. 4, a. 8)이다. 먼저 외적 선을 살펴보자. 토

Sed non totaliter requiescit ex parte appetentis, quia illud bonum non possidet secundum omnem modum quo possidere vellet. Et ideo, corpore resumpto, beatitudo crescit non intensive, sed extensive."

58 *Sum. theol.* I-II, q. 4, a. 5, c.
59 *Sum. theol.* I-II, q. 4, a. 6.

마스는 현세적 행복을 누리기 위해서는 외적 선이 필요함을 인정한다. 그러나 외적 선은 어떤 의미에서 필요한가? 인간은 현세의 삶에서 육체 없이는 관조적 활동도 실천적 활동도 할 수 없다. 재물이나 건강은 인간이 육체적 삶을 영위하는 한에서, 덕행을 위한 도구적 수단으로 필요하다.[60] 말하자면, 그것들은 우리가 불완전한 행복에 대해 말할 때조차도 그런 행복의 본질에 속하는 구성 요소로서 필요한 것은 아니다. 완전한 행복을 문제 삼을 때라면 외적 선이 행복에 포함되지 않는다는 사실은 더 말할 나위도 없다. 신의 본질을 보는 일은 우리가 현세의 육체[61]에서 해방되어 분리 영혼의 상태로 있을 때, 또는 부활 이후 영적 육체와 결합한 상태로 있을 때 가능하다. 동물적 삶에 필요한 외적 선이 이런 상태에서 여전히 필요할 리가 만무하지 않은가?

그렇다면 친구는 어떨까? 일단 현세적 행복을 위해 친구가 필요하다는 점을 인정한다는 점에서 토마스는 아리스토텔레스와 일치한다.[62] 다만 친구는 이익이나 즐거움 때문에 필요한 것이 아니다. 행복한 사람은 자족적이라 이익을 따로 구할 필요가 없으며, 자신이 즐기는 덕행 자체가 즐거움이기에 별도의 특별한 즐거움을 찾을 필요가 없기 때문이다. 이처럼 이익과 즐거움에 기초한 친애를 배제하면 남는 것은 무엇인가? 토마스에 따르면, 친구가 필요한 이유는 다음과 같다.

> [친구가 필요한 것은] 좋은 행위를 위해서이다. 즉 그들에게 선을 베풀기 위해서이며, 그들이 선을 베푸는 것을 보면서 즐거워하기 위해서이고, 또한 선을 베푸는 데 그들의 도움을 받기 위해서이다. 인간은 활동적 삶의 행업

---

60 *Sum. theol.* I-II, q. 4, a. 7, c.
61 토마스는 이 맥락에서 현세적 인간의 육체를 '동물적 육체'(corpus animale)라 부른다.
62 *EN* IX, c. 9, 1169b8-22.

에서든 관조적 삶의 행업에서든 간에, 잘 행위하기 위해서는 친구의 도움이 필요하기 때문이다.⁶³

나그네 인간의 행복을 위해 친구가 필요한 것과 달리, 본향의 인간에게는 행복을 위해 반드시 친구가 필요하지는 않다. 이 사실은 유일하게 행복한 영혼이라는 사고(思考) 실험을 통해 분명해진다. 신을 보는 인간 영혼이 단 하나뿐이라서 그가 그 행복을 공유하고 사랑할 이웃이 없다고 하더라도, 신을 보는 한에서 그가 완전한 행복을 누리는 사람이라는 사실에는 변함이 없을 것이다. 그런데 혼자 신을 보고 사랑하는 것보다는 여럿이 함께 신을 보고 사랑하는 것이, 행복을 더 나은 행복으로 만들리라는 점도 분명하다. 그것은 신 사랑에서 이웃 사랑이 따라 나오기 때문이다. 친구와의 사교는 완전한 행복의 본질에 속하는 것은 아니지만, 그것에 수반해 행복을 더 좋게 만드는 것이다.⁶⁴

---

63 *Sum. theol.* I-II, q. 4, a. 8, c.: "······ sed propter bonam operationem, ut scilicet eis benefaciat, et ut eos inspiciens benefacere delectetur, et ut etiam ab eis in benefaciendo adiuvetur. Indiget enim homo ad bene operandum auxilio amicorum, tam in operibus vitae activae, quam in operibus vitae contemplativae."

64 토마스의 친애 이론에 대한 연구로는 Marko Fuchs, "Philia and Caritas: some aspects of Aquinas's reception of Aristotle's theory of friendship", ed. Tobias Hoffmann, *Aquinas and the Nicomachean Ethics*, Cambridge: Cambridge University Press 2013, pp. 203~19 참조. 한편, 13세기 파리 대학의 인문학부에서 친애 개념이 수용되는 과정 및 친애와 행복 개념의 관계가 이해되는 방식에 대해서는 Marco Teste, "Utrum felix indigeat amicis: The Reception of the Aristotelian Theory of Friendship at the Arts Faculty in Paris", ed. Pieter B. István, *Virtue Ethics in the Middle Ages*, Leiden: Brill 2007, pp. 173~95 참조.

제2장
의지란 무엇인가

　행복에 도달할 수 있는 것은 지성적 실체이다. 행복하게 보이는 삼나무나 고양이조차도 행복할 수는 없다. 그런데 우리 인간이 지성적 실체로 간주될 수 있는 까닭은 우리가 육체를 가졌기 때문이 아니라 지성혼(anima intellectiva)이라 불리는 영혼을 가졌기 때문이다. 행복이란 지성적 영혼의 작용이라고 할 수 있다. 그런데 인간은 지성적이기 때문에 비참할 수도 있다. 비참(miseria) 역시 삼나무나 고양이는 겪지 않을 그런 상태이다. 비이성적 실체는 행복하지도 비참하지도 않을 수 있으나, 지성적 실체는 어중간한 상태로 오래 머무를 수 없다.
　모든 작용에는 원리가 있다. 그렇다면 나아갈 것인가 나아가지 않을 것인가를 결정하는 그 원리는 무엇일까? 그리스도교 사상가들은 그것이 의지라고 생각했다. 그리스 철학과 연결되어 있지 않은 것은 아니나, 이 의지라는 개념은 그리스도교의 대단히 독특한 유산임이 틀림없다. 고대 그리스인들은 자기 자신을 목적으로 삼는 것을 자유로운 것으로 이해했다. 말하자면, 자유로운 사람은 노예와 달리 남이 아닌 자기 자신을 위해 살아가는 사람이다. 그러나 이런 의미에서 자유로운 사람이 반드시 정의로운 사람일 까닭은 없다. 악인(惡人)도 이런 의미의 자유는 지닐 수 있기 때문이다. 반면에 그리스도교는 자유를 일종의 과정 또는 조건으로 이해하는 경향이 강하다. 자유는 복수의 가치 가운데 하나를 선택하는 것인데, 아직 선택하지 않아 선택할 여지가 남아 있다는 미결정성의 상태보다는 참으로 가치 있는 것을 소유하는 상태 또는 가치 있게 존재하는 상태가 더 중요하기 때문이다. 원죄(原罪)의 조건은 자유로운 의지였지만, 자유로운 의지 때문에 인간은 행복할 수도 있다.

행복을 누리는 실체는 자유롭지만 자유롭다고 행복한 것은 아니다. 캔터베리의 안셀무스(Anselmus Cantuariensis, 1033~1109)가 자유 의지를 '올바름 자체를 위해 올바름을 보존할 수 있는 의지의 능력'(potestas servandi rectitudinem voluntatis propter ipsam rectitudinem)이라고 정의했던 까닭은 바로 여기에 있다.[1] 의지는 그리스도교적 자유의 주체인데, 그리스도교적 자유는 올바르게 살아야 할 자유이자 행복으로 나아가야 할 자유이다. 자유는 당위와 전혀 대립하지 않는다. 자유는 인간이 신 및 천사와 공유하는 역량이다.

그런데 인간적 자유는 선언되는 것이 아니라 증명되어야 한다. 자신이 행복하다고 생각하는 사람이 실제로 행복하지 않을 수 있는 것처럼 자신이 자유롭다고 생각하는 사람이 실제로 자유롭지 않을 수 있기 때문이다. 자유에 대한 의식이 자유를 보장하지 않으므로 우리는 인간으로서의 내가 정말 자유로운지, 왜 자유로운지, 어떤 의미에서 자유로운지를 설명해야 한다. 적어도 토마스는 그렇게 생각했다. 자유를 설명하기 위해서는 먼저 자유의 주체인 의지를 설명해야 할 것이다. 뒤에서 다시 말하겠지만 아우구스티누스 이래로 '의지'(voluntas)는 통상 '자유 결단'(liberum arbitrium)이라는 용어로 불려 왔다. 스콜라철학의 특징은 의지 또는 자유

---

[1] *De libertate arbitrii*, c. 3. 이 정의는 '죄를 지을 수도 있고 죄를 짓지 않을 수도 있는 능력'(potestas peccandi et non peccandi)이라는 개념과 대비되는 정의이다. 안셀무스의 자유 개념에 대해서는 Rolf Schönberger, *Anselm von Canterbury*, München: C. H. Beck 2004, pp. 127ff. 참조.

결단을 능력심리학(faculty psychology)의 체계 속에서 설명해 낸다는 것이다. 능력심리학은 영혼의 능력을 탐구함으로써 영혼에 대한 만족스러운 이론을 완성할 수 있다는 사고방식이다. 영혼에 대한 만족스러운 이론은 생물체 또는 인간이 다양한 활동을 수행한다는 단순 명백한 사실을 설명할 수 있어야 한다. 능력심리학은 다양한 활동(작용)을 이해하기 위해서는 영혼 안에 다양한 능력이 가정되어야 한다고 생각한다. 그렇다면 영혼의 능력은 무엇인가? 영혼 능력으로서의 의지는 어떻게 규정될 수 있는가? 의지의 자유는 어떻게 증명될 수 있는가? 이 질문들을 차례로 밀고 나아가 보자.

1. 영혼의 본질과 능력

1) 본질과 능력의 구별

중세 능력심리학의 일차적 과제는 영혼 능력의 존재론적 위상을 설명하는 것이다. 이 과제는 보통 '영혼의 본질(essentia animae)과 영혼의 능력(potentia animae)이 구별되는가'라는 고전적 질문으로 나타난다.[2] 흔히 심리적 활동이라고 불리는 생각, 욕구, 감각 같은 것뿐만 아니라 신진대사나 생장 같은 육체적 생명 활동도 영혼의 존재를 전제로 함은 분명하다. 영혼이 없는 것은 살아 있을 수 없기 때문이다. 그런데 영혼 그 자체(영혼의 본질)가 영혼이 하는 다양한 활동의 직접적 원리일 수 있을까? 토마스는 그럴 수 없다고 생각한다. 영혼 안에는 영혼의 본질뿐만 아니라 그 본질과

---

2 이 질문이 형성되는 역사적 맥락에 대해서는 Pius Künzle, *Das Verhältnis der Seele zu ihren Potenzen*, Fribourg: Universitätsverlag 1956 참조.

구별되는 특수한 힘(능력)들이 활동의 직접적 원리로서 설정되어야 한다. 토마스는 이 문제를 여러 곳에서 설명하고 있다.³ 이 가운데 토마스의 대표적 논거 몇 가지를 살펴보자.

가장 일반적 논거는 『신학대전』 제1부의 천사론(天使論)에서 발견된다. 제54문 제3절에서 토마스는 '천사의 지성적 능력이 곧 천사의 본질인가'라는 질문을 던지면서 그럴 수 없다고 대답한다.

> 천사에서든 다른 어떤 피조물에서든 간에, 활동적 힘 또는 활동적 능력이 본질과 동일할 수는 없다. 이 사실은 다음과 같이 드러난다. 가능성은 현실성에 대해 진술되므로 가능성의 다양성 [또한] 현실성의 다양성에 따라 존재할 수밖에 없다. 이 때문에 고유한 가능성에 고유한 현실성이 대응한다고 말하는 것이다. 그런데 모든 피조물에서 본질은 존재와 구별되며, 앞의 설명에서 분명해진 대로 존재에 대한 본질의 관계는 현실성에 대한 가능성의 관계와 같다. 그런데 작용적 능력이 관계하는 현실성은 활동(operatio)이다. 그리고 천사에서는 인식 활동(intelligere)과 존재(esse)가 동일하지 않다. 천사에서든 여타의 그 어떤 피조물에서든 간에, [인식 활동뿐만 아니라] 다른 어떤 활동도 존재와 동일하지 않다. 따라서 천사의 본질은 그것의 지성적 능력이 아니며, 어떤 피조물의 본질도 그 피조물의 활동적 능력이 아니다.⁴

---

3 대표적인 전거는 다음과 같다. *In I Sent.*, d. 3, q. 4, a. 2; *Quodl.* X, q. 3, a. 1; *De spirit. creat.*, a. 11; *De anima*, a. 12; *Sum. theol.* I, q. 54, a. 3; q. 77, a. 1.

4 *Sum. theol.* I, q. 54, a. 3, c.: "…… nec in angelo nec in aliqua creatura, virtus vel potentia operativa est idem quod sua essentia. Quod sic patet. Cum enim potentia dicatur ad actum, oportet quod secundum diversitatem actuum sit diversitas potentiarum, propter quod dicitur quod proprius actus respondet propriae potentiae. In omni autem creato essentia differt a suo esse, et comparatur ad ipsum sicut potentia ad actum, ut ex supra dictis patet. Actus autem ad quem comparatur potentia operativa, est operatio. In angelo autem

토마스는 피조물에서 활동(작용)과 존재가 동일하지 않다는 사실에서 출발한다. 천사가 인식한다는 것과 천사가 존재한다는 것은 다르다. 그런데 인식 활동과 존재는 모두 특정한 가능성에 대한 현실성이라고 할 수 있다. 즉 인식 활동은 인식 능력의 현실성이고 존재는 본질의 현실성이다. 여기서 토마스는, 가능성은 현실성에 대해 진술된다는 형이상학적 원리를 적용한다. 가능성은 언제나 특정한 현실성에 대한 가능성이므로 현실성의 다양성에 따라 다양한 가능성이 가정되어야 한다. 그러므로 천사에서든 다른 어떤 피조물에서든 간에, 활동과 존재가 다르다면 그 각각의 가능성, 즉 활동의 능력과 본질 또한 달라야 한다.[5]

천사론에 등장하는 논거가 존재와 본질의 구별, 활동과 존재의 구별, 그리고 현실성에 대한 가능성의 일반적 관계 규정에 기초하고 있다면, 이어지는 인간론에서는 조금 더 특수한 논거들이 제시된다. 가장 중요한 텍스트는 『신학대전』 제1부 제77문 제1절이다. 여기서 토마스는 명시적으로 '영혼의 본질이 영혼의 능력인가'라는 질문을 던진다. 여기 등장하는 가장 중요한 논거는 현실성과 가능성의 동류성에 기반한 논거이다. 다음 구절을 살펴보자.

> [영혼의 본질이 영혼의 능력일 수 없는] 첫째 이유는, 가능성과 현실성이 존재자와 존재자의 모든 유(類, genus)를 구분하므로 가능성과 현실성이 동일한 유에 관련될 수밖에 없기 때문이다. 따라서 현실성이 실체의 유 안에 있지 않다면 그 현실성에 대해 진술되는 가능성 [또한] 실체의 유 안에 있

---

non est idem intelligere et esse, nec aliqua alia operatio aut in ipso aut in quocumque alio creato, est idem quod eius esse. Unde essentia angeli non est eius potentia intellectiva, nec alicuius creati essentia est eius operativa potentia."

5 Pius Künzle, *op. cit.*, pp. 198~201 참조.

을 수 없다. 그런데 영혼의 활동은 실체의 유 안에 있지 않다. 물론, 신 안에서야 [활동이 실체의 유 안에 있다]. 신의 활동은 신의 실체이며, 따라서 활동의 원리인 신의 능력은 신의 본질 자체이기 때문이다. 그러나 이것[능력(가능성)과 본질이 같다는 것]은 영혼의 경우에는 사실이 아니며, 앞서 천사에 대해서도 말했던 바대로 그 어떤 피조물에서도 사실이 아니다.[6]

토마스는 특정한 현실성과 그 현실성의 가능성은 필연적으로 같은 유(類, genus)에 속할 수밖에 없다는 원리에서 출발한다. 하나의 유 안에서 가능적인 것은 바로 그 유 안에서 현실화될 수밖에 없다. 말하자면, 실체에 대해 가능성의 상태에 있는 것이 그 실체의 우유로서 현실화될 수 없으며, 우유에 대해 가능성의 상태에 있는 것이 우유가 아닌 실체로 현실화될 수도 없다. 예를 들어 보자. 도토리의 현실성은 떡갈나무 자체이지 푸름이나 무성함 같은 떡갈나무의 우유가 아니다. 마찬가지로 떡갈나무의 푸름 같은 우유는 도토리 자체가 아니라 생장 능력 같은 도토리의 우유적 능력이 현실화된 결과이다. 가능성(능력)과 현실성의 동류성을 따지는 것이 무의미한 경우는 오직 신에 대해 말할 때뿐이다. 신에게서는 실체, 능력, 활동 이 세 가지가 구별되지 않는다. 신은 신의 지성(intellectus)이고 신의 인식 활동(intelligere)이다. 그리고 신은 신의 의지(voluntas)고 신의 의지 활동(velle)이다.[7] 그러나 피조물의 경우에는 실체, 능력, 활동이 구별된

---

6 *Sum. theol.* I, q. 77, a. 1, c.: "Primo quia, cum potentia et actus dividant ens et quodlibet genus entis, oportet quod ad idem genus referatur potentia et actus. Et ideo, si actus non est in genere substantiae, potentia quae dicitur ad illum actum, non potest esse in genere substantiae. Operatio autem animae non est in genere substantiae; sed in solo Deo, cuius operatio est eius substantia. Unde Dei potentia, quae est operationis principium, est ipsa Dei essentia. Quod non potest esse verum neque in anima, neque in aliqua creatura; ut supra etiam de angelo dictum est."

다. 영혼의 활동(작용)은 실체가 아니라 우유이기 때문에 그 원리 역시 실체(본질)가 아니라 우유여야 한다.

다음으로 이어지는 논거는 영혼 활동의 단속성(斷續性, intermittence)에 근거한 귀류법적 증명이다.

> 영혼에서 이것[본질과 능력의 동일성]이 [단순히 사실이 아닐 뿐만 아니라] 불가능하기까지 함은 명백하다. 영혼은 그 본질상 현실성이기 때문이다. 그러므로 만일 영혼의 본질이 작용의 직접적 원리라면, 영혼을 현실적으로 지닌 자는 언제나 생명 활동을 지녀야 할 것이다. 마치 영혼을 현실적으로 지닌 자가 언제나 살아 있는 것처럼 말이다. 형상인 한에서 영혼은 그 이상의 어떤 현실성을 향한 질서 속에 있는 현실성이 아니라 [그 자체가] 생성의 궁극적 종점이기 때문이다. 따라서 영혼은 자신의 본질에 의해서는 다른 현실성에 대한 가능성의 상태에 있을 수 없으며, 다만 자신의 능력에 의해 그럴 수 있을 뿐이다. 이런 의미에서 영혼 능력의 바탕을 이루는 영혼 자체는 제일현실성이라고 불리며, 제이현실성을 향한 질서 속에 있는 것이다. 그런데 우리가 관찰하는 바, 영혼을 지니는 것[생명체]이 언제나 생명 활동의 현실성 속에 있지는 않다.[8]

---

7 *SCG* I, c. 45; c. 72.

8 *Ibid.*: "······ hoc etiam impossibile apparet in anima. Nam anima secundum suam essentiam est actus. Si ergo ipsa essentia animae esset immediatum operationis principium, semper habens animam actu haberet opera vitae; sicut semper habens animam actu est vivum. Non enim, inquantum est forma, est actus ordinatus ad ulteriorem actum, sed est ultimus terminus generationis. Unde quod sit in potentia adhuc ad alium actum, hoc non competit ei secundum suam essentiam, inquantum est forma; sed secundum suam potentiam. Et sic ipsa anima, secundum quod subest suae potentiae, dicitur actus primus, ordinatus ad actum secundum. Invenitur autem habens animam non semper esse in actu operum vitae."

이 논거에서 토마스는 영혼[의 본질]이 그 자체로 현실성이라는 단순한 사실을 출발점으로 삼는다. 즉 영혼은 육체의 형상이라는 의미에서 현실성이다. 그리고 육체의 형상인 한에서 영혼은 또 다른 고차적 현실성을 향한 현실성이 아니라 그 자체로 종국적인 현실성이다. 말하자면, 살아 있다는 것은 그 자체가 일종의 완전한 현실성일 뿐, 어떤 또 다른 겹의 살아 있음으로 나아가기 위한 단계는 아니라는 뜻이다. 따라서 영혼의 본질과 영혼의 능력이 구별되지 않는다면, 즉 영혼의 본질이 영혼 활동의 직접적 원리라면 영혼은 그 자체가 현실성이므로 살아 있음 자체와 영혼 활동은 구별되지 않을 것이다. 이 말은 무슨 의미인가? 인간은 살아 있는 동안 멈춤 없이 계속 살아 있으므로 감각, 인식, 의욕 같은 영혼의 활동도 멈춤 없이 일어난다는 뜻일 것이다. 그러나 우리는 항상 감각하지도, 항상 인식하지도, 항상 의지하지도 않는다.

『신학대전』 이외의 저작들도 살펴볼 필요가 있다. 『영혼에 대한 토론문제』에는 영혼 활동의 다양성에 기초한 논변이 제시된다. 영혼의 활동에는 사유와 추론 같은 능동적 활동도 있고, 감각이나 욕구 같은 수동적 활동도 있다. 이러한 상이한 활동이 동일한 원리로 소급된다는 것은 생각할 수가 없다. 토마스는 필연적 대상에 관련된 영혼의 '이성적 부분'(epistemonikon)과 개연적 대상에 관련된 영혼의 '추론적 부분'(logistikon)을 구분하는 『니코마코스 윤리학』 제6권을 인용하면서 아리스토텔레스를 우군으로 끌고 온다.[9] 활동의 종적 다양성은 능력의 종적 다양성에 기인한다. 토마스의 결론은 다음과 같다. "영혼의 본질은 단일한 원리이므로 [다양한] 자신의 활동 전체의 직접적 원리일 수 없으며, 자신의 행위의 다양성에 상응하는 다수의 다양한 능력을 지닐 수밖에 없다."[10]

---

9 *EN* VI, c. 1, 1139a6-15.

10 *De anima*, a. 12, c.: "…… cum essentia animae sit unum principium, non

『영적 피조물에 대한 토론문제』에서도 흥미로운 논변이 발견된다. 만일 영혼 능력이 영혼의 본질과 같다면, 영혼 능력은 서로를 운동시킬 수 없을 것이다. 왜 그러한가? 토마스는 아리스토텔레스의 『자연학』을 끌고 온다. 아리스토텔레스는 『자연학』 제8권에서 동일한 것이 동일한 관점에서 자기 자신을 운동시키지 못한다는 사실을 증명했다.[11] 단일한 영혼 자체(영혼의 본질)가 스스로 자기 운동한다는 것은 불가능하다. 따라서 영혼의 본질과 능력이 동일하다면 우리가 구체적으로 경험하는 심리적 사태들, 즉 '인식하기를 원한다'(의지가 지성을 운동시킴)거나 '인식한 것을 원한다'(지성이 의지를 운동시킴)는 사태는 설명 불가능한 영역으로 남을 것이다.[12]

2) 영혼 능력의 분류 기준과 질서

영혼에는 그 본질과 구별되는 능력들이 존재한다. 그렇다면 그 능력들은 과연 어떤 것들이며, 어떤 방식으로 존재하는가? 토마스는 먼저 영혼 능력을 탐구하기 위한 방법적 원칙을 세우려 한다. 그가 강조하는 원칙은 '능력은 활동에 따라 규정되고, 활동은 대상에 의해 규정된다'는 것이다. 능력이 활동에 따라 규정된다는 말은 특별한 어려움 없이 이해될 수 있다. 가

---

potest esse immediatum principium omnium suarum actionum, sed oportet quod habeat plures et diversas potentias correspondentes diversitati suarum actionum."

11　*Physica* VIII, c. 3.
12　*De spirit. creat.*, a. 11, c.: "Invenitur enim quod una aliam movet, sicut ratio irascibilem et concupiscibilem, et intellectum voluntatem; quod esse non posset si omnes potentiae essent ipsa animae essentia: quia idem secundum idem non movet seipsum ut probat philosophus. Relinquitur ergo quod potentiae animae non sunt ipsa eius essentia."

능성은 현실성을 향한 질서 속에 있다. 즉 순서상 현실성이 가능성에 앞선다.[13] 가능성은 '아직 어떤 것이 아니지만 그것이 될 수 있는 것'을 뜻하며 현실성은 '이미 존재하는 어떤 것'을 뜻하기 때문에, 가능성은 현실성을 통해서만 이해될 수 있다. 말하자면, 현실성은 그 자체가 완전한 존재이지만 가능성은 언제나 '어떤 현실성의 가능성'일 수 있을 뿐이다. 힘이 어떤 힘인지는 그 자체로는 이해될 수 없고 힘이 발휘될 때에야 비로소 이해될 수 있다. 발휘되지 않는 힘은 아무것도 아니다.[14]

그런데 토마스 사상에서 정말로 중요한 것은 힘의 발휘 상태, 즉 활동으로서의 현실성이 무엇인지가 그것의 대상에 의해서만 이해될 수 있다는 것이다. 토마스의 말을 들어 보자.

> 능력은 그것이 능력인 한에서 활동을 향한 질서를 지니고 있다. 따라서 능력의 규정은 능력이 향하는 활동으로부터 파악되어야 한다. 따라서 능력의 규정은 활동의 규정이 다양화되는 방식대로 다양화되어야 한다. 그런데 활동의 규정은 대상의 다양한 규정에 따라 다양화된다. [그 이유는 다음과 같다.] 모든 작용은 능동적 능력의 작용이거나 수동적 능력의 작용이다. 그런데 대상은 수동적 능력의 활동에 대해 원리(principium)이자 운동인(causa movens)으로서 관계한다. 색은 시각을 운동시키는 한에서 봄의 원리이다. 그러나 능동적 능력의 활동에 대해 대상은 종점(terminus)이자 목적(finis)으로서 관계한다. 성장시키는 힘의 대상은 성장의 목적인 완전한 양(量)인 것처럼 말이다. 이런 두 가지 이유에서 작용은 원리로부터 종적 규정을 받아들이거나 목적 또는 종점으로부터 종적 규정을 받아들인다. 가

---

13 가능성에 대한 현실성의 우위성에 대해서는 아리스토텔레스, 『형이상학』 제9권 제8장 참조.
14 *EN* II, c. 4, 1105b10-18.

열 작용과 냉각 작용이 구별되는 이유는 가열 작용이 능동자로서의 뜨거운 사물에 의해 뜨겁게 되는 데 비해, 냉각 작용은 차가운 사물에 의해 차갑게 된다는 바로 그 점에 있다. 따라서 능력은 활동과 대상에 의해 다양화될 수밖에 없다.[15]

이 텍스트에서 토마스는 [제이]현실성, 즉 활동을 수동적 능력의 현실화 상태와 능동적 능력의 현실화 상태로 구별한다. 능력으로 말하자면, 할 수 있는 능력(ability)뿐만 아니라 겪을 수 있는 능력(capability)도 존재한다. 수동적 능력, 즉 어떤 작용을 감수하고 수용할 수 있는 능력의 대상은 무엇인가? 그것은 그 능력을 운동시키는 자, 즉 우리가 흔히 '운동인'이라고 부르는 그것이다. 아리스토텔레스는 아주 예외적인 경우를 제외하고[16] 영혼의 활동 전반을 수동적 과정으로 이해했다. 시각 작용을 예로 들어 보자. 사람들은 '보다'(to see)라는 동사를 능동태로 이해하지만, 사실 그것은 시각 기관(눈)이 시각적 대상(색채)에 의해 '봄을 당한다'는 의미이다. 이상하게 들릴지 모르겠지만 시각 대상의 자극을 받아 시각 능력이 활성화되는

---

15 *Sum. theol.* I, q. 77, a. 3, c.: "…… potentia, secundum illud quod est potentia, ordinatur ad actum. Unde oportet rationem potentiae accipi ex actu ad quem ordinatur, et per consequens oportet quod ratio potentiae diversificetur, ut diversificatur ratio actus. Ratio autem actus diversificatur secundum diversam rationem obiecti. Omnis enim actio vel est potentiae activae, vel passivae. Obiectum autem comparatur ad actum potentiae passivae, sicut principium et causa movens, color enim inquantum movet visum, est principium visionis. Ad actum autem potentiae activae comparatur obiectum ut terminus et finis, sicut augmentativae virtutis obiectum est quantum perfectum, quod est finis augmenti. Ex his autem duobus actio speciem recipit, scilicet ex principio, vel ex fine seu termino, differt enim calefactio ab infrigidatione, secundum quod haec quidem a calido, scilicet activo, ad calidum; illa autem a frigido ad frigidum procedit. Unde necesse est quod potentiae diversificentur secundum actus et obiecta."

16 *De anima* III, c. 5, 430a15-19.

이치를 따져 보면 그렇다. 바로 이런 의미에서 어떤 감각 능력이 봄의 능력인지 들음의 능력인지는 그 능력이 어떤 대상에 반응하는지에 따라 이해될 수 있다. 색채라는 대상에 반응하는 것이 시각이고 소리라는 대상에 반응하는 것이 청각인 것처럼 말이다.

이처럼 대상의 차이가 수동으로서의 활동의 차이 그리고 수동적 능력의 차이를 만들어 낸다면, 능동적 능력의 경우는 어떨까? 여기서도 대상의 차이가 능력의 차이를 규정한다는 사태는 마찬가지이다. 단, 수동적 능력에서 대상이 원리를 의미했다면, 능동적 능력에서 대상은 목적 또는 종점을 의미한다는 점만 다르다. 능동적 능력의 대상이란 능력이 작용해 도달 또는 성취하는 그 경지를 의미하기 때문이다. 생장 능력의 대상은 성장한 육체이며, 건축 능력의 대상은 건축물이다.

이상의 논변에 토마스는 한 가지 제한을 덧붙인다. 대상의 차이가 능력과 활동의 차이를 만들어 낸다는 말은 대상에서 관찰되는 임의의 모든 차이가 능력과 활동에 종적 규정을 부여한다는 의미로 이해되어서는 안 된다. 이는 우유가 사물의 종적 규정을 부여하지 못하는 것과 마찬가지 이치이다. 이 고양이의 흰색과 저 고양이의 검은색이 두 고양이를 종적으로 나누지 않는다. "그러므로 대상의 모든 차이가 다 영혼 능력을 여럿으로 나누지는 않으며, 능력이 본질적으로 관련되는 그런 대상의 차이가 [영혼 능력을 여럿으로 나눌 뿐이다]."[17] 색은 봄과 시각의 본질적 대상이고 소리는 들음과 청각의 본질적 대상이므로 종별화의 기능을 갖지만, 붉은색과 푸른색의 차이가 시각 능력을 다시 종적으로 나눌 수 있는 것은 아니다. 토마스에 따르면, 시각적 대상이라는 유 안에서 교양인이거나 문법학자라는 것, 키가 크거나 작다는 것, 인간이거나 돌이라는 것은 영혼 능력의 구

---

17 *Sum. theol.* I, q. 77, a. 3, c.: "Sic igitur non quaecumque diversitas obiectorum diversificat potentias animae; sed differentia eius ad quod per se potentia respicit."

별과는 하등 무관한 우유적 차이일 뿐이다.[18]

다음으로(a. 4) 토마스는 영혼 능력들 사이에 질서가 있는지를 묻는다. 하나의 전체 안에 존재하는 여럿은 그것들이 하나의 전체 안에 존재하는 한에서, 완전한 의미에서 무질서할 수는 없다. 그런 여럿은 특정한 질서(순서, ordo)를 전제한다. 따라서 하나인 영혼 안에 속하는 능력들 사이에도 질서가 있을 수밖에 없다. 그런데 질서에는 세 가지 종류가 있다. 첫째는 완전한 것이 불완전한 것에 앞서는 본성의 질서이다. 이에 따르면, 지성적 능력이 감각적 능력에 앞서고 감각적 능력이 생장적 능력에 앞선다.[19] 둘째는 생성과 시간의 질서인데, 이 질서에서는 불완전한 것이 완전한 것에 앞선다. 생성의 과정을 놓고 보면, 생장적 능력이 감각적 능력에 선행하고 지성적 능력이 감각적 능력을 뒤따른다.[20] 마지막으로 대상의 질서도 있다. 토마스는 감각적 대상들을 놓고 이 질서를 설명한다. 가장 앞서는 것은 시각적 대상인데, 가시성은 월상(月上) 세계의 천체들이나 월하 지상계의 물체들에 공통적이기 때문이다. 이런 의미에서 소리가 냄새보다 앞서는데,

---

18 *Ibid.*: "Sicut sensus per se respicit passibilem qualitatem, quae per se dividitur in colorem, sonum et huiusmodi, et ideo alia potentia sensitiva est coloris, scilicet visus, et alia soni, scilicet auditus. Sed passibili qualitati, ut colorato accidit esse musicum vel grammaticum, vel magnum et parvum, aut hominem vel lapidem. Et ideo penes huiusmodi differentias potentiae animae non distinguuntur."

19 *Sum. theol.* I, q. 77, a. 4, c.: "…… uno modo, secundum naturae ordinem, prout perfecta sunt naturaliter imperfectis priora …… Secundum igitur primum potentiarum ordinem, potentiae intellectivae sunt priores potentiis sensitivis, unde dirigunt eas et imperant eis. Et similiter potentiae sensitivae hoc ordine sunt priores potentiis animae nutritivae."

20 *Ibid.*: "alio modo, secundum ordinem generationis et temporis, prout ex imperfecto ad perfectum venitur …… Secundum vero ordinem secundum, e converso se habet. Nam potentiae animae nutritivae sunt priores, in via generationis, potentiis animae sensitivae, unde ad earum actiones praeparant corpus. Et similiter est de potentiis sensitivis respectu intellectivarum."

공기가 요소의 혼합보다 앞서기 때문이다.[21]

주목할 만한 또 하나의 물음을 우리는 제6절에서 만난다. 여기서 토마스는 '영혼의 능력이 영혼의 본질에서 흘러나오는가'(a. 6)라는 물음을 제기한다. 일단 '흘러나온다'(fluere)라는 표현 자체가 의미하는 바가 불명확하기 때문에 이 물음은 더 흥미롭게 들린다. 신플라톤주의의 유출 관념을 떠올리게 하는 이 표현의 의미는 무엇일까? 이 의미를 이해하는 데 중요한 한 가지 요점은 여기서 토마스가 영혼 능력을 일반적 우유(accidens)와는 구별되는 한 실체에 특유한 우유, 즉 고유(proprium)의 의미로 한정하고 있다는 사실이다. 고유와 고유가 아닌 다른 우유는 산출 방식이 다르다. 고유는 자신이 속하는 실체를 주체로 삼을 뿐만 아니라 그 실체에 의해 산출된다. 이에 비해 고유가 아닌 보통의 우유는 실체를 주체로 하여 그 속에 존재하되, 자신이 속하는 그 실체가 아니라 제3의 작용자에 의해 생겨난다. 예컨대, 보는 능력도 보는 활동도 모두 우유이지만 고유인 시각 능력은 영혼의 본질에 의해 생겨나는 데 비해, 고유가 아닌 시각 활동은 가시적 대상이라는 제3의 작용자에 의해 생겨난다.[22] 이런 의미에서 '흘러나온다'라는 말은 실체와 고유의 관계를 설명해 주는 특정한 의미의 인과적 자기 의존성에 대한 표현으로 이해할 수 있다.[23]

---

21 *Ibid.*: "Secundum autem ordinem tertium, ordinantur quaedam vires sensitivae ad invicem, scilicet visus, auditus, et olfactus. Nam visibile est prius naturaliter, quia est commune superioribus et inferioribus corporibus. Sonus autem audibilis fit in aere, qui est naturaliter prior commixtione elementorum, quam consequitur odor."

22 *Sum. theol.* I, q. 77, a. 6, c.: "…… actualitas formae accidentalis causatur ab actualitate subiecti. Ita quod subiectum, inquantum est in potentia, est susceptivum formae accidentalis, inquantum autem est in actu, est eius productivum. Et hoc dico de proprio et per se accidente, nam respectu accidentis extranei, subiectum est susceptivum tantum; productivum vero talis accidentis est agens extrinsecum."

3) 영혼 능력의 다섯 유(類)

그렇다면 영혼 능력은 어떻게 분류되는가? 토마스는 제78문 제1절에서 영혼 능력이 생장 능력, 감각 능력, 욕구 능력, 장소 이동 능력, 지성 능력이라는 다섯 가지 유(類)로 구분된다고 주장한다. 사실, 이것은 아리스토텔레스가 『영혼론』 제2권에서 이미 제시했던 분류이다.[24] 토마스는 아리스토텔레스의 분류 방식을 취해 그것을 자신의 방식으로 설명할 뿐이다. 토마스의 텍스트를 옮겨 보자.

> 영혼 능력의 유는 대상에 따라 구별된다. 앞에서 말한 바와 같이, 영혼이 고차적일수록 더 보편적으로 대상과 관계하기 때문이다. 그런데 영혼 작용의 대상은 세 가지 질서에서 고찰될 수 있다. 어떤 영혼 능력의 대상은 영혼과 통일된 물체일 뿐이다. 그리고 영혼의 이 유는 식물적 능력(vegetativum)이라 불린다. 식물적 능력은 오로지 영혼과 통일된 물체 안에서만 작동하기 때문이다. ─ 그리고 영혼 능력의 또 다른 부류가 있으니, 영혼과 통일된 물체와 관계할 뿐만 아니라 더 보편적 대상과 관계하는 능력, 즉 모든 감각적 물체와 관계하는 능력이다. 그런데 이보다 더 보편적 대상과 관계하는, 즉 감각적 물체뿐만 아니라 모든 존재자와 보편적으로 관계하는 능력의 다른 유도 있다.
> 이로부터 분명해지는 바, 영혼 능력들 가운데 뒤의 두 가지 유는 [영혼과] 결합된 사물뿐만 아니라 외적 사물에 대해서도 작용을 수행한다. ─ 그런데 작용하는 자는 그 작용이 관련된 자신의 대상과 어떤 방식으로든

---

23 이에 대한 논의는 Thomas Jeschke, *Die Lehre von den Seelenpotenzen bei Durandus von Saint-Pourçain*, Leiden: Brill 2022, pp. 87~88 참조.
24 *De anima* II, c. 3, 414a31ff.

연결되어 있어야 하므로, 영혼 작용의 대상인 외적 사물은 [다음] 두 가지 의미에서 영혼과 관계를 맺을 수밖에 없다. 첫째, 사물이 본성적으로 영혼과 결합할 수 있고 자신의 유사성에 의해 영혼 안에 있을 수 있는 한에서. 그리고 이런 한에서 [영혼] 능력의 두 가지 유가 존재하니 덜 공통적인 대상, 즉 감각적 물체에 대해 감각적 능력(sensitivum)이 존재하며, 가장 공통적인 대상, 즉 존재자 일반에 대해 지성적 능력(intellectivum)이 존재한다.―둘째, 영혼 자체가 외적 사물로 이끌리고 외적 사물을 향하는 한에서. 그리고 이런 관계에 따라 영혼 능력의 두 가지 유가 존재한다. 하나는 욕구적 능력(appetitivum)이다. 영혼이 외적 사물을 지향[의 순서]에서 첫째인 목적으로 삼아 그 외적 사물과 관계하는 한에서 [이 능력이 존재한다]. 다른 하나는 장소 이동 능력(motivum secundum locum)이다. 영혼이 외적 사물을 작용과 운동의 종착점으로 삼아 그 외적 사물과 관계하는 한에서 [이 능력이 존재한다]. 모든 동물은 바라고 지향하는 것에 도달하기 위해 움직이지 않는가.[25]

---

25 *Sum. theol.* I, q. 78, a. 1, c.: "Genera vero potentiarum animae distinguuntur secundum obiecta. Quanto enim potentia est altior, tanto respicit universalius obiectum, ut supra dictum est. Obiectum autem operationis animae in triplici ordine potest considerari. Alicuius enim potentiae animae obiectum est solum corpus animae unitum. Et hoc genus potentiarum animae dicitur vegetativum, non enim vegetativa potentia agit nisi in corpus cui anima unitur. Est autem aliud genus potentiarum animae, quod respicit universalius obiectum, scilicet omne corpus sensibile; et non solum corpus animae unitum. Est autem aliud genus potentiarum animae, quod respicit adhuc universalius obiectum, scilicet non solum corpus sensibile, sed universaliter omne ens.
Ex quo patet quod ista duo secunda genera potentiarum animae habent operationem non solum respectu rei coniunctae, sed etiam respectu rei extrinsecae. Cum autem operans oporteat aliquo modo coniungi suo obiecto circa quod operatur, necesse est extrinsecam rem, quae est obiectum operationis animae, secundum duplicem rationem ad animam comparari.

복잡한 글이지만 이해하지 못할 글은 아니다. 세심하게 살펴보면 영혼 능력의 구별 작업은 두 단계로 진행된다. 영혼 능력의 유를 구분하기 위해 토마스는 먼저 대상의 범위를 따진다. 대상의 범위에 따라 능력은 세 층위로 구별된다. 첫째, 자신의 주체인 영혼이 형상으로서 장악한 물체, 즉 자신의 몸(육체)과 관계할 뿐인 능력[A]이 있다. 둘째, 자신의 육체뿐만 아니라 우리가 보통 '물체'라고 부르는 감각적 사물 일반을 대상으로 하는 능력[B]이 있다. 셋째, 단순히 감각적 사물뿐만 아니라 존재자 일반이라는 가장 보편적인 대상을 지니는 능력[C]이 있다.

토마스는 '영혼과 통일된 물체'를 대상으로 삼는 첫째 능력을 '식물적 능력'(vegetativum)이라고 부른다[A]. 인간을 일종의 식물이라고 상상해 보자. 인간 영혼은 영양 섭취, 생장, 번식처럼 자신의 육체 내부의 작용만 갖지 않겠는가? 그러나 인간은 다행히 식물적 능력뿐만 아니라 외부의 사물과 교호(交互)하는 다른 능력도 지니고 있다. 외부 사물과 관계 맺는 일은 능력의 둘째와 셋째 층위에서 일어나는데, 첫째 층위에서와는 달리 여기서는 능력을 지정하기 위해 한 단계의 구별 작업을 또 거쳐야 한다. 즉 영혼 능력이 외부 사물과 관계를 맺는 그 방식을 따져 보아야 하는 것이다. 토마스는 이 관계 방식을 크게 둘로 나눈다. 영혼은 외부 사물과 비슷해

> Uno modo, secundum quod nata est animae coniungi et in anima esse per suam similitudinem. Et quantum ad hoc, sunt duo genera potentiarum, scilicet sensitivum, respectu obiecti minus communis, quod est corpus sensibile; et intellectivum, respectu obiecti communissimi, quod est ens universale. Alio vero modo, secundum quod ipsa anima inclinatur et tendit in rem exteriorem. Et secundum hanc etiam comparationem, sunt duo genera potentiarum animae, unum quidem, scilicet appetitivum, secundum quod anima comparatur ad rem extrinsecam ut ad finem, qui est primum in intentione; aliud autem motivum secundum locum, prout anima comparatur ad rem exteriorem sicut ad terminum operationis et motus; ad consequendum enim aliquod desideratum et intentum, omne animal movetur."

지는 방식으로[26] 관계를 맺을 수도 있고[①], 이끌리는 방식으로[27] 관계를 맺을 수도 있다[②]. 외부 사물과 비슷해지는 방식으로 관계를 맺을 때, 능력은 두 가지로 규정된다. 감각적 사물과 유사해질 수 있는 능력을 토마스는 '감각적 능력'(sensitivum)[B-①]이라 부르고, 존재자 일반과 유사해질 수 있는 능력을 '지성적 능력'(intellectivum)[C-①]이라 부른다. 한편, 이끌리는 관계 방식, 즉 경향과 지향의 관계 방식은 두 가지로 재차 구별되는데, 대상이 이끌림의 원리인 경우[②-i]와 이끌림의 종점인 경우[②-ii]이다. 앞의 경우는 영혼이 목적으로서의 대상에 관계하는 것이며, 뒤의 경우는 영혼이 운동의 종착점으로서의 대상에 관계하는 것이다. 그는 대상이 목적으로서 영혼의 지향을 일으키는 한에서 '욕구적 능력'(appetitivum)[②-i]을 설정하며, 대상이 종착점으로서 영혼의 운동과 관계되는 한에서 '장소 이동 능력'(motivum secundum locum)[②-ii]을 설정한다.

이상의 영혼 능력 5분법을 도해하면 다음과 같다.

능력의 대상	대상과 관계 맺는 방식		
	영혼이 대상을 인식하는 한에서	영혼이 대상을 목적으로서 향하는 한에서	영혼이 대상을 운동의 종점으로서 향하는 한에서
존재자 일반	지성[C-①]	욕구적 능력 (의지와 감각적 욕구 능력)[②-i]	운동 능력[②-ii]
감각적 물체	감각적 인식 능력 [B-①]		
영혼과 결합된 물체	식물적 능력(영양 섭취 및 생장 능력)[A]		

---

26 '유사화(類似化, similatio)의 방식으로'라고 표현할 수도 있다. '비슷해진다'(유사화한다)라는 말은 유사상을 받아들인다는 뜻, 즉 인식한다는 뜻이다.
27 '경향(inclinatio) 또는 지향(intentio)의 방식으로'라고 표현할 수도 있다.

4) 의지, 감각적 욕구, 지성

외적 대상을 목적으로서 향하는 능력, 즉 욕구적 능력에는 감각적 욕구와 의지가 속한다. 의지와 감각적 욕구를 개념적으로 구별하는 일은 생각보다 간단하지 않다. 그 까닭은 양자가 대상에 의해서는 구별되지 않기 때문이다. 의지와 감각적 욕구는 공통적 대상을 지니는 것으로 보인다. 토마스는 『진리론』에서 그 공통적 대상을 "사물의 본성 안에 보편적 방식이 아니라 개별적 방식으로 실존하는 어떤 것"(aliquid in rerum natura existens, quod est per modum particularis, et non universalis)이라고 말한다. 영혼 외부에 존재하는 개별적 사물이 욕구 능력에 적합할 때, 그것이 욕구의 대상이 된다는 뜻이다. 그러므로 감각적 욕구와 의지는 대상에 의해 구별되는 감각적 인식 능력 및 지성과 달리, 대상의 차이에 의해 구별되지는 않는다. 그렇다면 감각적 욕구와 의지의 차이는 어떻게 이해되어야 하는가? 토마스의 말을 들어 보자.

> 욕구는 언제나 사물의 본성 안에 보편적으로 실존하는 것이 아니라 개별적으로 실존하는 어떤 것을 지향한다. 그러나 때로는—우리가 단적인 선을 바람직한 것으로 고찰하는 한에서 선을 욕구하는 경우에 그러하듯이—어떤 보편적 조건의 파악에 의해 움직여지고, 때로는 개별성에 따른 개별자 인식에 의해 움직여지기도 한다. 그러므로 욕구는 자신이 따르는 상이한 파악에 의해 결과적으로 구별되며, 마찬가지로 보편자와 개별자에 의해서도 결과적으로 구별된다.[28]

---

[28] *De veritate*, q. 22, a. 4, ad 2: "⋯⋯ quamvis appetitus semper intendat ad aliquid in rerum natura existens, quod est per modum particularis, et non universalis, tamen ad appetendum quandoque movetur per apprehensionem alicuius universalis conditionis: sicut appetimus hoc

토마스는 여기서 감각적 욕구와 의지가 실제로는 동일한 대상을 지니지만, 그 대상을 향한 두 능력의 '운동 방식'이 상이하다는 점을 환기한다. 외부 대상을 욕구하기 위해서는 그 대상의 바람직함(可欲性, appetibilitas)에 대한 인식적 근거가 있어야 하는데, 그 근거가 제시되는 방식에 두 가지가 있을 수 있다. 즉 욕구는 개별자의 선을 특수성과 개별성의 관점에서 파악해도 움직일 수 있고, 개별자의 선을 보편성의 관점에서 파악해도 움직일 수 있다. 외부의 직접적 대상(개별 사물)을 향할 때, 지성이 수용한 보편 형상(보편자)이 기준점 역할을 하는 능력이 의지이다. 이에 비해 감각적 욕구에서는 지각 대상의 감각적인 개별성 자체가 운동의 근거가 된다.

감각적 욕구와 이성적 욕구가 대상에 의해서가 아니라 '욕구의 방식'에 따라 구별되기 때문에, 토마스는 그것들을 동일한 유 안의 상이한 종별적 능력으로 간주하는 것이다. 이에 비해 감각과 지성은 상이한 대상을 지니므로 애초부터 상이한 능력의 유로 파악된다.[29] 토마스는 감각적 욕구와 지성적 욕구의 구별 기준인 작용 방식이 각각의 욕구 능력의 '상태'(dispositio)에 근거한다고 본다. 여기서 상태 개념이 함축하는 것은 욕구 능력이 특정한 인식 능력에 대해서 맺는 관계이다. 이러한 관련성은 활동 단계에서 비로소 우연적으로 발생하는 현상으로 파악될 수는 없다. 인식 능력에 대한 욕구의 관련성은 오히려 하나의 유 안에 종차를 형성하는 것이고, 각각의 욕구 능력이 어디에서 유래했는지 그 '근원'이 무엇인지를 나타낸다. 이처럼 의지를 대상이 아니라 활동 방식에 따라 존재적 근원의 관

---

bonum ex hac consideratione qua consideramus simpliciter bonum esse appetendum; quandoque vero per apprehensionem particularis secundum suam particularitatem. Et ideo sicut appetitus ex consequenti distinguitur per differentiam apprehensionis quam sequitur, ita etiam ex consequenti distinguitur per universale et particulare."

29 *De ver.*, q. 22, a. 4, ad 2; ad 4.

점에서 고찰하면, 의지는 지성과 동류적 능력으로 이해된다.[30]

의지의 활동이 지성적 사고에 근거하고 있다는 말은 의지가 지성과 마찬가지로 영혼의 정신적이고 비물질적인 부분에 속한다는 뜻이다.[31] 토마스는 의지를 합리적 욕구(appetitus rationalis) 또는 지성적 욕구(appetitus intellectivus)로 정의한다.[32] 이 정의에서 의지의 종차로 간주되는 합리성의 근본적 의미는 무엇인가? 여기서 합리성은 단순히 숙고나 추론 같은 인지적 과정과 결부되어 있음을 가리키는 것이 아니라 신체 기관에 대한 의지의 비의존성, 즉 의지 활동의 비물질성(immateriality)을 의미한다.[33] 의지가 보편적 인식 형상에 공명해 그것을 근거로 삼아 욕구 활동을 수행할 수 있는 까닭은 바로 비물질성 때문이다. 개별적 사물을 대상으로 하되, 그렇다고 해서 감각적으로 파악된 특정한 대상에 고착되어 있지는 않은 의지의 비결정성 역시 의지의 비물질적 존재에 근거를 두고 있다.

그런데 의지와 지성이 공히 비물질적 능력이라는 점에서 영혼의 최상위 부분에 속한다고 하더라도, 그것들은 대상과의 관련 속에서 고찰되는 한에서는 두 가지의 상이한 유로 나누어져야 한다. 여기서 토마스는 사물과 영혼이 관계를 맺는 두 가지 방식에 주목한다. "어떤 것은 그 자체의 고유

---

30 De ver., q. 10, ad 2: "Et ideo, si considerentur huiusmodi potentiae secundum quod egrediuntur ab essentia animae, quae est quasi subiectum earum, voluntas invenitur in eadem coordinatione cum intellectu; non autem appetitus inferior, qui in irascibilem et concupiscibilem dividitur."

31 Sum. theol. I, q. 77, a. 7, c.

32 Sum. theol. I, q. 20, a. 1, ad 1; q. 82, a. 5, c.

33 De ver., q. 22, a. 10, ad 2: "…… potentia dupliciter potest considerari: vel in ordine ad obiectum, vel in ordine ad essentiam animae, in qua radicatur. Si ergo voluntas consideretur in ordine ad obiectum, sic ad aliud genus animae pertinet quam intellectus; et sic voluntas contra rationem et intellectum distinguitur, ut dictum est. Si vero voluntas consideretur secundum id in quo radicatur, sic, cum voluntas non habeat organum corporale, sicut nec intellectus, voluntas et intellectus ad eamdem partem animae reducentur."

한 존재 방식이 아니라 영혼의 존재 방식에 따라 영혼 안에 있기 적합한 한에서, 즉 정신적 방식으로 있기 적합한 한에서 영혼의 대상이 된다. 또한 어떤 것은 스스로 존재하는 사물 자체의 방식에 따라 영혼으로 이끌리고 영혼을 향하는 한에서 영혼의 대상이 된다."³⁴ 사물은 영혼에 의해 인식되는 한에서 영혼 안에 정신적 방식으로 존재할 수 있다. 그래서 사물은 일차적으로 영혼의 인식 대상으로 규정된다. 그러나 사물은 욕구의 목적으로 규정되기도 한다. 이에 따라 우리는 모든 사물을 — 그것들 각각이 하나의 동일자로 실재한다고 하더라도 — 두 가지 방식으로, 즉 참(verum) 또는 좋음(bonum)으로서 고찰할 수 있는 것이다. 인식 능력과 욕구 능력이라는 두 가지 상이한 유는 대상의 이러한 형상적 의미의 차이에 따라 구별된 것이다.

인식 능력과 욕구 능력의 구별에 대한 토마스의 설명을 더 들어 보자. 그에 따르면, "[인식 능력과 욕구 능력의] 작용을 종적으로 규정하는 것이 대상의 의미 자체이기 때문에, [인식 능력과 욕구 능력의] 구별은 실제적으로 고찰된 대상이 아니라 의미에 따라 고찰된 대상에 의해 제시된다".³⁵ 대상을 의미에 따라 고찰한다는 것은, 방금 말했듯이, 실제적으로 동일한 대상을 참으로 또는 좋음으로 고찰한다는 뜻이다.³⁶ 특정한 대상은 실제

---

34 *De ver.*, q. 22, a. 10, c.: "Et sic obiectum animae est aliquid dupliciter. Uno modo in quantum natum est esse in anima non secundum esse proprium, sed secundum modum animae, id est spiritualiter; et haec est ratio cognoscibilis in quantum est cognoscibile. Alio modo est aliquid obiectum animae secundum quod ad ipsum anima inclinatur et ordinatur secundum modum ipsius rei in seipsa existentis; et haec est ratio appetibilis in quantum est appetibile."

35 *De ver.*, q. 22, a. 10, ad 2: "…… distinctio potentiarum non ostenditur ex obiectis secundum rem consideratis, sed secundum rationem: quia ipsae rationes obiectorum specificant ipsas operationes potentiarum."

36 *Ibid.*: "Et ideo ubi est diversa ratio obiecti, ibi invenimus diversam potentiam,

적으로 고찰할 때는 다른 것들과 구별되는 하나의 실재성을 지닌 대상일 뿐이지만, 상이한 형상적 의미 속에서 이렇게도 저렇게도 고찰될 수 있다. 토마스는 하나의 실재성을 지니는 사물(대상)이 유적으로 상이한 두 능력을 설명해 줄 수는 없지만, 적어도 그 사물의 상이한 형상적 의미가 능력들의 활동 방식에서 나타나는 차이는 설명해 줄 수 있다고 생각한다. 말하자면, '참인 것'인 한에서 사물은 영혼과 비슷해질 수 있으며, '좋은 것'인 한에서 영혼을 끌어당길 수 있다. 조금 더 스콜라철학적으로 말해 보자. 영혼 외부의 사물은 영혼의 인식 능력에 의해 '유사화됨'으로써 영혼 안의 유사상(類似像, similitudo)으로서 존재하게 된다.[37] 이에 비해 욕구 능력은 타자와 유사해지지 않으면서 지향의 관계를 맺는 능력으로 규정된다.[38]

지성은 인식 능력에, 의지는 욕구 능력에 속하므로, 지성과 의지의 차이는 그들의 활동 방식에서 드러난다. 인식 능력의 활동은 인식된 사물이 인식자 안에 존재하게 됨을 통해 완성되므로 인식 활동은 휴식에 비유할 수 있다. 반면에 욕구 활동의 완전성은 가욕적(可欲的, appetibile) 사물을 향한 지향 그 자체에 있으므로 운동에 비유될 수 있다. 지성의 완전성은 휴식에, 의지의 완전성은 운동에 있다는 것은 토마스의 중요한 통찰 가운데 하나이다.

quamvis sit eadem res quae subest utrique rationi, sicut est de bono et vero. Et hoc etiam patet in rebus materialibus: nam aer patitur ab igne in quantum est calidus, secundum quod est in potentia aer calidus; in quantum vero ignis est lucidus, patitur ab eo secundum quod ipse est diaphanus: nec est eadem potentia in aere secundum quam dicitur diaphanus, et secundum quam dicitur potentia calidus, quamvis idem ignis sit qui in utramque potentiam agat."

37 *De ver.*, q. 1, a. 2, ad 4; In III de anima, lect. 13, n. 790.
38 *Sum. theol.* I, q. 78, a. 1, c.

2. 지성적 욕구로서의 의지

1) 의지 개념의 형이상학적 토대: 경향

의지란 무엇인가? 토마스와 함께 의지를 정의하기 위해 우리는 '경향'(inclinatio)이라는 개념을 출발점으로 삼아야 한다. 모든 자연적 존재자는 자신의 목적을 향해 움직이려는 경향을 가지고 있다. 존재자가 그 존재자로 존재하는 까닭은 존재자의 무엇임, 즉 형상 때문이다. 아울러 존재자가 자신의 목적론적 규정을 받아들이게 되는 까닭 역시 형상 때문이다. 그러므로 모든 존재자에는 각각의 형상에 따라 고유한 경향이 속한다. 판에 박힌 예를 들자면, 불에는 위를 향하는 경향이 속하며 돌에는 아래를 향하는 경향이 속한다.[39] 물론, 불에 위를 향하는 경향이 속한다는 것은, 말하자면 불의 형상에서 그러한 경향이 흘러나온다는 뜻일 터이며, 돌에 아래를 향하는 경향이 속한다는 말은 돌의 형상에서 그러한 경향이 흘러나온다는 뜻일 터이다. 비유하자면, 목적으로 향하는 길은 평탄하지 않고 기울어진 경사면과 같아 자연스럽게 그리로 향하는 힘이 사물에 내재한다는 것이 토마스의 생각이다. 모든 존재자는 형상에 의해 '비탈져 있다'.

    자연적 형상이 특정한 경향성을 지닌다는 사고방식은 자연과 운동에 대한 아리스토텔레스적 관념을 전제하고 있다. 토마스는 특정한 용도를 위해 만들어진 인공물뿐만 아니라 원래 그렇게 존재하는 자연물에도 목적과 같은 어떤 것이 존재한다는 아리스토텔레스의 저 유명한 목적론적 세계관을 유보 없이 받아들인다. 이러한 철학적 수용이 가장 분명하게 표현되는 곳은 『대이교도대전』 제3권 초반부이다. 목적(finis)이라는 개념은 모든 작용이 특정한 결과를 향한 질서 속에 있다는 사실로부터 도출된다.

---

39 *De ver.*, q. 24, a. 1, c.; *Sum. theol.* I, q. 80, a. 1, c.

"작용자가 특정한 결과를 추구하지 않는다면, 작용자에게는 어떤 결과든지 상관없을 것이다. 그런데 다수[의 결과]에 대해 무차별적 관계를 맺는 것은, 그중 하필이면 어떤 [결과]를 다른 어떤 [결과]보다 더 많이 일으키지 않는다. 따라서 양자에 대한 우연자[40]에서는 ─ 어떤 [제3자]에 의해 [양자 중의] 하나로 결정되는 경우가 아니라면 ─ 어떠한 결과도 따르지 않게 된다. 따라서 [그러한 우연자가] 도대체 작용한다는 것이 불가능하게 될 것이다. 따라서 모든 작용자는 어떤 특정한 결과를 추구하는 바, 그것이 바로 목적이라 불리는 것이다."[41]

여기서 토마스는 다수의 결과에 대한 가능성이 동등한 정도로 존재하면 차라리 어떤 일도 발생하지 않을 것이라는 관념적인 사고 실험을 하고 있는 것 같다. 특정 작용이 특정 결과를 낳는다는 것은 인간 경험의 가장 기초적 차원에서 파악되는 바이다. 토마스는 무작위로 발생하는 사건들의 집합으로서의 자연계라는 관념을 이러한 경험적 직관으로 부정하는 것이 충분히 가능하다고 생각한다. 무작위보다는 차라리 무위(無爲)가 더 개연적이라는 것인데 자연이 실제로는 행위, 즉 작용으로 가득 차 있으니 그 작용을 불러낸 목적이라는 것이 왜 없겠느냐는 논리이다.

경향이라는 개념은 목적 개념을 통해서만 이해될 수 있다. 존재자의 본성에서 생겨나는 운동을 그 목적의 관점에서 고찰함으로써 우리는 경향이라는 개념을 발견한다. 토마스에 따르면, 경향이란 "어떤 것이 자신의 고유

---

40 '작용의 상이한 결과에 대해 전적으로 무차별적 관계를 맺는 작용자'를 뜻한다.
41 *SCG* III, c. 2: "Si agens non tenderet ad aliquem effectum determinatum, omnes effectus essent ei indifferentes. Quod autem indifferenter se habet ad multa, non magis unum eorum operatur quam aliud: unde a contingente ad utrumque non sequitur aliquis effectus nisi per aliquid determinetur ad unum. Impossibile igitur esset quod ageret. Omne igitur agens tendit ad aliquem determinatum effectum, quod dicitur finis eius."

한 본성에 따라 자신의 목적을 향해 갖는 질서"로 정의된다.[42]

앞서 말했듯이, 경향은 형상에 기초하고 있다. 형상은 존재자가 존재하는 근거일 뿐만 아니라 존재자가 작용하는 근거이기도 하다. 토마스의 가장 근본적 통찰 가운데 하나는 어떤 것이 현실적으로 존재하는 한에서 그것은 동시에 작용하기도 한다는 사실이다. 그런데 그 까닭은 어디에 있는가? 작용이라는 현실성이 존재의 근거인 형상에서 나오기 때문이다. 그런데 형상이 존재자가 작용하는 근거가 되기 위해, 즉 형상이 어떤 작용의 원리가 되기 위해 형상은 경향에 의해 매개되어야 한다. 형상이라는 개념은 일차적으로 어떤 휴지(休止)하는 정체성을 표현하는데, 휴지하는 것은 그 자체로 작용에 대한 관련성을 함축하지는 않기 때문이다. 따라서 토마스는 다음과 같이 말한다.

> 자연적 형상은 그것이 존재를 부여하는 그것[존재자] 안에 내재하는 한에서 작용의 원리라 불리는 것이 아니라 작용의 경향을 갖는 한에서 작용의 원리라 불리는 것이다.[43]

작용이나 운동은 주체와 목적 사이의 현실적 통일성이 완수되는 과정을 말한다. 이러한 엄밀한 의미에서 보자면, 경향은 아직 작용이나 운동은 아니다. 경향은 휴지하는 형상과 구체적 작용을 매개해 주는 어떤 것으로 가정된다. 개념적으로 그리고 논리적으로 각각의 형상에서 어떤 경향이 따

---

42 *In libros Physicorum* lib. 1, lect. 15, n. 138: "Nihil est igitur aliud appetitus naturalis quam ordinatio aliquorum secundum propriam naturam in suum finem."

43 *Sum. theol.* I, q. 14, a. 8, c.: "Sed considerandum est quod forma naturalis, inquantum est forma manens in eo cui dat esse, non nominat principium actionis; sed secundum quod habet inclinationem ad effectum."

르고, 경향에서 작용 또는 운동이 따른다. 토마스의 예를 소개하면, 불의 본성적 형상에서 위에 있는 장소를 향하려는 경향이 따르거니와, 이 경향 때문에 불은 가벼운 성질을 갖는 것이다. 그리고 그 경향에서 실제로 위를 향해 움직이는 운동, 즉 불의 작용이 따르게 된다.[44]

2) 경향 개념의 전개

그렇다면 이러한 경향 개념의 일반적 의미 속에서 의지는 어떤 특별한 위상을 지니는가? 이를 이해하기 위해서는 먼저 경향이 어떤 특수한 단계들로 나누어지는지를 살펴보아야 할 것이다. 토마스에게서 경향이라는 개념은 대체로 욕구(appetitus)라는 개념과 동일한 의미를 지닌다.[45] 경향 또는 욕구는 세 가지 단계로, 즉 자연적 단계, 감각적 단계, 이성적 단계로 구분된다.

'자연적 욕구'(appetitus naturalis)는 자연적 형상을 가지며, 인식 능력을 갖지 않는 물체에 속한다. 자연적 형상은 존재자에 고유한 개별적 존재를 그 존재자에게 부여해 주며, 이와 함께 그 존재자가 본성적으로 지향하고 완수해야 할 목적 또한 규정해 준다. 자연적 형상에 의해 규정되어 있는

---

44 *Sent. De anima* lib. 1, lect. 5, n. 286: "Sed quia omne esse est secundum aliquam formam, oportet quod esse sensibile sit secundum formam sensibilem et esse intelligibile secundum formam intelligibilem; ex unaquaque autem forma sequitur aliqua inclinatio et ex inclinatione operatio, sicut ex forma naturali ignis sequitur inclinatio ad locum qui est sursum, secundum quam ignis dicitur levis, et ex hac inclinatione sequitur operatio, scilicet motus qui est sursum."
45 용례상 경향은 보통 유 개념으로 사용되거나 또는 특수하게 자연적 욕구를 가리키는 의미로 사용되며, 경향이 종 개념으로 분화되어 사용될 때에는 주로 경향 대신 욕구라는 용어가 사용된다.

자신의 목적을 필연적 방식으로 향하는 존재자의 움직임이 자연적 욕구이다.

인식 능력을 결여한 자연물을 특징짓는 자연적 욕구가 경향 또는 욕구의 가장 기초적인 첫째 단계라면, 영혼을 지닌 생명체에서 관찰되는 인식 능력과 더불어 욕구 개념에는 새로운 단계가 열린다. 인식 능력을 결여한 실체와 인식하는 실체의 가장 근본적 차이는 어떻게 파악되어야 하는가? 그 차이는 인식 능력을 결여한 실체에는 존재의 근거인 자연적 형상만이 내재하지만, 인식하는 실체에는 자연적 형상뿐만 아니라 인식된 형상(forma cognita)도 내재할 수 있다는 점이다. 인식 작용이 수행됨에 따라 인식하는 실체 안에는 자연적 존재 근거인 자연적 형상과 더불어 인식의 결과로 수용된 인식 대상의 형상이 동시에 존재하게 된다. 이 특수한 현상을 '형상의 이중화'라고 부르자. 인식을 통해 다른 존재자의 형상을 수용한다는 것은 한 개별적 존재자가 자신의 제한성과 고립성을 어느 정도 극복하게 된다는 뜻이다. 인식한다는 것은 특정한 의미에서 타자가 된다는 것이다.

인식하는 실체 안에 존재하는 인식된 형상을 '인식 형상'(forma cognita)이라고 부르자. 토마스는 인식 형상이 선으로 파악되는 한에서, 마치 자연적 형상에서 자연적 욕구가 비롯되는 것처럼 인식 형상 역시 새로운 종류의 욕구의 원리가 된다고 생각한다.[46] 그러므로 어떤 실체가 인식을 통해

---

46 *Sum. theol.* I, q. 80, a. 1, c.: "In his enim quae cognitione carent, invenitur tantummodo forma ad unum esse proprium determinans unumquodque, quod etiam naturale uniuscuiusque est. Hanc igitur formam naturalem sequitur naturalis inclinatio, quae appetitus naturalis vocatur. In habentibus autem cognitionem, sic determinatur unumquodque ad proprium esse naturale per formam naturalem, quod tamen est receptivum specierum aliarum rerum, sicut sensus recipit species omnium sensibilium, et intellectus omnium intelligibilium, ut sic anima hominis sit omnia quodammodo secundum sensum et intellectum."

다른 사물의 형상을 수용한다는 것은 목적에 속하는 운동력(vis motiva, 운동시키는 힘)이 운동하는 사물 자체에 내재화된다는 사실을 뜻한다.

감각적 인식을 따르는 욕구를 토마스는 '감각적 욕구'(appetitus sensitivus)라고 부른다. 감각적 욕구는 자연적 욕구보다 상위에 있다.

> 인식을 소유한 [실체] 안에 있는 형상이 [인식하지 않는 실체의] 자연적 형상보다 더 고차적 방식으로 존재하듯이, 인식을 소유한 [실체] 안에는 자연적 욕구라고 불리는 자연적 경향의 방식보다 [더 고차적] 경향이 존재한다.[47]

이러한 고차성은 무엇을 의미하는가? 그것은 감각 능력이 하나의 질료적 대상에 고착되어 있지 않고 파악된 대상의 다수성에 따라 다양한 사물을 향할 수 있다는 사실을 의미한다.

> 자연적 욕구는 한 가지 사물을 향하도록 결정되어 있으며, 또 다양하지도 않아 동물이 필요로 하는 만큼의 여러 사물에 닿지 않는다. 이 때문에 동물에게는 [자연적 욕구 외에도] 인식에 따르는 동물적 욕구가 추가되어야만 했던 것이니, 그래서 동물은 인식 대상의 다수성으로 인해 여러 사물을 향하게 된다.[48]

---

47 Sum. theol. I, q. 14, a. 1, c.: "⋯⋯ sed cognoscens natum est habere formam etiam rei alterius, nam species cogniti est in cognoscente. Unde manifestum est quod natura rei non cognoscentis est magis coarctata et limitata, natura autem rerum cognoscentium habet maiorem amplitudinem et extensionem."; Sum. theol. I q. 80, a. 1, c.: "Sicut igitur formae altiori modo existunt in habentibus cognitionem supra modum formarum naturalium, ita oportet quod in eis sit inclinatio supra modum inclinationis naturalis, quae dicitur appetitus naturalis."

자연적 욕구(경향)의 대상은 그 욕구 주체의 자연적 형상에 대응하는 목적이기 때문에, 자연적 욕구는 자신의 대상에 필연적 방식으로 고착되어 있다. 이에 비해 감각적 욕구는 어떤 대상이 인식 능력에 의해 적합하고 바람직한 것으로서 인식되는 한에서 그 대상을 향한다.[49] 감각적 욕구 능력과 감각적 인식 능력을 지닌 실체(동물)에게는 다양한 사물이 즐겁고 유익한 대상으로 나타날 수 있으므로, 그러한 실체는 어떤 특정한 하나의 사물을 욕구하도록 결정되어 있지 않으며, 다수의 욕구 대상을 지닐 수 있다.[50] 다른 존재자의 형상을 인식의 방식으로 수용할 수 있는 능력, 그리고 이에 따라 자신 안에 욕구의 다양한 원리를 보유할 수 있는 능력은 특정한 단수적 대상을 향해야 할 필연성에서 동물을 해방한다. 이런 의미에서 토마스는 동물이 자유 결단(liberum arbitrium)과 유사한 어떤 능력, 즉 제한적 의미의 자유를 지니고 있다고 인정한다.

동물이 자신의 판단에 따라 하나의 동일한 작용을 할 수도 있고 하지 않을 수도 있는 한에서, 동물에게는 자유 결단의 특정한 유사물이 존재한다.

---

48 *De ver.*, q. 22, a. 3, ad 2: "Et ideo, cum appetitus naturalis sit determinatus ad unum, nec possit esse multiformis, ut in tot diversa se extendat quot animalia indigent; necessarium fuit ut animalibus superadderetur appetitus animalis consequens apprehensionem, ut ex multitudine apprehensorum, animal in diversa ferretur."; q. 25, a. 1, c.: "sed quia non tendit tantum in hanc rem aut tantum in illam, sed in omne id quod est sibi utile vel delectabile, ideo est supra appetitum naturalem; et propter hoc apprehensione indiget, per quam delectabile a non delectabili distinguat. Et huius distinctionis signum evidens est, quod appetitus naturalis habet necessitatem respectu ipsius rei in quam tendit, sicut grave necessario appetit locum deorsum. Appetitus autem sensitivus non habet necessitatem in rem aliquam, antequam apprehendatur sub ratione delectabilis vel utilis."

49 *De ver.*, q. 25, a. 1, c.

50 *De ver.*, q. 22, a. 3, ad 2.

그래서 동물 안에는 일종의 제한적 의미의 자유가 있다. 행해야 한다고 판단하면 행하고 행하지 않아야 한다고 판단하면 행하지 않는 것이 그들에게는 가능한 것이다.[51]

그런데 인간은 감각적 욕구뿐만 아니라 흔히 의지라고 부르는 이성적 또는 지성적 욕구를 지니고 있다. 의지는 인간에게 감각적 욕구에 수반되는 제한적 의미의 자유와는 본질적으로 다른 새로운 차원의 자유를 열어 준다. 동물은 단수적 대상에 대한 특정한 비결정성을 지니고 있음에도 불구하고 자신의 경향에 대한 지배권을 지니고 있지 못하다. 즉 어떤 대상이 즐거움을 주는 것으로 제시되면 동물은 그것을 욕구하지 않을 도리가 없다.[52] 따라서 대상이 동물에 의해 욕구할 만한 것으로 인식되자마자, 동물이 지니고 있던 감각적 욕구의 비결정성은 완전히 사라져 버리고 마는 것이다.[53] 이에 비해 의지는 인식된 선에 고착되어 있지 않은데, 절대적으로 인식된 선 자체를 향하기 때문이다. "그런데 더 상위의 욕구, 즉 의지는 절대적으로 파악된 가욕성(加欲性, appetibilitas)의 근거를 직접 향한다. 말하자면, 의지는 일차적으로 그리고 주된 의미에서 선성(善性, bonitas)이나 유익성(utilitas) 그 자체를 또는 이런 종류의 것을 욕구하며, 이런 사물 또는

---

51 *De ver.*, q. 24, a. 2, c.: "Et similiter est in eis quaedam similitudo liberi arbitrii, in quantum possunt agere vel non agere unum et idem, secundum suum iudicium, ut sic sit in eis quasi quaedam conditionata libertas: possunt enim agere, si iudicant esse agendum, vel non agere, si non iudicant."

52 *De ver.*, q. 22, a. 4, c.: "Animal enim ad aspectum delectabilis non potest non concupiscere illud; quia ipsa animalia non habent dominium suae inclinationis."

53 *De ver.*, q. 25, a. 1, c.: "Appetitus autem sensitivus non habet necessitatem in rem aliquam, antequam apprehendatur sub ratione delectabilis vel utilis; sed apprehenso quod est delectabile, de necessitate fertur in illud: non enim potest brutum animal inspiciens delectabile, non appetere illud."

저런 사물은 그것들이 언급된 의미를 분유하는 한에서 이차적으로 욕구한다."⁵⁴ 그리고 이런 의미에서 인간은 자신의 경향에 대한 지배권을 지니고 있다. 토마스는 의지의 관념에서 자유로운 경향으로 이해하며, 이것을 기준 삼아 의지와 자연적 욕구를 구분하고 있다.⁵⁵

인식과 결부된 인간의 욕구를 두 가지 종류로 구분해야 하는 까닭은 인간 인식이 감각적 인식과 지성적 인식이라는 두 가지 종류로 구성된다는 사실 때문이다. 감각적 인식이란 감각적으로 지각된 소여(所與, Gegebenheit)에서 개별자를 파악한다는 뜻이다. 한편, 인간은 지성적 능력에 의해 보편자를 파악한다. 이처럼 감각에 의해 파악되는 대상과 지성에 의해 파악되는 대상은 각각 다른 질서에 속한다. 그런데 인식과 욕구는 기동자(起動者, movens)와 피동자(被動者, motum)의 관계와 같다. 그리고 피동자의 종적 규정이 기동자에 의해 주어진다. 따라서 감각적 욕구와 지성적 욕구는 종적으로 구별될 수밖에 없는 것이다.

지성적 욕구는 감각적 욕구와 다른 능력이라고 말해야만 한다. [그 이유는 다음과 같다.] 욕구 능력이란, 파악물에 의해 움직여지는 본성을 지닌 수동적 능력이다. 따라서 가욕적 파악물은 부동적 기동자이고, 욕구는 피동적 기동자이다. 이는 아리스토텔레스의 『영혼론』 제3권과 『형이상학』 제12권에서 말해진 바와 같다. 그런데 수동자 및 가동자는 능동자 및 기동

---

54 *De ver.*, q. 25, a. 1, c.: "Appetitus autem superior, qui est voluntas, tendit directe in rationem appetibilitatis absolute; sicut voluntas ipsam bonitatem appetit primo et principaliter, vel utilitatem, aut aliquid huiusmodi; hanc vero rem vel illam appetit secundario, in quantum est praedictae rationis particeps."

55 *De ver.*, q. 23, a. 1, c.: "Sed in natura intellectuali, ubi perfecte aliquid recipitur immaterialiter, invenitur perfecta ratio liberae inclinationis; quae quidem libera inclinatio rationem voluntatis constituit."

자에서 나타나는 구별에 따라 구별된다. 기동자는 가동자와 대비 관계에 있고 능동자는 수동자와 대비 관계에 있으며, 수동자는 능동자에 대한 관계에서 자신의 고유한 규정을 얻기 때문이다. 그러므로 지성적 욕구는 감각적 욕구와 다른 능력이라는 결론이 나오니, 지성에 의한 파악물과 감각에 의한 파악물이 유적으로 다르기 때문이다.[56]

의지는 합리적이고 자유로운 경향으로서, 경향의 발전 단계 가운데 가장 상위를 차지한다. 의지는 인간의 본질적 형상으로서의 지성혼(anima intellectiva)이 고유하게 지니는 특수한 경향이다. 즉 의지 개념은 경향이라는 유 개념과 지성적 인식 능력과의 결합이라는 종차에 의해 이해될 수 있다.

---

56 *Sum. theol.* I, q. 80, a. 2, c.: "…… necesse est dicere appetitum intellectivum esse aliam potentiam a sensitivo. Potentia enim appetitiva est potentia passiva, quae nata est moveri ab apprehenso, unde appetibile apprehensum est movens non motum, appetitus autem movens motum, ut dicitur in III de Anima, et XII Metaphys. Passiva autem et mobilia distinguuntur secundum distinctionem activorum et motivorum, quia oportet motivum esse proportionatum mobili, et activum passivo; et ipsa potentia passiva propriam rationem habet ex ordine ad suum activum. Quia igitur est alterius generis apprehensum per intellectum et apprehensum per sensum, consequens est quod appetitus intellectivus sit alia potentia a sensitivo.": *De anima* III, c. 10, 433a13-26; *Met.* XII, c. 7, 1072a26-30.

3. 의지 운동의 원인

1) 욕구의 원인

지금까지 우리는 의지를 능력으로서 고찰했으며, 이러한 관점에서 의지 능력이 다른 능력과 어떻게 구별되는지 그 개념적·정의적 규정을 탐구했다. 이제 우리는 의지 운동의 원인을 탐구하고자 한다. 먼저 의지의 유 개념인 욕구 일반의 인과성을 분석하는 것으로 시작해 보도록 하자.

욕구의 원인을 분석하기 위해 우리는 먼저 욕구의 대상 또는 목적인 선(善)의 의미를 살펴보아야 한다. 토마스는 '선은 모든 것이 욕구하는 그것'이라는 아리스토텔레스의 유명한 정의에서 출발한다. 이 정의의 의미는 어떤 것이 욕구되기 때문에 선하다는 의미로 오해되어서는 안 된다. 오히려 선의 본질 안에 가욕성의 근거(ratio appetibilitatis)가 있으며, 선이 본성적으로 욕구를 일깨운다는 의미로 이해되어야 한다. 선의 본질적 의미는 단순히 '그것이 욕구된다'는 현상, 즉 선과 욕구 능력의 관계에 대한 기술로 환원될 수 없다. 욕구된다는 이유 때문에 선이 갖게 되는 목적의 성격이 선의 본질을 남김없이 설명해 주는 것은 아니다. 왜 그럴까? 선은 원인이고 욕구는 결과이다. 원인이 결과보다 더 우월하다는 의미에서 선은 욕구보다 우월하다. 아리스토텔레스의 정의는 결과에 의한 원인의 정의, 즉 일종의 불완전한 정의로 간주할 수 있을 뿐이다.

선과 욕구의 관계(원인과 결과의 관계)는 토마스가 위(僞)디오니시우스(Pseudo Dionysius Areopagita)로부터 받아들인 또 다른 선의 정의에서도 분명히 드러난다. 선은 '자기 확산자'(diffusivum sui)이다. 이것은 무슨 뜻일까? 이 정의의 가장 기본적 의미는 제일현실성(현실적 존재)에서 제이현실성(작용)이 나온다는 뜻이다. 선의 본질은 어떤 것이 현실적으로 존재한다는 바로 그 사실에 있다. 토마스는 가욕성의 근거가 욕구 대상의 현실성에 있다고 보았다.⁵⁷ 존재자는 현실적인 한에서 완전하고, 완전한 한에서 욕구된다. "모든 것은 자신의 완성을 욕구하기"⁵⁸ 때문이다. 가욕성의 근거는 완전성에 있으며, 완전성은 현실성과 동일하다. 현실성은 욕구를 불러일으키며, 이런 의미에서 선은 자기 확산적이다.

이상의 형이상학적 분석에 의해 분명해지는 바, 선이 욕구와의 기능적 관계 속에서 갖는 목적의 성격은 비록 선의 의미를 충분히 설명하지는 못한다고 하더라도, 선의 개념에서 본질적 국면에 해당한다. 선은 욕구적 활동의 목적으로서 욕구적 활동의 끝에 도달하지만, 욕구자 안에 이미 처음부터 주어져 있다. 선은 욕구자에 의해 처음부터 추구되는 것이고, 따라서 선에는 목적인의 의미가 속한다. 여기서 중요한 것은 토마스가 목적인의 의미를 운동 개념과 관련시킨다는 사실, 그래서 목적에 특정한 '능동적' 운동 원리의 의미를 부여한다는 사실이다. 토마스에 따르면, "능동인의 영향이 작용이라면, 목적인의 영향은 욕구와 바람이다."⁵⁹

그런데 목적인의 작용만으로는 욕구의 현실성을 설명하기에 불충분하다. 목적이 현실적으로 욕구되고 도달이 현실화되기 이전에는, 목적이란 단지 (도달할 수 있는) 가능성의 상태에 있기 때문이다. 목적이란 운동 과정의 마지막에 실현되는 것이므로, 목적인의 개념에는 그것이 운동의 시작점부터 현실적인 것으로 놓여 있어야 한다는 의미가 포함되지 않는다. "목적은, 지향 안에 있다는 점에서 인과[의 질서]에서는 수위를 점하지만 존재

---

57 *Sum. theol.* I, q. 5, a. 1, c.: "Intantum est autem perfectum unumquodque, inquantum est actu, unde manifestum est quod intantum est aliquid bonum, inquantum est ens, esse enim est actualitas omnis rei."

58 *Ibid.*: "Manifestum est autem quod unumquodque est appetibile secundum quod est perfectum, nam omnia appetunt suam perfectionem."

59 *De ver.*, q. 22, a. 2, c.: "Sicut autem influere causae efficientis est agere, ita influere causae finalis est appeti et desiderari."

에서는 뒤에 오는 것이다."⁶⁰ 그리고 운동의 현실성은 해당 운동의 관점에서 가능성의 상태에 놓여 있는 것에 의해서는 촉발되지 않으므로, 목적은 그 자체만으로는 욕구 운동의 현실성을 만들어 내지 못한다. 목적을 향하는 욕구가 실제로 발생하기 위해 목적은 이미 현실적으로 존재하는 어떤 것, 즉 작용을 통해 욕구 운동의 현실성을 산출해 내는 어떤 것을 필요로 한다. 우리는 그것을 작용자라고 부른다. 목적은 자신의 가욕성 때문에 작용자가 작용하도록 함으로써 운동의 원인이 된다. 이런 의미에서 토마스는 목적을 '작용의 근거'(ratio agendi)라고 부르는 것이다.

토마스는 욕구 운동을 발생시키는 원인에 내재한 다양한 의미를 의식하고 있었다. 그리고 그는 작용(actio)이라는 용어가 다양한 의미를 지닐 수도 있음을 인지하고 있었다. 형상, 목적, 작용자 모두 각자 제 나름의 의미에서 작용한다고, 즉 '능동적 원리'(principium activum)라고 이해될 수 있다.⁶¹ 목적의 원인성과 작용자의 원인성은 욕구 운동이 현실적으로 발생하기 위해 반드시 필요한 원리들이다. 이 두 가지 원인은 어느 한쪽이 다른 한쪽으로 해소될 수 없으며, 다만 서로 중첩됨으로써 단일한 운동의 실재성을 형성할 수 있을 뿐이다. 대상의 선성(善性)은 작용인의 현실성이라는 매개 없이는 욕구를 일으킬 수 없을 것이며, 작용자는 특정한 목적을 향하지 않고서는 자신의 활동을 수행할 수 없을 것이기 때문이다.

---

60 *SCG* III, c. 18, n. 2000: "Finis autem aliquis invenitur qui, etiam si primatum obtineat in causando secundum quod est in intentione, est tamen in essendo posterius."
61 *Sum. theol.* I, q. 48, a. 1, ad 4: "Uno modo, formaliter, eo modo loquendi quo dicitur albedo facere album. ······ Alio modo dicitur aliquid agere effective, sicut pictor dicitur facere album parietem. Tertio modo, per modum causae finalis, sicut finis dicitur efficere, movendo efficientem."; *Sum theol.* I, q. 88, a. 1; *In II Sent.*, d. 26, q. 1, a. 2, ad 4.

2) 인식하는 실체와 원인의 내재화

욕구의 원인에 대한 이상의 설명은 대단히 일반적이고 형이상학적인 것이다. 따라서 이 설명은 동물적 실체의 생명 활동으로서의 감각적 욕구에 국한되지 않으며, 무생물체의 자연적 욕구(경향)에도 적용될 수 있다. 그렇다면 이제 인식하는 능력을 지닌 생명체에서 욕구가 어떻게 발생하는지, 즉 감각적 욕구가 자연적 욕구와 어떻게 구별되는지를 살펴볼 차례이다. 양자의 가장 뚜렷한 차이는 무엇인가? 그것은 자연적 욕구에서는 작용인이 욕구자 외부에 존재하지만, 감각적 욕구에서 작용인은 욕구자 내부에 존재한다는 사실이다. 토마스는 아리스토텔레스를 따라 자연적 욕구의 작용인, 다시 말해 자연적 운동을 하고 있는 주체를 운동시키는 자를 '욕구자의 본성을 산출한 자'로 간주한다. 이에 비해 감각적 욕구의 작용인, 즉 생물체 안의 운동시키는 자는 영혼이다.[62] 생명의 본질적 표지(標識)는, 생명체가 물리적 의미의 운동이든 심리적 의미의 운동이든 간에, 자신 고유의 운동을 위한 작용인을 자신 안에 지닌다는 사실에 있다. 이런 의미에서 아리스토텔레스는 영혼을 '생명 활동의 원리'라고 말했다.[63] 그런데 단순히 이 규정만으로는 감각적 욕구가 무엇인지가 감각 없이 일어나는 욕구에 대한 비교 속에서 충분히 설명되지 않는다. 이 규정은 식물에도 적용되기 때문이다. 식물적 단계의 생물체 역시 비록 인식을 지니고 있지 않지만, 생장 같은 고유한 욕구의 작용력을 자체 안에 지니고 있지 않은가? 그렇다면 식물 같은 무감각 실체의 욕구와 감각하는 실체의 욕구를 구별할 수 있는 기준은 무엇일까? 그것은 감각적 실체의 경우 작용력뿐만 아

---

62 이런 의미에서 아리스토텔레스는 생물체가 특정 의미의 '자기 운동자'로 불릴 수 있는지를 검토했던 것이다. *Physica* VIII, c. 2, 254b28.
63 *De anima* II, c. 2, 413b11.

니라 작용의 목적 역시 특정한 방식으로 내재화된다는 사실에 있다. 자연적 욕구에 따라 일어나는 무생물체의 운동이나 인식 없이 전개되는 식물적 욕구의 경우에 ─ 욕구가 아직 목적에 도달하지 않아 욕구 운동이 계속 일어나는 한에서 ─ 목적은 욕구하는 주체의 외부에 있기 마련이다. 이에 비해 인식하는 실체의 욕구는 파악된 선(bonum apprehensum), 즉 인식 형상을 대상으로 하거니와, 이것은 특정한 의미에서 그 실체의 영혼 안에 존재한다. 이런 관점에서 토마스는 감각적 욕구의 고유한 특징을 가리켜 다음과 같이 말한다. 즉 감각적 욕구를 수행하는 주체는 '어떤 이끄는 자'(aliquid inclinans)[64] 또는 '욕구의 기동자'(movens appetitum)[65]를 자신 안에 지니고 있다.

욕구자가 작용인뿐만 아니라 목적인을 내재화함으로써, 목적인과 작용인의 통일적 작용으로서의 욕구는 바로 욕구자의 내적 능력들(인식 능력과 욕구 능력)의 관계를 통해 발생하게 된다. 아리스토텔레스에 따르면, 현실화된 인식 능력은 현실적으로 인식된 대상과 동일하거니와,[66] 이러한 현실성 상태의 인식 능력이 목적인의 역할을 수행하고 욕구 능력은 작용인의 역할을 수행한다.

이로써 우리는 감각적 욕구에서 비로소 고유한 의미의 '심리적 운

---

64 *De ver.*, q. 22, a. 4, c.: "Natura igitur insensibilis, quae ratione suae materialitatis est maxime a Deo remota, inclinatur quidem in aliquem finem, non tamen est in ea aliquid inclinans, sed solummodo inclinationis principium, ut ex praedictis patet. Natura vero sensitiva ut Deo propinquior, in seipsa habet aliquid inclinans, scilicet appetibile apprehensum."

65 *De ver.*, q. 22, a. 3, c.: "Similiter etiam appetere, quod quodammodo commune est omnibus, fit quodammodo speciale animatis, scilicet animalibus, in quantum in eis invenitur et appetitus, et movens appetitum. Ipsum enim bonum apprehensum est movens appetitum, secundum philosophum in Lib. III de anima."; *De anima* III, c. 15, 433b11.

66 *De anima* III, c. 4, 429a17; 430a6; c. 5, 430a20; c. 7, 431a1.

동'(psychological motion, seelische Bewegung)이 생겨난다고 말할 수 있다. 대상이 인식에 의해 욕구자 안에 현존하게 되는 한에서, 욕구는 육체적인 외적 행위로 표출되기 전까지 순전히 내재적이고 심리적인 활동으로 영혼 안에 존재한다. 물론, 욕구가 질료적 세계로 표출되는 것을 방해하는 특별한 요인이 없는 한에서 욕구는 발동하는 즉시 감각적 실체의 육체적 운동을 유발할 것이다. 그러나 어떤 이유에서든 신체적 행위에 의해 외적 대상에 현실적으로 작용하지 않는, 즉 영혼 내적 활동으로서의 욕구도 얼마든지 존재할 수 있다.[67]

정리해 보자. 생명체는 생명 활동의 작용인을 내포하고 있는 실체이다. 모든 생명체에서 욕구 운동이란 욕구 능력(작용인)이 제일현실성에서 제이현실성으로 이행하는 과정이다. 욕구 능력은 제일현실성으로서 생명체의 형상 안에 주어져 있되, 아직 작용하지 않는 힘(제이가능성)으로 주어져 있다. 욕구 운동은 이 작용력의 작용과 존재론적으로 구별되지 않는다. 순전히 영혼적 운동으로서의 인식적 욕구에서, 목적으로서 파악된 대상은 제일현실성으로서의 욕구 능력을 제이현실성으로 전환하는 역할을 맡는다. 대상의 영향 없이 욕구 능력은 현실화되지 않는다. 파악된 선이 작용인으로서의 욕구 능력에 활동의 이유를 제공한다는 의미에서 대상은 욕구 능력을 "운동시킨다". 이러한 영혼 내적 욕구의 활성화를 설명하기 위해 토마스는 아리스토텔레스를 따라 욕구 능력을 '피동의 기동자'(movens motum)라고 부른다.[68] 욕구 대상에 의해 목적인의 의미에서 활동의 이유를 수용한다는 의미에서 욕구 능력은 움직여지는 것(피동자)이고, 작용인으로서

---

67 이런 점에서 동물의 욕구는 생장이라는 물리적 운동으로 드러나는 식물의 욕구와 구별된다. 물리적 운동과 구별되는 영혼의 운동, 즉 심리적 운동은 동물 이상의 실체에서 관찰할 수 있다.

68 *In III Sent.*, d. 27, q. 1, a. 1, c.; *SCG* I, c. 44, n. 373; *Sum. theol.* I, q. 80, a. 2, c.; *De pot.*, q. 6, a. 6; *Sum theol.* I-II, q. 50, a. 5, ad 2.

욕구 운동을 산출한다는 의미에서는 운동시키는 자(기동자)인 것이다.

3) 의지와 지성의 이중적 원인성

인식하는 실체의 욕구에서 관찰할 수 있는 본질적 특징은 욕구 운동의 작용인뿐만 아니라 목적인도 내재화된다는 것이다. 인간 역시 인식하는 실체이므로 인간 고유의 욕구인 의지에서도 이 특징은 당연히 나타난다. 즉 동물의 감각적 욕구에서와 마찬가지로 의지에서도 운동의 작용인과 목적인(작용의 근거)의 역할은 영혼의 능력들이 수행한다.[69] 그 능력들이 의지와 지성이거니와, 의지 운동은 이 두 능력의 '공동 작용'으로 발생한다. 따라서 의지 운동이 발생하는 원인을 정확하게 설명하기 위해서는 의지와 지성이 각각 행사하는 인과성을 분석해야만 한다.

의지 운동에서 지성은 어떤 인과적 기능을 하는가? 지성은 욕구할 대상의 선성, 즉 가욕성을 파악하고 의지에게 '제시'해 준다.[70] 이렇게 함으로써 지성은 의지를 잠재적 능력 상태에서 활동의 상태로, 즉 제일현실성에서 제이현실성으로 이행시킨다. 지성이 대상을 선한 것으로 인식하고 제시해야만 의지는 그 대상을 향하는 의지 운동을 '산출'할 수 있다. 지성은 인식 활동으로 인한 대상의 현존을 통해 의지를 운동시킨다. 따라서 의지 활동에 대한 인식의 역할은 목적인의 성격을 지닐 수밖에 없다. "지성은 의지를 작용인 또는 운동인의 방식이 아니라 의지에 목적으로서의 대상을 제시함으로써 다만 목적인의 방식으로 운동시킬 뿐이다."[71]

---

69 *De ver.*, q. 22, a. 12, c.

70 *Ibid.*: "Unde intellectus movet voluntatem per modum quo finis movere dicitur, in quantum scilicet praeconcipit rationem finis, et eam voluntati proponit."

의지 운동에 개입되어 있는 지성의 인과성은 "앞서 인식되지 않은 것은 결코 원할 수 없다"(nihil volitum quin praecognitum)라는 유명한 문장으로 표현된다. 목적인의 역할을 수행하는 지성에 의해서만 의지 운동이 촉발될 수 있다는 점에서 의지는 '수동적 능력'(potentia passiva)으로 간주된다. 수동적 능력이기는 지성 역시 마찬가지이다. 대상 안에 있는 인식 형상을 수용한다는 것이 지성의 고유한 운동, 즉 인식 활동의 의미이기 때문이다. 마찬가지로 의지 역시 일차적으로는 대상에 대해, 즉 인식 활동 상태에서 대상과 동일한 지성에 대해 수동적이다. 토마스는 의지와 지성의 관계를 수동자와 능동자 또는 가동자와 운동자의 관계로 설명한다. "운동자가 가동자에 선행하고 능동자가 수동자에 선행하듯이, 지성은 의지에 선행한다. 인식된 선이 의지를 운동시키기 때문이다."[72]

그런데 지성에 대한 의지의 수동성이 목적인의 관점에서 성립할 뿐, 작용인의 관점에서는 성립하지 않는다는 점은 분명하다. 작용인의 관점에서 지성은 의지를 결코 운동시킬 수 없다. 왜 그럴까? 그 까닭은 지성에 있다. 인식을 통해 사물은 자연적 존재자로서가 아니라 정신적 유사상[73]으로서 지성 안에 존재하게 된다. 영혼 안에 정신적 방식으로 존재하는 것은 자연적 실재성을 산출하는 작용을 할 수 없다. 인식된 열, 즉 영혼 안의 열은 가열 작용을 하지 못한다.[74] 특정한 사물이 지성과 관계한다는 말, 즉 지

---

71 *SCG* I, c. 72: "...... quamvis intellectus, non secundum modum causae efficientis et moventis, sed secundum modum causae finalis, moveat voluntatem, proponendo sibi suum obiectum, quod est finis." 이런 의미에서 토마스는 의지의 대상을 '원함의 근거'(ratio volendi)라고 부른다. *In II Sent.*, d. 41, q. 2, a. 1, ad 3; *De ver.*, q. 23, a. 3, ad 5; q. 23, a. 4, c.; *Sum. theol.* I, q. 19, a. 4, ad 3.

72 *Sum. theol.* I, q. 82, a. 3, ad 2.

73 중세 스콜라철학자들이 좋아하는 표현을 쓰자면 '지향'(intentio)이라고도 부를 수 있다.

74 *De ver.*, q. 22, a. 12, c.: "...... intellectus autem comparatur ad res secundum

성의 대상이 된다는 말은 지성 안에 정신적 방식으로 존재하게 된다는 것이다. 따라서 지성의 대상은 영혼의 다른 능력에 오로지 '제시될' 수 있을 뿐, 영혼의 다른 능력 안에서 운동의 현실성을 산출하지는 못한다.

지성이 의지 운동의 작용인이 될 수 없으니, 의지 운동의 작용인이 될 수 있는 것은 오직 의지 자신뿐이다. 의지란 특정한 목적이 제시되자마자 자기 스스로 작용의 현실성을 산출해 내는, 즉 제이현실성으로 전환될 수 있는 능력이다. 스스로 현실성을 산출할 수 있는 기초적 차원의 작용성 또는 자발성을 지닌 능력이 가정되지 않는 한에서는 아무리 목적이 제시된다 한들, 즉 대상적 영향이 가해진다 한들, 작용이 발생하지는 않을 것이다. 이런 의미에서 의지에는 앞서 설명한 수동성뿐만 아니라 능동성 또한 속한다.[75]

지금까지 설명한 목적인과 작용인의 이중 구조는 의지뿐만 아니라 감각적 욕구에서도 나타난다. 말하자면, 의지와 감각적 욕구를 포함한 인식적 욕구 일반에서 인식 능력은 목적인의 역할을 담당하며, 욕구 능력은 작용인의 역할을 담당한다. 그렇다면 운동의 인과성이라는 측면에서 의지 운동을 감각적 욕구 운동과 구별 짓는 특수성은 어떻게 파악될 수 있을까? 이 특수성을 이해하기 위해서는 단순히 의지가 지성에 의해 움직여진다는 이상의 고찰을 넘어 의지와 지성이 '상호 운동' 관계를 맺고 있다는 사실

---

quod sunt per modum spiritualem in anima. Agere autem et moveri convenit rebus secundum esse proprium quo in seipsis subsistunt, et non secundum quod sunt in anima per modum intentionis; calor enim in anima non calefacit, sed in igne."

[75] 다소 도식적 설명이지만 의지는 목적인의 관점에서 수동적 능력이며, 작용인의 관점에서는 능동적 능력이다. 물론, 이 설명은 도식적이기 때문에 오해의 소지가 있다. 목적인과 작용인은 따로 작동하지 않으며, 언제나 함께 하나의 운동을 만들어 내기 때문이다. 말하자면, 존재하는 것은 의지 운동이라는 하나의 현실성이며, 이 현실성의 인과적 구조 때문에 의지 운동이 능동으로도 수동으로도 고찰될 수 있다는 것이다.

에 주목해야 한다.

4) 의지와 지성의 상호 운동

의지와 지성의 상호적 운동 관계를 토마스는 그의 『진리론』과 『신학대전』 제1부에서 '의지가 지성을 운동시키는가'라는 질문을 던지면서 설명한다.[76] 토마스의 설명은 이렇게 요약될 수 있다. 의지는 자신이 의지 운동을 산출하는 것과 마찬가지 의미에서, 즉 작용인의 의미에서 지성 역시 운동시킨다. 의지가 지성을 운동시킨다는 이 진술은, 지성이 의지를 운동시킨다는 앞의 진술과 전혀 모순을 일으키지 않는다. 두 진술에서 '운동시킴'의 의미가 서로 구별되기 때문이다. 이미 말한 것처럼 지성은 의지를 목적인의 의미에서 운동시키지만(선하다고 인식한 것을 원한다), 의지는 지성을 작용인의 의미에서 운동시킨다(인식하기를 원한다).

의지는 의지 운동(원함, velle)의 작용인일 뿐만 아니라 지성 운동(이해함, intelligere)의 작용인이기도 하다. 그런데 이 두 경우에 의지의 작용적 원인성을 분석하면 중요한 차이점이 발견된다. 즉 의지 운동을 산출하기 위해 의지는 제일현실성으로서의 잠재성의 상태에 있다가 지성의 영향을 받아 제이현실성으로 이행하는 데 비해, 지성 운동을 산출하기 위해 의지는 이미 어떤 방식으로든 제이현실성의 상태에 있어야 한다는 점이다. 지성이 의지에 의해 움직여진다는 말은 어떤 의미인가? 제이현실성, 즉 이미 무엇인가를 원하고 있는 활동 상태의 의지가 제이현실성의 성격을 지니는 사유의 활동을 산출한다는 뜻이다. 어떤 대상에 대해 판단을 수행하거나 추론 작업을 하기 위해 우리는 통상 의식적으로 그것을 원해야 한다. 이런

---

76 *De ver.*, q. 22, a. 12; *Sum. theol.* I, q. 82, a. 4.

의미에서 토마스는 "우리는 [이해하기를] 원하기 때문에 이해한다"[77]라고 말한다.

의지와 지성의 상호 작용이 가능한 이유는 두 능력이 각자 동등하지 않은 상이한 원인성을 지니기 때문이다. 그러나 이 원인성의 의미가 다르다는 사실은 상호 운동이 논리적으로 모순되지 않다는 사실을 설명해 줄 뿐, 지성에 대한 의지의 수동성에도 불구하고 의지가 지성을 운동시켜 양자의 상호 운동이 실제로 발생하는 이유를 설명해 주지는 못한다. 그렇다면 상호 운동의 현실성은 도대체 어떻게 설명될 수 있을까? 토마스는 『신학대전』 제1부에서 그 이유를 다음과 같이 설명한다.

> 지성은 두 가지 방식으로 고찰될 수 있다. 첫째, 보편적 존재자와 보편적 진(眞, verum)을 파악하는 주체(comprehensivus)인 한에서. 둘째, 지성이 특정한 사물인 한에서 그리고 어떤 정해진 현실성을 갖는 개별 능력인 한에서. 마찬가지로 의지도 두 가지 방식으로 고찰될 수 있다. 첫째, 그 대상의 공통성에 따라, 즉 의지가 공통적 선을 욕구하는 주체인 한에서. 둘째, 어떤 정해진 현실성을 갖는 특정한 영혼 능력인 한에서. — 그러므로 만일 지성과 의지가 각 대상의 공통성이라는 의미에서 비교된다면, 지성이 의지보다 단적으로 더 고차적이고 더 고귀하다는 점은 앞에서 말했다. — 그런데 만일 지성이 대상의 공통성에 따라 고찰되고 의지가 어떤 특정한 능력인 한에서 고찰된다면, 여전히 지성이 의지보다 더 고차적이고 선차적이다. 지성이 파악하는 존재자와 진의 개념에 의지 자체, 의지의 활동, 의지 활동의 대상이 포함되기 때문이다. 그러므로 지성은 의지, 의지의 활동, 의지 활동의 대상을 이해하거니와, 이는 지성이 존재자와 돌이나 나무처럼 진의 공통적 의미에 포함되는 여타의 모든 특수한 이해 대상을 이해하는 것과 마

---

[77] *SCG* I, c. 72: "intellegimus enim, quia volumus"; *In I Sent.*, d. 3, q. 4, a. 4, c.

찬가지이다.

그러나 의지가 그 대상, 즉 선의 공통적 의미에 따라 고찰되고 지성이 특정한 사물이자 특수한 능력인 한에서 고찰된다면 지성 자체, 이해 활동 자체, 이해 활동의 대상, 곧 진이 일종의 특수한 선으로서 선의 공통적 개념에 포함된다. 진에 속하는 모든 것이 일종의 특수한 선이기 때문이다. 이러한 관점에서 보자면, 의지가 지성보다 더 고차적이고 지성을 운동시킬 수 있다. 따라서 이로부터 어째서 이들 능력이 자신의 활동으로써 서로를 포함하는지를 분명히 알 수 있다. 지성은 의지가 원한다는 것을 이해하고 의지는 지성이 이해하기를 원하기 때문이다. 마찬가지 이유에서 선은 그것이 일종의 이해된 진인 한에서 진에 포함된다. 그리고 진은 그것이 일종의 갈망되는 선인 한에서 선에 포함된다.[78]

---

[78] *Sum. theol.* I, q. 82, a. 4, ad 1: "⋯⋯ intellectus dupliciter considerari potest, uno modo, secundum quod intellectus est apprehensivus entis et veri universalis; alio modo, secundum quod est quaedam res, et particularis potentia habens determinatum actum. Et similiter voluntas dupliciter considerari potest, uno modo, secundum communitatem sui obiecti, prout scilicet est appetitiva boni communis; alio modo, secundum quod est quaedam determinata animae potentia habens determinatum actum. Si ergo comparentur intellectus et voluntas secundum rationem communitatis obiectorum utriusque, sic dictum est supra quod intellectus est simpliciter altior et nobilior voluntate. Si autem consideretur intellectus secundum communitatem sui obiecti, et voluntas secundum quod est quaedam determinata potentia, sic iterum intellectus est altior et prior voluntate, quia sub ratione entis et veri, quam apprehendit intellectus, continetur voluntas ipsa, et actus eius, et obiectum ipsius. Unde intellectus intelligit voluntatem, et actum eius, et obiectum ipsius, sicut et alia specialia intellecta, ut lapidem aut lignum, quae continentur sub communi ratione entis et veri. Si vero consideretur voluntas secundum communem rationem sui obiecti, quod est bonum, intellectus autem secundum quod est quaedam res et potentia specialis; sic sub communi ratione boni continetur, velut quoddam speciale, et intellectus ipse, et ipsum intelligere, et obiectum eius, quod est verum, quorum quodlibet est quoddam speciale bonum. Et secundum hoc voluntas

여기서 토마스는 지성과 의지의 상호 포섭 관계를 설명하고 있다. 지성의 대상은 진 일반이며, 의지의 대상은 선(善, bonum) 일반이다. 그런데 의지, 의지 활동, 의지 활동의 대상인 선 모두 특수한 진에 해당하며, 따라서 지성에 의해 이해될 수 있다. 반대로 지성, 이해 활동, 이해 활동의 대상인 진 모두 특수한 선으로서 의지가 원할 수 있다. 의지가 지성을 운동시키는 까닭은 지성과 그 활동이 특정한 선으로서 의지의 형상적 대상(formal object)에 포함되기 때문이다. 개별적 대상을 선 일반이라는 형상적 근거에서 욕구하는 의시는 이해 활동을 욕구할 수 있다. 알기를 원한다는 의미에서 의지는 지성을 운동시킨다. 앞서 말했듯이, 이 '운동시킴'은 목적인이 아니라 작용인의 의미에서 이해되어야 한다. 토마스는 이 의미를 더 보편적 선을 원하는 주체가 그에 포섭되는 개별적 선을 원하는 주체를 운동시키는 사태로 설명한다.

어떤 것이 운동시킨다는 말에는 두 가지 의미가 있다. 첫째, 목적의 방식으로 [운동시킨다는 의미이다.] 목적이 작용자(efficiens)를 운동시킨다고 말할 때가 그렇다. 그리고 이런 의미에서 지성은 의지를 운동시킨다. 인식된 선이 의지의 대상이며, 인식된 선이 목적으로서 의지를 운동시키기 때문이다. 둘째, 작용자의 방식으로 운동시킨다는 의미이다. 성질 변화를 일으키는 것이 성질 변화를 겪는 것을 운동시키며, 충격을 가하는 것이 충격을 받는 것을 운동시키는 경우가 그러하다. 그리고 안셀무스가 『유사성에 대하여』에서 말했듯이, 이런 의미에서 의지는 지성을 그리고 모든 영혼의 힘을

> est altior intellectu, et potest ipsum movere. Ex his ergo apparet ratio quare hae potentiae suis actibus invicem se includunt, quia intellectus intelligit voluntatem velle, et voluntas vult intellectum intelligere. Et simili ratione bonum continetur sub vero, inquantum est quoddam verum intellectum; et verum continetur sub bono, inquantum est quoddam bonum desideratum."

운동시킨다. 그 이유는 질서를 갖는 모든 능동적 능력에서 보편적 목적에 관련된 능력이 개별적 목적에 관련된 능력을 운동시키기 때문이다. 이는 자연계에서도 정치계에서도 드러난다. 생성자 및 소멸자의 보편적 보존을 위해 작용하는 천구는 모든 하위 물체[79]를 운동시키거니와, 하위 물체들 각각은 각자의 고유한 종 또는 심지어 개별자의 보존을 위해 작용한다. 왕국 전체의 공동선을 의도하는 국왕은 각자의 도시에서 통치의 임무를 다하는 도시의 개별 성주를 명령을 통해 운동시킨다. 그런데 의지의 대상은 선 일반이자 목적 일반이다. 그리고 각각의 능력은 자신에게 적합한 고유의 선과 관계를 맺는다. 예컨대, 시각은 색의 지각과 관계하며, 지성은 진의 인식과 관계한다. 따라서 의지는 우리의 의사에 매여 있지 않은 식물적 부분의 자연적 힘을 제외하고는 영혼의 모든 능력을 작용자의 방식으로 각자의 활동으로 운동시킨다.[80]

79 토마스에게서 '하위 물체'(corpus inferior)는 월하(月下) 세계의 물체, 즉 지상적 자연계의 물체를 가리킨다. 이에 대해 '상위 물체'(corpus superior)는 월상 세계의 천체를 가리킨다.

80 *Sum. theol.* I, q. 82, a. 4, c.: "…… aliquid dicitur movere dupliciter. Uno modo, per modum finis; sicut dicitur quod finis movet efficientem. Et hoc modo intellectus movet voluntatem, quia bonum intellectum est obiectum voluntatis, et movet ipsam ut finis. Alio modo dicitur aliquid movere per modum agentis; sicut alterans movet alteratum, et impellens movet impulsum. Et hoc modo voluntas movet intellectum, et omnes animae vires; ut Anselmus dicit in libro de Similitudinibus. Cuius ratio est, quia in omnibus potentiis activis ordinatis, illa potentia quae respicit finem universalem, movet potentias quae respiciunt fines particulares. Et hoc apparet tam in naturalibus quam in politicis. Caelum enim, quod agit ad universalem conservationem generabilium et corruptibilium, movet omnia inferiora corpora, quorum unumquodque agit ad conservationem propriae speciei, vel etiam individui. Rex etiam, qui intendit bonum commune totius regni, movet per suum imperium singulos praepositos civitatum, qui singulis civitatibus curam regiminis impendunt. Obiectum autem voluntatis est bonum et finis in communi. Quaelibet autem potentia comparatur

지성의 형상적 대상과 의지의 형상적 대상이 상호 포섭하는 관계에 있다는 사실에 주목하면, 우리는 지성과 의지가 각각 반성적 운동을 할 수 있는 능력이라는 사실 역시 이해할 수 있다. 비질료적 영혼 능력의 형상적 대상은 그 외연에서 존재자 전체와 동일하며, 이러한 무제한성 때문에 비질료적 영혼 능력은 자기 자신을 포함해 영혼의 모든 능력을 향할 수 있다. 토마스는 『진리론』에서 의지 활동과 지성 활동의 반성적 구조를 언급하고 있다. 지성과 의지는 자신 아닌 여타의 영혼 능력뿐만 아니라 무엇보다 자기 자신을 향할 수 있다.

> 상위 영혼 능력은 비질료적이기 때문에 자기 자신을 반성적으로 향할 수 있다. 의지와 지성은 자기 자신을 향하고, 하나가 다른 하나를 향하며, 영혼의 본질을 향하고, 영혼의 모든 힘을 향한다. 즉 지성은 자신을 이해하고, 의지를, 영혼의 본질을, 영혼의 모든 힘을 이해한다. 마찬가지로 의지는 자신이 원하기를 원하고, 지성이 이해하기를 원하며, 영혼의 본질을 원한다.[81]

의지와 지성이 서로를 운동시킨다는 사실은 두 능력이 반성적 능력이라는 사실 또한 함축한다. 이러한 의지와 지성의 상호 운동에 결부된 이 반

---

ad aliquod bonum proprium sibi conveniens; sicut visus ad perceptionem coloris, intellectus ad cognitionem veri. Et ideo voluntas per modum agentis movet omnes animae potentias ad suos actus, praeter vires naturales vegetativae partis, quae nostro arbitrio non subduntur."

81 *De ver.*, q. 22, a. 12, c.: "Potentiis autem animae superioribus, ex hoc quod immateriales sunt, competit quod reflectantur super seipsas; unde tam voluntas quam intellectus reflectuntur super se, et unum super alterum, et super essentiam animae, et super omnes eius vires. Intellectus enim intelligit se, et voluntatem, et essentiam animae, et omnes animae vires; et similiter voluntas vult se velle, et intellectum intelligere, et vult essentiam animae ……."

성성에서 인간 의지에 고유하게 속하는 이성적 본성이 드러난다. 이성적 능력을 갖지 않는 동물의 영혼에서는 인식 능력과 감각 능력의 상호 운동이 존재할 수 없다. 동물의 감각적 욕구는 단순한 감각적 인식 또는 자연적 판단에 의해 일방적으로 결정될 따름이다.

제3장

의지는 어떤 의미에서 자유로운가

토마스는 평생 여러 도시를 주유하며 길 위의 사람으로 살았지만, 가장 인연이 깊은 도시를 꼽으라면 아마도 '철학자들의 수도'(civitas philosophorum)로 불렸던 파리일 것이다. 그는 1245년 가을, 파리에 처음 도착해 1248년 스승 알베르투스 마그누스(Albertus Magnus)를 따라 쾰른으로 떠날 때까지 파리의 생 자크 수도원에 살면서 수련 수사로서 연학(硏學) 생활을 했다. 1252년 다시 파리로 돌아와 성경 강사(Baccalaureus biblicus)와 명제집 강사(Baccalaureus sententiarius)를 역임했으며, 1256년부터 1259년까지는 신학 교수로 가르쳤다. 그 이후 나폴리, 오르비에토, 아난니, 로마 같은 이탈리아 도시들에서 저술 활동을 하고 가르치다가 1269년 다시 파리로 돌아온다. 그는 파리로 돌아올 때, 탁발수도회에 대한 재속 사제들의 이데올로기적 공격을 방어함과 동시에 파리 대학 인문학부를 중심으로 유포되고 있던 이른바 라틴아베로에스주의의 영향력을 차단하는 이중의 사명을 지니고 있었다.

파리에 체류하는 동안 그는 고데프리두스 데 폰티부스(Godefridus de Fontibus, Godfrey of Fontaines, ca. 1250~1306/09), 애지디우스 로마누스(Aegidius Romanus, Gilles of Rome, ca. 1240~1316), 헨리쿠스 바테누스(Henricus Batenus, Henry Bate, 1246~1310?) 같은 후배들을 가르쳤을 뿐만

아니라 구알테루스 브루겐시스(Gualterus Brugensis, Walter of Bruges, ca. 1225~1307)나 제라르 다베빌(Gerardus de Abbatisvilla; Gerard d'Abbeville, 1220/25~72) 같은 주의주의 이론가들이 자신에 대해 가하는 비판을 접하게 되었다. 이전 저서들에서 토마스는 아리스토텔레스의 욕구 개념에 기초해 의지를 수동적 능력으로 전제하고 지성과의 관련 속에서 의지의 자유를 정당화하는 전략을 취했는데, 구알테루스나 제라르 같은 이론가들은 이러한 토마스의 설명 전략이 잘못되었거나 최소한 대단히 불충분한 것이라고 믿었다. 그들은 의지를 능동적 능력으로 간주하고 의지 자신이 수행하는 자기 운동을 통해 의지의 자유를 설명하려 했기 때문이다. 1260년대 후반에 나온 자유 의지에 대한 그들의 텍스트는 『명제집 주해』, 『진리론』, 『대이교도대전』, 『신학대전』 제1부에서 개진된 토마스의 이론을 겨냥하고 있음에 틀림없다.

  중요한 것은 토마스가 이 비판을 모른척하지 않았다는 점이다. 1269년 파리에 도착한 이후 저술한 『신학대전』 제2부 제1편과 『악론』 제6문에서 그는 이전 저작들에서 보여 주지 않던 새로운 방식으로 의지의 자유를 설명하려 한다. 이 후기 저작에서 나타나는 새로운 시도의 핵심은 주의주의자들처럼 의지가 자기 운동한다는 것을 인정하고 자기 나름의 방식으로 설명하는 것이었다. 물론, 주의주의자들의 관점에서는 토마스 후기의 이 설명 역시 만족스럽지 못했겠지만 1269년을 기준으로 토마스의 자유 의지론이 중대한 변모를 겪는다는 것은 분명한 사실이다.

1. 초기 저작에 나타나는 자유 결단 이론

1) 자유 결단 개념의 의미

토마스가 1269년경까지 의지의 자유를 표현하기 위해 사용한 용어는 '자유 결단'(liberum arbitrium)이다. 이 용어는 당시 기준으로 보아도 그리스도교 전통 안에서 대단히 오랜 내력을 지닌 용어였다. 원래 이 용어의 뿌리는 신플라톤주의 전통에서 나타났던 'autexousion'(자발)이라는 개념이다. 오리게네스(Origenes), 니사의 그레고리우스(Gregorius Nyssenus) 같은 그리스 교부들이 널리 사용하던 이 용어를 아우구스티누스나 보에티우스(Boethius) 같은 라틴 저자들은 'liberum arbitrium'이라고 번역해 사용했다. 자유롭게 의지하는 인간의 능력을 의미하는 개념으로 초기 라틴 교부들이 애용하던 이 용어는, 특히 아우구스티누스 이후로 광범위하게 유포되어 일종의 대체 불가능한 전통적 용어로 굳어지게 되었다. 예컨대, 우리는 안셀무스나 클레르보의 베르나르두스 같은 초기 스콜라신학자들에게서 의지의 자유라는 문제가 이 용어를 통해 제기되고 논의되는 전형적 상황을 관찰할 수 있다.[1] 이러한 개념적 전통은 13세기까지 여전히 이어져 토마스뿐만 아니라 당대의 알베르투스 마그누스와 보나벤투라 같은 신학자들도 이 용어를 통해 자신들의 자유 의지론을 전개한다.

'자유 결단'이라는 초기 중세적 개념이 담고 있는 일반적 의미는 오늘날 현대 철학자들이 '자유 의지'라는 말로 표현하는 의미 내용과 별반 다르지 않다. 그렇다고 해서 'liberum arbitrium'이라는 용어를 그 표면적 의미 대응만을 쫓아 단순히 '자유 의지' 혹은 '의지의 자유'라고 옮겨서는 안 된

---

1 의지의 자유에 대한 안셀무스의 저작은 『결단의 자유』(*De libertate arbitrii*)이며, 비슷한 주제를 다룬 클레르보의 베르나르두스의 저작은 『은총과 자유 결단』(*De gratia et libero arbitrio*)이다.

다. 가장 직접적 이유는 '의지'에 해당하는 라틴어 'voluntas'가 따로 존재한다는 것이다. 더 중요한 두 번째 이유는 인간 영혼의 특정한 능력을 가리키는 'liberum arbitrium' 개념의 해석을 둘러싸고 중세 스콜라철학자들 사이에 심각한 의견 불일치가 있었기 때문이다. 즉 자유 결단의 본질이 의지가 아니라 지성에 있다고 주장하는 사람들도 있었으며, 자유 결단의 본질이 의지에 있다고 보는 사람들 가운데서조차도 그 관계를 어떻게 파악할 것인지에 대해서는 의견이 분분했던 것이다.[2] 자유 결단에 대한 의지의 관계는 생각만큼 단순하지 않다. 의지는 보통 이성적 욕구 또는 이성에 의해 파악된 선에 대한 욕구로 정의되지, 여러 대안 사이의 선택 또는 결단의 능력으로 정의되지는 않기 때문이다.

알베르투스 마그누스는 자유 결단이 의지와도 구분되고 지성과도 구분되는 제3의 영혼 능력이라 보았으며, 보나벤투라는 자유 결단이 하나의 능력이 아니라 의지와 지성의 협력 작용에 의해 만들어지는 하나의 습성(habitus)에 해당한다고 주장했다. 그렇다면 토마스는 어떠했을까? 그의 이해 방식은 알베르투스 마그누스 및 보나벤투라의 이해 방식과 분명한 차

---

[2] 이러한 사정 때문에 질송은 중세 철학의 전문 용어들 가운데 자유 결단보다 더 심한 의미의 동요를 겪었던 용어는 없었다고 말한다. Étienne Gilson, *L'esprit de philosophie médiévale*, Paris: Vrin 1959, p. 289. 한편, 우리말 번역본 『신학대전』에서 정의채는 'liberum arbitrium'을 자유 의사로, 이재룡은 자유 재량으로 옮긴다. '자유 의지'라고 옮기지 않는다는 점에서 이러한 용어 선정은 13세기 스콜라철학의 독특한 역사적 내력을 통찰하고 고민한 결과임에 틀림없다. 그러나 내가 생각할 때, 'liberum arbitrium'이라는 용어를 구성하는 'arbitrium'의 가장 적절한 우리말 번역어는 '결정'(決定)이 아닌가 한다. 통용되는 현대 서양어 번역 'decision'이나 'Entscheidung'을 생각해 보아도 그러하다. 그런데 결정이라는 번역어를 택할 때 생기는 문제는 'determinatio'의 번역과 구별할 길이 없어진다는 것이다. 'arbitrium'과 'determinatio' 모두 중세 도덕심리학의 주요 개념이므로, 두 용어에 대해 한 가지 번역어를 사용한다면 학문 이해에 장애가 생길 수밖에 없다. 이런 고민 끝에 내가 차선책으로 사용하기로 한 번역어가 '결단'이다. 다소 딱딱한 어감이지만, 복수의 선택지 가운데 하나로 마음을 정하는 행위 정도로 이해하면 되겠다.

이를 보인다. 토마스는 자유 결단이 분명한 하나의 영혼 능력이기는 하지만 이성 및 의지와 구분되는 제3의 능력도 아니며, 그렇다고 이성과 의지가 본질적으로 합성되어 이루어진 능력의 어떤 습성도 아니라고 보았다. 말하자면, 자유 결단은 의지와 구분되는 어떤 독자적 영혼 능력이 아니라 의지가 선택의 활동과 관련해 지니는 그 자체의 특수한 규정이라는 것이다.[3]

토마스의 견해를 이해하기 위해서는 의지의 활동에 원함(velle)과 택함(eligere, 선택 활동)이 있다는 사실을 알아야 한다. 원함은 목적에 대한 의지의 활동을 뜻하며, 택함은 그 목적을 위한 수단에 관계하는 활동을 뜻한다.[4] 이 두 가지는 분명 상이한 종류의 활동이다. 그러나 상이한 종류의 활동이라고 해서 그것들이 반드시 상이한 종류의 능력에서 나와야 하는 것은 아니다.[5] 예컨대, 이해(intelligere)와 추론(ratiocinari)이 분명 서로 다른 인식 활동임에도 불구하고 지성이라는 하나의 동일한 능력에서 나오는 활동들인 것처럼 원함과 택함 역시 서로 다른 종류의 활동이기는 하지만 모두 의지에서 나오는 활동이다. 즉 토마스가 주장하는 핵심은 하나의 동일한 능력인 의지가 목적에 대한 원함의 원리인 한에서는 의지로, 수단에 대한 선택의 원리인 한에서는 자유 결단으로 불린다는 것이다. 이것은 하나의 동일한 능력인 지성(intellectus)이 직접적 이해의 원리인 한에서는 단순히 지성으로, 추론 활동의 원리인 한에서는 이성(ratio)으로 불리는 것과 마찬가지이다.

욕구의 측면에서 원함은 어떤 사물에 대한 단적인 욕구를 뜻한다. 따라

---

3 *In II Sent.*, d. 24, a. 2; *De ver.*, q. 24, a. 4-6; *Sum. theol.* I, q. 83, a. 2-4 참조.
4 이러한 구분은 원래 아리스토텔레스의 『니코마코스 윤리학』에서 연원한다. *EN* III, c. 2, 1111b26; III, c. 4, 1113a16; III, c. 5, 1113b1ff. 참조.
5 *De ver.*, q. 24, a. 6, ad 2 참조.

서 의지는 그 자체 때문에 욕구되는 목적과 관련된다고 일컬어진다. 그러나 택함은 다른 것 때문에 추구되어야 할 어떤 것을 욕구함이다. 따라서 본래적 의미에서 택함은 목적을 위한 것[수단]에 대한 것이다. 인식 영역에서 우리가 원리 때문에 동의하는 결론에 대해 그 원리가 갖는 관계는, 욕구의 영역에서 우리가 목적 때문에 욕구되는 수단에 대해 그 목적이 갖는 관계와 같다. 따라서 이성에 대한 지성의 관계와 선택의 능력, 즉 자유 결단에 대한 의지의 관계는 같다.[6]

2) 인간은 왜 자유 결단을 지니는가

지금까지 자유 결단에 대한 토마스의 형식적 개념 규정을 살펴보았으니, 이제 자유 결단의 존재를 증명하는 토마스의 논변을 살펴볼 차례이다. '인간이 과연 자유 결단을 지니는가'라는 토마스 자신의 물음을 주도적 물음으로 삼자.[7] 이 물음을 해명하기 위한 일차적 관건은 수단에 대한 의지의 비결정성을 확인하는 것이다.

---

6 *Sum. theol.* I, q. 83, a. 4, c.: "······ ex parte appetitus, velle importat simplicem appetitum alicuius rei: unde voluntas dicitur esse de fine, qui propter se appetitur. Eligere autem est appetere aliquid propter alterum consequendum: Sicut autem se habet in cognitivis principium ad conclusionem, cui propter principia assentimus, ita in appetitivis se habet finis ad ea quae sunt ad finem, quae propter finem appetuntur. Unde manifestum est quod sicut se habet intellectus ad rationem, ita se habet voluntas ad vim electivam, id est ad liberum arbitrium."
7 이것은 1270년 이전, 구체적으로 말해『악론』제6문과『신학대전』제2부 제1편 이전까지 토마스가 의지의 자유를 연구할 때 제기하는 전형적 물음이다. 어쩌면 이러한 물음의 형태 자체가 초기 토마스의 자유 이론의 특징을 보여 준다고 할 수 있겠다. *In II Sent.*, d. 25, q. 1, a. 3; *De ver.*, q. 24, a. 1; *Sum. theol.* I, q. 83, a. 1.

① 수단적 선에 대한 의지의 비결정성

의지는 언제나 인식하는 지성과 함께 작용한다. 즉 의식적 욕구 혹은 지성적 욕구로서의 의지 활동은 지성이 선으로 파악해 의지에 제시하는 대상을 향한다. 그런데 의지와 함께 작용하는 인식 능력으로서의 지성은 인간 영혼에서 특수한 지위를 지닌다. 즉 지성은 그 활동에 있어 질료적 기관에 의존하지 않는 정신적 인식 능력이기 때문에, 그 대상 범위는 특정한 질료적-감각적 속성을 지닌 사물들에 국한되지 않는다. 오히려 지성적 인식은 원칙적으로 모든 존재자에 접근할 수 있으며, 존재자 그 자체를 본래적 대상으로 한다. 이렇게 지성의 대상이 원칙적으로 제한되어 있지 않기 때문에, 지성과 함께 작용하는 의지에도 그것이 지향할 수 있는 무제한적 대상 영역이 열리게 된다. 다시 말해 지성에 의해 인식된 선은 어떤 특정한 관점에서 선으로 나타나는 개별 사물에 제한되는 것이 아니라 오히려 선 그 자체 혹은 보편적 선(bonum universale)이며, 따라서 이러한 선의 형상 아래 포괄되는 모든 것은 의지 활동의 대상이 될 수 있다.

'선 그 자체' 또는 '보편적 선'을 토마스는 의지의 형상적 대상이라고 부른다. 이것은 의지가 구체적 개별 사물을 원하는 이유, 즉 '가욕성의 근거'에 해당한다.[8] 토마스가 말하거니와, "욕구할 수 있는 모든 대상에서 두 가지를 고찰할 수 있다. 욕구되는 사물 자체 그리고 즐거움, 유용함 같은 가욕성의 근거가 그것이다". 토마스는 욕구되는 개별 사물 자체를 의지의 질료적 대상으로, 가욕성의 근거를 의지의 형상적 대상으로 부른다.[9]

---

8 *De ver.*, q. 25, a. 1, c.: "⋯⋯ quod in quodlibet appetibili duo possunt considerari: scilicet ipsa res quae appetitur, et ratio appetibilitatis, ut delectatio vel utilitas, vel aliquid huiusmodi."; *Sum. theol.* I, q. 105, a. 4, c.; q. 80, a. 2, ad 2.

9 *De ver.*, q. 23, a. 7, c.: "⋯⋯ sed in obiecto voluntatis duo sunt consideranda: unum quod est quasi materiale, scilicet ipsa res volita; aliud quod est quasi formale, scilicet ratio volendi, quae est finis ⋯⋯."; q. 25, a. 1, c.: "⋯⋯

의지가 어떠한 개별적인 유한한 선에 의해 필연적으로 움직여지는 능력으로 규정되지 않는 까닭은, 방금 살펴보았듯이, 의지의 형상적 대상이 그 범위에 있어 제한되어 있지 않기 때문이다. 만일 의지가 부분적으로 선한 어떤 특정 대상을 향한다면 그것은 오로지 선 일반, 즉 자신의 형상적 대상을 향한 근원적 지향 때문에 일어나는 것이지 유한하고 제한적인 그 특정 대상의 선성이 의지를 필연적으로 운동시키기 때문에 그런 것은 아니다.

그러나 유한하고 부분적인 선성을 지니는 대상이 아니라 모든 관점에서 선으로 파악될 수밖에 없는 어떤 완전한 대상이 주어질 경우에는 어떠할까? 그런 경우에는 의지가 그 대상을 향해 움직이는 것은 피할 수 없을 것이다. 토마스가 인간의 최종 목적이자 최고선(summum bonum)이라고 부르는 '행복'(beatitudo)이 바로 이러한 대상이다. 의지가 최종 목적을 지향할 수밖에 없는 필연성은 의지의 본성 자체에 내재하고 있다.[10] 최종 목적을 향한 욕구 혹은 경향은 인간 의지의 뿌리와도 같은 것이어서 의지 자체가 소멸하지 않는 한 이러한 경향도 사라지지 않는다. 의지는 본성적으로—다시 말해 외부적 강제에 의하지 않고—이 최종 목적을 향하며, 인간에게 이러한 본성적이고 필연적인 경향이 주어져 있다는 것은 이미 인간의 결정권 안에 있는 사항이 아니다.[11]

여기서 제기되는 물음은 이런 것이다. 만일 의지가 최종 목적을 '필연적으로' 추구할 수밖에 없다면, 자유 결단이라는 관념은 허구가 아닐까? 그러나 토마스는 최종 목적에 대한 필연적 추구와 의지의 자유가 양립할 수

---

    voluntas tendit directe in rationem appetibilitatis absolute; sicut voluntas ipsam bonitatem appetit primo et principaliter …… hanc vero rem vel illam appetit secundario, inquantum est praedictae rationis particeps."

10 *De ver.*, q. 22, a. 5, c.; *De ver.*, q. 23, a. 4, c. 참조.
11 *Sum. theol.* I, q. 82, a. 1, ad 3 참조.

있다고 생각한다. 이에 대한 토마스의 근거는 다음의 두 가지로 요약될 수 있다. 첫째, 앞서 말했듯이 의지가 최종 목적을 추구하는 필연성은 외부에서 부과된 강제가 아니라 의지의 내적 본성 자체에 속하는 것이다. 자유의 가능성을 봉쇄하는 것은 이런 종류의 자연적 필연성이 아니라 다만 강제(coactio)로서의 필연성일 뿐이다.[12] 둘째, 최종 목적이란 인식할 수 있는 모든 관점에서 선하고 적합한 것으로서 의지에 제시되는 무제한적 선이기 때문에 무한히 많은 방식으로 인식되고 추구될 수 있다. 이것이 의미하는 바는 의지가 최종 목적에 도달하기 위해 어떤 특정한 수단을 반드시 거쳐야 하는 것은 아니라는 사실이다. 따라서 최종 목적과 필연적 관계를 맺고 있지 않은 수많은 유한한 선에 대해 의지는 전혀 결정되어 있지 않다.

그러므로 유한한 개별적 선에 대한 의지의 비결정성(indeterminateness)은 최종 목적 혹은 최고선에 대한 필연적 경향성과 전혀 모순적 관계에 있지 않다.[13] 오히려 개별적 선에 대한 비결정성이 이 최종 목적에 대한 필연적 경향에 근거하고 있다고 말해야 더 옳을 것이다. 의지가 그 필연적 대상으로서의 최종 목적에 연결되어 있다는 이 사실 자체 때문에, 부분적이고 개별적인 선에 어느 정도 거리를 취하고 그것들을 '수단으로서' 욕구할 수 있는 가능성이 의지에 생기는 것이다.

② 의지의 결단이 '자유로운' 결단인 이유

의지는 유한하고 부분적인 수단적 선들에 대해 결코 필연적으로 결정되

---

12 *De ver.*, q. 22, a. 6, ad 1 참조.
13 *Sum. theol.* I, q. 82, a. 2, ad 2: "Cum autem possibilitas voluntatis sit respectu universalis boni et perfecti, non subiicitur eius possibilitas tota alicui particulari bono."; *De ver.*, q. 24, a. 1, ad 19: "…… nisi quod ex ipsa sui natura inest eis necessarius appetitus ultimi finis, scilicet beatitudinis, quod non impedit arbitrii libertatem, cum diversae viae remaneant eligibiles ad consecutionem illius finis."

어 있지 않다. 자유 결단은 바로 이러한 수단에 대한 의지의 비결정성이라는 사실에 기초하고 있다. "어떤 피조물도 그의 활동들이 개별적 선을 향하도록 규정되어 있다면 자신의 활동에 대한 지배권을 지닐 수 없을 것"[14]이다. 그러나 선 일반에 대한 의지의 원칙적 개방성과 유한한 선에 대한 의지의 비결정성을 말하는 것만으로는 아직 결단의 자유가 충분히 증명되었다고 할 수 없다. 의지가 유한한 선에 대해 거리를 둘 수 있다는 사실은 결단의 자유의 본래적 의미를 구성하는 것이 아니라 다만 자유를 위한 필수적 전제 또는 자유의 가능 조건에 해당할 뿐이다. 문제는 의지가 개별적 선에 대한 단순한 비결정성의 상태에 머무르지 않고 현실적 결단의 활동을 수행한다는 사실이다. 그렇다면 그 결단의 활동은 어떻게 해서 일어나는가?

결단이 판단을 전제한다는 사실에서 출발하자. 특정한 유한한 선(bonum finitum)에 대한 결단은 그 유한한 선이 목적에 비추어 보았을 때 유용하고 적합하다고 지성이 판단하고 그 최종적인 실천적 판단을 의지가 따르는 한에서 내려진다. 그러므로 수단을 향한 구체적인 의지의 활동으로서의 결단은 의지의 본성에 내재하는 목적을 향한 경향뿐만 아니라 적합한 대상에 대한 인식 능력의 판단을 전제한다.[15] 토마스는 결단 행위를 낳는 이러한 판단의 고유한 특성을 탐구함으로써 결단의 자유를 입증하려 한다. 결단 혹은 선택 활동과 연결된 지성의 판단은 어떤 고유한 특징을 지니는가? 그것은 합리성이라는 특징이다. 말하자면, 지성의 판단은 합리적 판단(iudicium rationale)이다. 합리적 판단이란 무엇인가? 목적의 의미

---

14 *De ver.*, q. 24, a. 7, ad 2: "…… non enim aliqua creatura potest habere dominium sui actus, cuius sunt determinatae actiones ordinatae ad bonum particulare."

15 *De ver.*, q. 24, a. 3, c.: "Facultas autem liberi arbitrii duo praesupponit: scilicet naturam et vim cognitivam."

(ratio finis) 그리고 목적에 대한 수단의 관계를 인식하면서 특정한 수단이 선하거나 적합하다고 판단할 때, 바로 그런 판단을 합리적 판단이라고 부른다.[16] 지성 능력을 지닌 인간은 어떤 목적을 원하고 어떤 수단을 그 목적에 적합한 것으로 판단하면서 자신이 이 목적을 욕구하고 있다는 사실을 의식하며, 또한 그 목적 때문에 이 수단을 선택한다는 사실을 설명할 수 있다.[17]

이렇듯이, 인간의 결단은 언제나 지성의 합리적 판단으로부터 나온다. 그런데 합리적 판단이란 곧 반성적 판단을 의미한다. 인간은 지성으로써 목적의 의미를 알기 때문에, 그가 왜 그렇게 판단하고 그렇게 결단하며 그렇게 행동하는지를 판단의 목적에 비추어 다시금 판단할 수 있다.

> 이성의 힘으로 행위들에 대해 판단하는 인간은 그가 목적과 수단의 의미, 그리고 그 양자 사이의 관계와 질서를 인식하는 한에서 자신의 결단에 대해 판단한다.[18]

토마스는 자유 결단의 본래적 근거가 인간이 자신의 판단과 결단에 대해 판단할 수 있는 바로 이러한 능력 안에 있다고 본다.

---

16 *In II Sent.,* d. 25, q. 1, a. 1, c.; *De ver.,* q. 24, a. 1, c.; q. 24, a. 2, c.
17 바로 이 점에서 인간의 합리적 판단과 동물의 자연적 판단 사이의 차이가 분명하게 드러난다. 즉 동물 역시 어떤 특정한 목적을 욕구하고 그 목적을 위해 특정한 수단에 대해 판단하기는 하지만, 목적의 의미를 인식하면서 판단을 하는 것은 아니다. 다시 말해 동물은 목적을 '목적으로서' 인식하지는 못한다. *De ver.,* q. 24, a. 2, c.: "Sed hoc iudicium est eis ex naturali aestimatione, non ex aliqua collatione, cum rationem sui iudicii ignorent; propter quod huiusmodi iudicium non se extendit ab omnia, sicut iudicium rationis, sed ad quaedam determinata."
18 *De ver.,* q. 24, a. 1, c.: "Homo vero per virtutem rationis iudicans de agendis, potest de suo arbitrio iudicare, inquantum cognoscit rationem finis et eius quod est ad finem, et habitudinem et ordinem unius ad alterum."

자신의 판단에 대해 판단하는 것은 오직 이성의 일이다. 이성은 자신의 활동을 반성하며 자신이 그것에 대해 그리고 그것에 의해 판단하는 사물들의 관계를 인식한다. 따라서 모든 자유의 뿌리는 이성 안에 있다.[19]

여기서 토마스가 전개하는 논변의 구조는 다음과 같이 정리될 수 있다. (i) 판단하는 자가 자신의 판단에 대해 판단할 수 있는 한에서, 판단은 판단하는 자의 힘 안에 있다.[20] (ii) 판단의 근거를 인식하고 그로써 자신의 판단에 대해 판단할 수 있는 자, 다시 말해 자신의 힘 안에서 판단을 내릴 수 있는 자만이 자신의 행동의 원인일 뿐만 아니라 본래적 의미에서 자신의 판단의 원인이기도 하다고 말할 수 있다.[21] (iii) 그런데 '자유롭다'는 것은, 아리스토텔레스의 『형이상학』에 나타난 바에 따르면, 자기 원인(causa sui)이라는 것에 다름 아니다.[22] (iv) 따라서 자신의 결단에 대한 판단을 내릴 수 있고, 그로써 자신의 결단의 원인이라고 말할 수 있는 이성적 존재자의 결단은 '자유로운' 결단이다.

이로써 토마스는 인간은 합리적 판단 혹은 반성적 판단의 능력을 지닌 한에서 자유 결단의 능력을 지닌다는 결론에 도달한다. 인간이 자유 결단

---

19 *De ver.*, q. 24, a. 2, c.: "Iudicare autem de iudicio suo est solius rationis, quae super actum suum reflectitur, et cognoscit habitudines rerum de quibus iudicat, et per quas iudicat: unde totius libertatis radix est in ratione constituta."

20 *Ibid.*: "Iudicium autem est in potestate iudicantis secundum quod potest de suo iudicio iudicare: de eo enim quod est in nostra potestate, possumus iudicare."

21 *De ver.*, q. 24, a. 1, c.: "…… et ideo non est solum causa sui ipsius in movendo, sed in iudicando."

22 *Ibid.*: "Liberum autem est quod sui causa est, secundum Philosophum in princ. Metaphys." Aristoteles, *Met.* I, c. 2, 982b25 참조. 이 구절은 *Sum. theol.* I, q. 21, a. 1, ad 3; q. 96, a. 4, c.; *SCG* I, c. 72; *SCG* III, c. 112에서도 인용되고 있다.

능력을 지닌다는 것에 대한 명백한 표지(標識)는 인간이 자신의 결단을 통해 어떤 것을 행할 수도 있고 행하지 않을 수도 있다는 사실에 있다. 토마스는 바로 이런 의미에서 인간은 자기 행위의 주인이라고 불린다고 설명한다.[23] 토마스가 여러 곳에서 강조하고 있는 바, 자기 행위에 대한 인간의 지배권(dominium)은 바로 이러한 자유 결단의 능력에 근거한다.[24] 자유 결단의 능력과 이 능력이 가능하게 하는 자기 행위에 대한 지배권, 토마스가 생각하는 인간의 자유(libertas)는 바로 여기에 있는 것이다.[25]

3) 토마스 자유 결단 이론의 주지주의적 특징

앞서 논의한 바와 같이, 토마스는 결단의 자유를 개별적 선에 대한 의지의 결단 과정에서 본질적 역할을 수행하는 지성적 판단의 고유한 특징을 규명함으로써 증명한다. 단적으로 말해 자유 결단의 능력은 결국 자유로운 판단에 근거하고 있다. 인간은 자신의 판단의 원인이기 때문에 그 판단을 따르는 결단의 원인이기도 하다는 것이다. 여기서 분명해지는 바, 토마스는 결단의 자유를 반성적이고 자유로운 판단을 가능하게 하는 능력, 즉 이성으로 소급하고 있다. 다시 말하거니와 "모든 자유의 뿌리는 이성 안에

---

23 *SCG* II, c. 47: "…… substantia aliqua est domina sui actus, utpote in ipsa existens agere et non agere." 또한 *In II Sent.*, d. 24, q. 1, a. 1, c.; d. 25, q. 1, a. 1, ad 1; *Sum. theol.* I, q. 82, a. 1, ad 3. 아울러 Johannes Auer, *Die menschliche Willensfreiheit im Lehrsystem des Thomas von Aquin und Johannes Duns Scotus*, München: Hueber 1938, p. 174 참조.

24 *SCG* II, c. 47; *De ver.*, q. 24, a. 1, sc 4; q. 25, a. 4, c.; q. 26, a. 6, c.; *In II Sent.*, d. 25, q. 1, a. 2, sc 2; *Sum. theol.* I, q. 83, a. 1, ob 4 & ad 4.

25 *SCG* II, c. 48: "Libertatem autem necesse est eas habere, si habent dominium sui actus."

있다". 따라서 자유 결단은 지성적 능력을 지닌 존재자에게만 속하며, 인간은 지성적 존재자라는 바로 그 이유 때문에 자유 결단을 지닌다.[26]

자유 결단을 자유로운 판단으로부터 직접 이끌어 내는 이러한 증명 방식은『신학대전』제83문 제1절에서도 다시금 분명하게 나타난다. 여기서 토마스는 자유 결단을 인간의 실천적 이성이 우연적 작용 대상들과 관련해 어느 하나에 필연적으로 고착되어 있지 않고 비결정성을 지닌다는 사실로부터 설명하고 있다.

인간은 판단으로써 행위한다. 그가 인식 능력을 통해 어떤 것을 피해야 한다고 혹은 추구해야 한다고 판단하기 때문이다. 그런데 이러한 판단은 자연적 충동에 의해 개별적 작용 대상(particularia operabilia)에서 일어나는 것이 아니라 이성의 비교에 의해 일어난다. 그렇기 때문에 인간은 자유로운 판단으로써 행위하며, 다양한 사물을 향할 수 있는 능력을 지닌다. 이성은 우연자들(contingentia)에 대해서는 대립자를 향한 길을 가지고 있기 때문이다. 이는 개연적 논증과 수사학적 설득에서 나타나는 바와 같다. 그런데 개별적 작용 대상은 우연자들이다. 그러므로 이 개별적 대상과 관련해 이성의 판단은 다양한 사물을 향할 수 있으며, 한 가지 결과로 결정되어 있지 않다. 바로 이 때문에 인간에게 자유 결단이 속하는 것은 필연적인 바, 이는 그가 이성적이기 때문이다.[27]

---

26 *In II Sent.*, d. 25, q. 1, a. 1, c.: "…… nec aliquod agens finem sibi praestituere potest nisi rationem finis cognoscat et ordinem eius quod est ad finem ipsum, quod solum in habentibus intellectum est; et inde est quod iudicium de actione propria est solum in habentibus intellectum, quasi in potestate eorum constitutum sit eligere hanc actionem vel illam; unde et dominium sui actus habere dicuntur; et propter hoc in solis intellectum habentibus liberum arbitrium invenitur, non autem in illis quorum actiones non determinantur ab ipsis agentibus, sed quibusdam aliis causis prioribus."

27 *Sum. theol.* I, q. 83, a. 1, c.: "Sed quia iudicium istud non est ex naturali

이 텍스트는 토마스가 의지의 결단과 지성의 판단 사이에 존재하는 밀접한 개념적 연관성을 강조할 뿐만 아니라 의지와 지성의 어떤 특정한 평행 관계를 가정하고 있다는 인상을 준다. 판단의 비결정성과 결단의 비결정성을 동시에 말할 수 있게 하는 의지와 지성의 이러한 평행 관계는 과연 무엇일까? 이에 대한 답변은 『신학대전』 제82문 제2절에서 발견된다.

> 지성이 본성적으로 그리고 필연적으로 제일원리들에 고착되어 있는 것과 마찬가지로 의지는 최종 목적에 고착되어 있다. 그런데 제일원리들에 대해 필연적 연관성을 지니지는 않는 어떤 지식 내용들이 존재한다. 예컨대, 그것들을 제거한다고 해서 제일원리들마저 제거되어 버리지는 않는 우연적 명제들이 그것이다. 지성은 이런 명제들에 대해 필연적으로 동의할 필요가 없다. …… 의지의 경우에도 사정은 유사하다. 행복에 대해 필연적 연관성을 지니지 않는 개별적 선이 존재한다. 그것들 없이도 행복할 수 있기 때문이다. 이러한 것들에 의지는 필연적으로 고착되어 있지 않다.[28]

---

instinctu in particulari operabili, sed ex collatione quadam rationis, ideo agit libero iudicio, potens in diversa ferri. Ratio enim circa contingentia habet viam ad opposita, ut patet in dialecticis syllogismis et rhetoricis persuasionibus. Particularia autem operabilia sunt quaedam contingentia. Et ideo circa ea iudicium rationis ad diversa se habet, et non est determinatum ad unum. Et pro tanto necesse est quod homo sit liberi arbitrii ex hoc ipso quod rationalis est."

28 *Sum. theol.* I, q. 82, a. 2, c.: "Sunt autem quaedam intelligibilia quae non habent necessariam connexionem ad prima principia, sicut contingentes propositiones, ad quarum remotionem non sequitur remotio primorum principiorum. Et talibus non ex necessitate assentit intellectus... Similiter etiam est ex parte voluntatis. Sunt enim quaedam particularia bona quae non habent necessariam connexionem ad beatitudinem, quia sine his potest aliquis esse beatus, et huiusmodi voluntas non de necessitate inhaeret." 한편, 『진리론』 제22문 제6절 ad 4에서도 같은 설명이 제시된다: "…… in scientiis demonstrativis conclusiones hoc modo se habent ad principia, quod remota

지성과 의지의 평행 관계에 대한 이 설명을 토마스가 아무런 망설임 없이 의지의 자유에 대한 직접적 논거로 제시하고 있다는 사실에 유의하자. 즉 여기서 토마스는 의지의 활동이 필연성에 묶여 있지 않다는 사실을—우연적 인식 대상들에 대한 이성의 실천적 판단과 평행 관계에 있는—부분 선에 대한 의지의 비결정성 개념을 통해 증명하고 있다. 의지의 자유를 지성적 인식의 보편성에 근거한 판단의 자유로 축소하는 것은 이른바 주지주의(主知主義, intellectualism)의 전형적 특징이다.[29] 엄밀하게 말해 지금까지 우리가 살펴본 자유 결단에 대한 토마스의 증명들만을 놓고 보면, 토마스는 언제나 의지의 자유를 인간 인식 능력의 반성성이나 비결정성으로 환원하고 있는 것 같다. 의지의 자유가 지성적 인식 능력의 차원에서 해명되는 한, 보다 적극적 의미에서의 의지의 자유, 즉 지성에 대한 의지의 자율성으로서의 자유 혹은 의지의 독자적 자기 결정으로서의 자유는 논의의 주제로 부각되지 못한다.

conclusione removetur principium; et sic propter hanc determinationem conclusionum respectu principiorum, ex ipsis principiis intellectus cogitur ad consentiendum conclusionibus."

29 여기서 주지주의는 주의주의(主意主義, voluntarism)와 상대되는 개념이다. 이 용어들이 생겨난 시대는 19세기지만, 중세 스콜라철학의 경향을 분류하는 용어로 널리 통용되고 있다. 주지주의와 주의주의를 구별하는 가장 일반적 기준은 지성과 의지 가운데 어떤 것을 더 상위 능력으로 간주하는가이다. 이 문제를 따지는 것도 물론 흥미로운 작업이지만, 이 책에서 더 중요한 것은 두 노선의 더 특수한 의미이다. 즉 주지주의는 인간적 자유의 본질이 보편 개념에 근거한 지성의 합리적 판단에 있다고 설명하는 노선이며, 주의주의는 그것이 자신의 활동을 스스로 결정하는 의지 본연의 능력에 있다고 설명하는 노선이다. 중세 주지주의와 주의주의 노선의 개괄을 위해서는 Tobias Hoffmann, "Intellectualism and voluntarism", ed. Robert Pasnau, *The Cambridge History of Medieval Philosophy*, Cambridge: Cambridge University Press 2009, pp. 414~27 참조.

4) 토마스는 주지주의적 심리결정론자인가

약간 때 이를 수도 있지만, 1277년의 단죄 목록을 다시 펼쳐 보자. 파리 주교가 소집한 검열위원회는 의지의 자유를 부정하는 여러 결정론적 명제를 열거한다. 단죄된 결정론은 우주론적 결정론과 심리결정론으로 나뉜다. 우주론적 결정론은 인간의 의지 활동이 천체의 영향에 의해 결정된다는 것이며, 심리결정론은 의지 활동이 지성의 판단 또는 감정에 의해 결정된다는 것이다. 천체가 의지를 결정한다는 이론을 천체결정론으로, 지성의 판단이 의지를 결정한다는 이론을 주지주의적 결정론 또는 지성결정론으로, 감정이 의지를 결정한다는 이론을 감정결정론으로 부르자. 토마스는 천체결정론을 반대했다.[30] 그는 심리결정론 가운데 감정결정론과도 전혀 무관하다. 그가 받을 수 있는 혐의는 지성결정론, 즉 주지주의적 결정론자가 아닌가라는 것이다.[31] 이 문제를 따져 보기 전에 먼저 1277년 단죄 명제들 가운데 지성결정론을 표현하는 것들을 살펴보자.

> 상반되는 것들에 대한 지식이야말로 이성적 영혼이 대립자와 관계할 수 있는 유일한 근거이다. 그리고 단적으로 하나인 [의지] 능력은 단지 우연적 의미에서, 그리고 어떤 다른 [능력] 때문에 대립자와 관계할 수 있다.[32]

---

30 *De malo*, q. 6, c.; ad 21.
31 이런 혐의를 제시한 인물은 20세기 중세 도덕심리학 연구의 선구자로서 이후 연구자들에게 지대한 영향을 준 오동 로탱(Odon Lottin)이다. 그는 기념비적 저서 『12세기 및 13세기의 심리학과 도덕』에서 토마스의 초기 저작에 담겨 있는 이론이 일종의 심리결정론이라고 해석한다. Odon Lottin, *Psychologie et morale aux XIIe et XIIIe siècles* vol. 1, Gembloux: J. Duculot 1957 pp. 226~43 참조.
32 "Quod scientia contrariorum solum est causa, quare anima rationalis potest in opposita; et quod potentia simpliciter una non potest in opposita, nisi per accidens, et ratione alterius" (173, 망도네 162). Roland Hissette, *Enquete sur les 219 articles condamnés à Paris le 7 mars 1277*, Louvain; Paris 1977, p. 254.

> 이성이 확고하게 믿고 있는 것을 의지는 필연적으로 따른다. 의지는 이성이 명령하는 것을 물리칠 수 없다. 그러나 이러한 필연(necessitatio)은 강제가 아니라 의지의 본성이다.[33]

> 행위할 것에 대해 [지성이] 결론을 내리고 나면, 의지는 더 이상 자유롭지 않다.[34]

> 이성이 올바르면 의지 역시 올바르다.[35]

이러한 명제들은 일반적으로 시제 브라방을 겨냥하는 것으로 해석된다.[36] 그런데 토마스의 이론은 이 단죄에서 과연 자유로울까? 검열위원회를 대표하는 헨리쿠스 간다벤시스(Henricus Gandavensis; Henry of Ghent, 1217?~93) 같은 주의주의자는 지성의 판단을 거스를 수 있는 의지의 독자적 자율성이 자유의 관건이며, 자유는 지성이 아닌 의지의 고유한 자산이라는 관점을 고수하고 있었다. 이런 주의주의적 렌즈를 통하면 토마스의 이론 역시 주지주의적 심리결정론에 포함되는 것으로 보일 가능성이 크다. 앞에서 말했듯이, 토마스는 자유 결단의 근거를 의지가 지성의 자유로운 판단을 따른다는 그 사실에서 찾고 있기 때문이다.

---

33 "Quod voluntas necessario prosequitur, quod firmiter creditum est a ratione; et quod non potest abstinere ab eo, quod ratio dictat. Hec autem necessitatio non est coactio, sed natura voluntatis" (163, 망도네 163). Roland Hissette, *op. cit.*, p. 255.

34 "Quod post conclusionem factam de aliquo faciendo, voluntas non manet libera" (158, 망도네 165). R. Hissette, *op. cit.*, p. 257.

35 "Quod, si ratio recta, et voluntas recta" (130, 망도네 166). Roland Hissette, *Ibid.*

36 시제 브라방의 자유 의지론에 대해서는 Christopher Ryan, "Man's Free Will in the Works of Siger of Brabant", *Mediaeval Studies* 45, 1983, pp. 155~99 참조.

그러나 심리결정론이라는 비판에 대해 토마스 입장에서 일정한 자기 변호가 불가능한 것은 아니다. 토마스는 지성과 의지의 작용 관계, 즉 판단과 결단의 관계를 일방적 관계로 이해하지 않기 때문이다. 토마스의 자유결단 이론은 심리결정론이라는 공격에서 과연 어떻게 벗어날 수 있을까?

판단과 결단의 관계라는 문제와 관련해 가장 먼저 던져 볼 수 있는 근본적 질문은 결단과 판단이라는 것이 결국 존재적으로 동일한 활동을 말하는 것이 아니냐는 것이다. 토마스는 하나의 활동이 지닌 인식적 측면과 욕구적 측면을 각각 판단과 결단이라는 다른 개념으로 부르는 것이 아닐까? 즉 판단과 결단의 구분은 실제적 구분이 아니라 관점에 따른 구분 혹은 개념적 구분에 불과한 것이 아닐까? 사실, 토마스의 텍스트 자체가 이러한 의심을 불러일으킬 만한 소지를 어느 정도 담고 있다. 토마스가 자유결단이라는 용어와 자유로운 판단이라는 용어를 아무런 구분 없이 사용하고 있는 듯한 구절이 적지 않기 때문이다.[37] 심지어 『대이교도대전』에는 자유 결단이 "이성에 의한 자유로운 판단"(liberum de ratione iudicium)[38]으로 정의되는 구절도 발견될 정도이다.

그러나 엄밀한 관점에서 보자면, 결단과 판단을 하나의 동일한 활동의 두 측면으로 간주하는 것, 즉 자유 결단과 최종적인 실천적 판단이 동일하다고 간주하는 것은 가능하지 않다. 토마스는 하나의 동일한 활동이 결코 두 종류의 동등한 능력으로부터 나올 수는 없다고 본다. 즉 의지와 지성이라는 두 능력이 하나의 동일한 활동에 동등한 원리로서 공동으로 참여한다는 것은 불가능하다. 물론, 결단 혹은 선택의 활동에는 의지와 지성

---

37 *SCG* II, c. 48: "Sola igitur intellectualia se non solum ad agendum, sed etiam ad iudicandum movent. Sola igitur ipsa sunt libera in iudicando, quod est liberum arbitrium habere." 또한 *De ver.*, q. 24, a. 1, ad 1; a. 4, c.; a. 6, c.도 참조.

38 *SCG* II, c. 48: "Quod est liberum arbitrium habere, quod definitur esse liberum de ratione iudicium."

이 공동으로 참여하고 있다. 그러나 의지와 지성은 결코 동일한 차원에서 이 활동에 대한 원리가 되는 것은 아니다.[39] 즉 의지는 작용인의 의미에서 실체적으로 결단의 활동을 만들어 내고, 지성은 다만 의지의 작용을 위한 목적의 제시라는 역할을 할 뿐이다.[40] 결국, 결단의 활동이 판단이라는 인식적 계기를 포함하며, 따라서 지성의 능력과도 관계되어 있다고 해서 결단이 본질적으로 욕구 능력, 즉 의지의 활동이라는 분명한 사실이 흐려지는 것은 아니다.

물론, 결단이 숙고와 판단을 전제하기 때문에 아리스토텔레스도 『니코마코스 윤리학』에서 인간 행위가 일어나는 근원인 선택(prohairesis)을 "욕구적 사유 또는 사유적 욕구"라고 애매하게 규정했다.[41] 그러나 토마스는 자신의 관점에서, 아리스토텔레스가 선택을 욕구로 볼 것인지 인식으로 볼 것인지 망설이고 있는 것 같지만 결국은 욕구로 보았다고 해석한다. 이에 대한 전거로 토마스가 지적하는 구절은 『니코마코스 윤리학』 제3권 제3장이다. 여기서 아리스토텔레스는 "선택은 우리 힘 안에 있는 어떤 것에 대한 숙고적 욕구"(desiderium consiliabile)라고 말한다.[42] 지성의 관여에도 불구하고 결단 또는 선택이 어디까지나 의지의 활동이라고 보는 토마스의 입장은 선택 대상의 본성에 대한 고찰을 그 최종 근거로 하고 있다. 즉 선택이 향하는 수단이 특정한 선이고, 또한 선이 의지의 대상인 한에서

---

39 *De ver.*, q. 24, a. 5, c.: "Cum enim actus qui libero arbitrio attribuitur, sit unus specialis actus, scilicet eligere, non potest a duabus potentiis immediate progredi; sed progreditur ab una immediate, et ab altera mediate, inquantum scilicet quod est prioris potentiae, in posteriori relinquitur."; *De ver.*, q. 22, a. 13, ad 8: "ratio et voluntas sunt unum ordine, sicut universum dicitur esse unum; et sic nihil prohibet unum actum esse utriusque: unius quidem immediate, sed alterius mediate."

40 *De ver.*, q. 22, a. 12, c.; *SCG* I, c. 72; *Sum. theol.* I, q. 82, a. 4, c.

41 *EN* VI, c. 2, 1139b4.

42 *EN* III, c. 3, 1113a11; *Sum. theol.* I, q. 83, a. 3, c.; *De ver.*, q. 24, a. 6, c.

자유 결단은 존재론적으로 의지에 속하는 능력일 수밖에 없다는 것이다.[43] 토마스가 간혹 자유 결단과 자유로운 판단을 동일한 것처럼 표현하는 것은, 다만 자유 결단의 인식적 근원(origo)이라는 측면을 분명하게 나타내려는 의도라고 보아야 하겠다.[44]

결단과 판단의 관계에 대해 두 번째로 던질 수 있는 물음은, 결단은 과연 지성의 판단을 반드시 따라야 하는가이다. 과연 의지는 욕구할 만한 것이라고, 지성이 판단하고 제시한 것을 필연적으로 따르게 되는가? 앞서 잠시 언급했던 로탱의 해석을 살펴보자.[45] 로탱은 이 물음에 대해 초기의 토마스가 긍정적 입장을 지니고 있었다고 생각했기에 그의 이론을 심리결정론으로 평가했다. 로탱은 토마스의 『진리론』 제24문 제2항을 독해하면서 토마스가 자유란 본래적으로 의지의 영향력 안에 근거하고 있는 것이 아니라 특정 대상에 묶여 있지 않은 실천적 판단의 비결정성에 근거하고 있다고 이해했으며, 또한 의지는 '지금 여기서 선택되어야 할 것'에 대한 실천적 판단의 결정을 필연적으로 따른다고 이해했다고 해석한다.

이러한 해석이 맞는 것일까? 헨리쿠스 같은 주의주의자들에 비해 토마스는 의지의 결단이 지성의 판단을 필연적으로 따르는지를 초기 저작에서 체계적으로 해명하지 않았다. 그러나 그의 텍스트를 면밀히 관찰해 보면, 로탱의 결정론적 해석이 토마스의 자유 결단 이론의 주지주의적 요소들을 지나치게 강조하는 데서 기인하는 잘못된 해석이라는 것을 알 수 있다. 예컨대, 다음 구절은 로탱 식의 심리결정론적 해석을 정면으로 흔들어 놓을

---

43 *De ver.*, q. 22, a. 15, c.: "Sed velle prout ratio proponit voluntati aliquid bonum absolute, sive sit propter se eligendum, ut finis, sive propter aliud, ut quod est ad finem: utrumque enim velle dicimus." 아울러 *In II Sent.*, d. 24, q. 1, a. 3, c.; *Sum. theol.* I, q. 83, a. 3, c.도 참조.

44 Johannes Auer, *op. cit.*, pp. 173~76 참조.

45 이 장의 주 31 참조.

수 있는 내용을 담고 있다.

선택은 어떤 것이 쫓아야 할 것으로 받아들여지는 최종적 수취(受取, acceptio)이다. 이것은 분명 이성의 일이 아니라 의지의 일이다. 이성이 어느 하나를 다른 것보다 선호하더라도 의지가 그것에 더 기울어질 때까지 그것은 활동으로 채택되지 않는다. 왜냐하면 의지는 이성을 필연적으로 따르지는 않기 때문이다.[46]

여기서 토마스는 결단 혹은 선택의 활동이 결코 이성적 판단을 통한 인식 활동으로써 완성되지 않으며, 오히려 지성이 선택의 대상으로 제시한 것을 의지가 받아들이는 데서 완성된다고 본다. 여기서의 받아들임, 즉 수취함(accipere)이란 수동적 의미보다는 의지 편에서 발휘되는 자발적이고 능동적 계기로서의 의미를 더 지니는 것으로 이해되어야 한다. 의지는 지성이 제시한 선이라 할지라도 받아들이지 않음으로써 지성으로 하여금 또 다른 대안을 숙고하도록 만들 수 있기 때문이다. 지성이 제시한 선한 대상을 받아들이거나 받아들이지 않는 것은 전적으로 의지의 사안일 뿐이다.[47] 선택 활동이 현실적으로 수행되는 이 능동적 수취의 계기 속에서 토마스는 지성의 판단을 따르지 않을 수 있는 의지의 능력을 간파하고 있다. 따라서 최종적 결단 혹은 선택이 일어나기까지 지성과 의지 사이의 잠정적 불일치는 얼마든지 있을 수 있다.[48] 현실적인 결단 활동이 일어나는 순

---

46 *De ver.*, q. 22, a. 15, c.: "Electio enim est ultima acceptio qua aliquid accipitur ad prosequendum; quod quidem non est rationis, sed voluntatis. Nam quantumcumque ratio unum alteri praefert, nondum est unum alteri praeacceptatum ad operandum, quousque voluntas inclinetur in unum magis quam in aliud; non enim voluntas de necessitate sequitur rationem."

47 *Ibid.*

48 *De ver.*, q. 22, a. 5, ad 3: "Sed operatio intellectus potest esse contra

간에 지성과 의지 사이의 불일치는 해소되어야 하겠지만, 그렇다고 해서 의지의 결단이 지성의 최종적인 실천적 판단으로 해소되는 것도 아니며 그 불일치의 해소가 언제나 지성의 판단 본위로 이루어지는 것도 아니다. 중요한 것은 선택 가능성을 제시하는 판단 내용을 받아들일 수 있는 의지의 힘이다. 지성의 판단을 비로소 '최종적' 판단으로 만드는 것은 의지이기 때문이다.[49]

2. 후기 저작에 나타나는 의지의 자유

1) 의지 활동의 내적 구조

토마스는 다른 모든 영혼 능력의 활동과 마찬가지로 의지의 활동 역시 두 가지 관점, 즉 주체적 관점과 대상적 관점에서 고찰될 수 있다는 사실을 분석의 출발점으로 삼는다. 의지 활동은 한편으로 그 주체(능력)에 의해 수행되어야 하며, 다른 한편으로는 특정 대상에 의해 내용이 규정되어야 한다. '어떤 것을 원한다'라는 구체적인 의지 활동에는 언제나 현실

---

inclinationem hominis, quae est voluntas; ut cum alicui placet aliqua opinio, sed propter efficaciam rationum deducitur ad assentiendum contrarium per intellectum."

49 토마스가 심리결정론과 거리가 멀다는 것은 도덕적 책임에 대한 그의 사상에서도 알 수 있다. 만일 의지가 지성의 판단에 의해 필연적으로 결정된다면, 공로와 죄벌의 근거는 본래적으로는 오직 지성에 있을 것이다. 그러나 토마스는 이러한 견해에 반대해 공로와 죄벌의 근거는 의지에 있으며, 그 까닭은 의지가 자기 자신으로부터 움직여질 수 있기 때문이라고 말하고 있다. *Sum. theol.* I, q. 105, a. 4, ad 3: "······ si voluntas ita moveretur ab alio quod ex se nullatenus moveretur, opera voluntatis non imputarentur ad meritum vel demeritum. Sed quia per hoc quod movetur ab alio non excluditur quin moveatur ex se, ut dictum est, ideo per consequens non tollitur ratio meriti vel demeriti."

성의 직접적 산출('원한다')과 특정 대상에 대한 지향('어떤 것을')이라는 두 측면이 내재하고 있다. 이러한 두 측면을 토마스는 '활동의 수행 혹은 실행'(exercitium vel usus actus)과 '활동의 종별화 혹은 결정'(specificatio vel determinatio actus)이라는 개념으로 표현한다. 이에 따라 의지 능력 역시 이중적 의미에서 이해될 수 있다. 즉 의지 능력이란 한편으로 '의지 활동을 수행할 수 있음'을, 다른 한편으로는 '이런저런 대상으로 이끌릴 수 있음'을 의미한다. 토마스의 말을 들어 보자.

> [이 문제에 관련해 진리를 명백하게 알기 위해서는] 가능성이 두 가지 의미에서 움직여진다는 사실, 즉 주체의 편에서 움직여지기도 하고 대상의 편에서 움직여지기도 한다는 사실을 고찰해야 한다. 주체의 편에서 [가능성이 움직여진다는 것은] 예컨대 시각이 기관의 상태 변화에 의해 더 밝게 보게 되거나 덜 밝게 보게 되는 것을 말한다. 반면에 대상의 편에서 [가능성이 움직여진다는 것은] 예컨대 시각이 지금은 흰 것을 보고 다음에는 검은 것을 보게 되는 것을 말한다. 첫 번째 변화는 작용하는가 작용하지 않는가 또는 더 원활하게 작용하는가 덜 원활하게 작용하는가와 같이 활동의 수행 자체에 관계된 것이다. 반면에 두 번째 변화는 활동의 종별화(種別化)에 관계된 것이다. 활동은 대상에 의해 종별화되기 때문이다.[50]

---

50 *De malo*, q. 6, c.: "Considerandum est quod potentia aliqua dupliciter movetur: uno modo ex parte subiecti; alio modo ex parte obiecti. Ex parte subiecti quidem, sicut visus per immutationem dispositionis organi movetur ad clarius vel minus clare videndum; ex parte vero obiecti, sicut visus nunc videt album nunc videt nigrum; et prima quidem immutatio pertinet ad ipsum exercitium actus, ut scilicet agatur vel non agatur aut melius vel debilius agatur: secunda vero immutatio pertinet ad specificationem actus, nam actus specificatur per obiectum." 거의 동일한 언급이 『신학대전』에서도 발견된다. *Sum. theol.* I-II, q. 9, a. 1, c.: "Duplicitur autem aliqua vis animae invenitur esse in potentia ad diversa: uno modo quantum ad agere vel non

의지 능력의 이러한 이중적 의미에 대한 통찰은 의지의 동인(動因, motivum)에 대한 물음을 던지는 『신학대전』 제2부 제1편 제9문에서도 중요한 역할을 한다. 먼저 종별화 혹은 결정의 측면에서 의지의 동인은 의지 자신 안에서 찾아질 수 없다. 의지 활동의 특수한 질적 내용은 단지 지성을 통해서만 매개될 수 있기 때문이다. 이런 의미에서 의지는 분명 지성에 의해 움직여진다.[51] 그런데 지성이 매개해 주는 대상적 내용은 선을 자기 자신의 고유한 대상으로 삼는 의지가 그 대상적 내용의 선성(善性)을 향한 운동을 수행하는 한에서, 단지 그런 한에서만 비로소 '의지 활동의 내용'이 될 수 있다. 이러한 수행의 의미에서라면 의지의 동인은 활동의 주체인 능력, 즉 의지 자신 이외의 그 어디에도 있지 않을 것이다. 그리고 이런 의미에서 '의지가 자신의 활동으로 스스로 움직인다'(의지가 자기 운동한다)라는 말이 성립한다.

여기서 한 가지 잊지 말아야 할 것은 의지의 동인에 대한 토마스의 분석이 전적으로 지성과 의지의 형상적 대상에 대한 인과론적 의미 탐구에 기반하고 있다는 사실이다. '지성에 의한 의지의 운동'이란 표현으로써 토마스가 말하고자 하는 사태는 과연 무엇일까? 토마스가 말하고자 하는 것은 자연물들의 경우에 활동이 형상에 의해 규정되는 바로 그 사태처럼

---

agere; alio modo quantum ad agere hoc vel illud; sicut visus quandoque videt actu, et quandoque non videt; et quandoque videt album, et quandoque videt nigrum. Indiget igitur movente quantum ad duo, scilicet quantum ad exercitium vel usum actus, et quantum ad determinationem actus; quorum primum est ex parte subiecti, quod quandoque invenitur agens, quandoque non agens; aliud autem est ex parte obiecti, secundum quod specificatur actus."

51 *Sum. theol.* I-II, q. 9, a. 1, c.; ad 3: "Sed quantum ad determinationem actus, quae est ex parte obiecti, intellectus movet voluntatem, quia et ipsum bonum apprehenditur secundum quamdam specialem rationem comprehensam sub universali ratione veri."

정신적 능력인 의지의 경우에 그 활동은 인식된 선(bonum intellectum)에 의해 특수한 내용으로 규정된다는 사실이다.[52] 말하자면, 가열 작용이 열이라는 형상에 의해 일어나듯이, 의지 활동은 인식된 선(예컨대, 귤, 건강, 혁명의 좋음)이라는 형상에 의해 일어난다. 그러므로 지성은 형상인으로서 의지를 운동시킨다.[53] 모든 선과 가욕 대상(appetibile)은 그것이 하나의 형상으로서 진(眞)에 속하는 한에서 지성에 의해 인식될 수 있으며, 일종의 인식 형상에 다름 아닌 인식된 선에 의해 의지는 자신이 향해야 할 방향, 즉 자신의 형상적 규정을 받아들인다(informatur).

한편, 운동이란 언제나 목적 때문에 수행되므로 활동의 수행이라는 의미에서 운동의 원리는 목적이다. 그리고 의지의 대상, 즉 선은 목적인의 유 안에서 첫째 원리에 해당한다.

그런데 의지의 대상은 목적인의 유에서 첫째 원리이다. 의지의 대상은 ─ 마치 진이 모든 인식 형상을 포괄하듯이 ─ 모든 목적을 포괄하는 선이기 때문이다.[54]

---

52 *De malo*, q. 6, c.; *Sum. theol.* I-II, q. 9, a. 1, c.: "Sed obiectum movet determinando actum principii formalis, a quo in rebus naturalibus actio specificatur, sicut calefactio a calore."

53 토마스는 지성의 대상, 즉 존재자와 진(眞)이 형상인의 유(類) 안에서 첫 번째 원리(primum principium in genere causae formalis)에 해당한다는 사실을 지적한다. *De malo*, q. 6, c.: "Si autem consideremus obiecta voluntatis et intellectus, inveniemus quod obiectum intellectus est primum principium in genere causae formalis, est enim eius obiectum ens et verum."; *Sum. theol.* I-II, q. 9, a. 1, c.: "Primum autem principium formale est ens et verum universale, quod est obiectum intellectus."

54 *De malo*, q. 6, c.: "Sed obiectum voluntatis est primum principium in genere causae finalis, nam eius obiectum est bonum, sub quo comprehenduntur omnes fines, sicut sub vero comprehenduntur omnes formae apprehensae."

의지의 대상은 특정한 개별적 선이 아니라 '선 일반'이다. 그래서 토마스는 의지가 여타의 영혼 능력을 '활동의 수행이라는 측면에서'(ex parte exercitii actus) 혹은 '목적의 이유 때문에'(ex ratione finis) 운동시킬 수 있는 힘을 지니고 있다고 말하는 것이다.[55] 모든 능력의 목적 혹은 완전성은 그 자체가 개별적 선으로서 의지의 대상(선 일반)에 포섭될 수 있으므로, 의지는 활동의 수행이라는 의미에서 다른 능력들을 운동시킬 수 있다. 여기서 토마스는 의지에 의한 지성 운동을 입증하기 위해 일찍이 『신학대전』 제1부에서 제시했던 논거, 즉 개별적인 하위 목적 때문에 작용하는 능력은 더 상위의 보편적 목적에 관계되는 능력에 의해 움직여진다는 논거를 다시금 끌어들인다.[56]

그런데 영혼 능력의 운동을 활동의 실행 측면에서 고찰해 보면, 운동의 원리는 의지에서 나온다. 언제나 주된 목적과 관계된 능력이 수단과 관계된 능력을 운동시켜 활동하게 하기 때문이다. 예컨대, 군인이 마구(馬具) 장인을 작업하게 만드는 것처럼 바로 이러한 방식으로 의지는 자기 자신과 모든 여타의 능력을 운동시킨다(『악론』 제6문).[57]

---

55 *De malo*, q. 6, c.: "Si autem consideremus motus potentiarum animae ex parte exercitii actus, sic principium motionis est ex voluntate."; *Sum. theol.* I-II, q. 9, a. 3, c.: "⋯⋯ ad voluntatem pertinet movere alias potentias ex ratione finis, qui est voluntatis obiectum."

56 *Sum. theol.* I-II, q. 9, a. 1, c.: "Et inde est quod ars ad quam pertinet finis movet suo imperio artem ad quam pertinet ad quod est ad finem; sicut gubernatoria ars imperat navifactivae, ut in Physic. dicitur."; *De malo*, q. 6, c.: "Nam semper potentia ad quam pertinet finis principalis, movet ad actum potentiam ad quam pertinet id quod est ad finem; sicut militaris movet frenorum factricem ad operandum, et hoc modo voluntas movet se ipsam et omnes alias potentias."

57 *De malo*, q. 6, c.: "Nam semper potentia ad quam pertinet finis principalis, movet ad actum potentiam ad quam pertinet id quod est ad finem; sicut

질서를 갖는 모든 능동적 능력에서, 보편적 목적에 관련된 능력이 개별적 목적에 관련된 능력을 운동시킨다. 이는 자연계에서도 정치계에서도 드러난다. 생성자 및 소멸자의 보편적 보존을 위해 작용하는 천구는 모든 하위 물체를 운동시키거니와, 하위 물체들 각각은 각자의 고유한 종 또는 심지어 개별자의 보존을 위해 작용한다. 왕국 전체의 공동선을 의도하는 국왕은 각자의 도시에서 통치의 임무를 다하는 도시의 개별 성주를 명령을 통해 운동시킨다. 그런데 의지의 대상은 선 일반이자 목적 일반이다. 그런데 각각의 능력은 자신에게 적합한 고유의 선과 관계한다. 예컨대, 시각은 색의 지각과 관계하며, 지성은 진의 인식과 관계한다. 따라서 의지는 작용자의 방식으로 모든 영혼 능력을 각자의 활동으로 운동시킨다(『신학대전』 제1부 제82문 제4절).[58]

어떤 것을 원하기 위해서는 그것이 선해야 한다. 우리가 인식하기를 원할 수 있는 까닭은 인식이라는 것 자체가 특수한 선이기 때문이다. 그래서 "나는 [인식하기를] 원하기 때문에 인식하며, 이와 마찬가지로 원하기 때

---

militaris movet frenorum factricem ad operandum, et hoc modo voluntas movet se ipsam et omnes alias potentias."

58 *Sum. theol.* I, q. 82, a. 4, c.: "⋯⋯ in omnibus potentiis activis ordinatis, illa potentia quae respicit finem universalem, movet potentias quae respiciunt fines particulares. Et hoc apparet tam in naturalibus quam in politicis. Caelum enim, quod agit ad universalem conservationem generabilium et corruptibilium, movet omnia inferiora corpora, quorum unumquodque agit ad conservationem propriae speciei, vel etiam individui. Rex etiam, qui intendit bonum commune totius regni, movet per suum imperium singulos praepositos civitatum, qui singulis civitatibus curam regiminis impendunt. Obiectum autem voluntatis est bonum et finis in communi. Quaelibet autem potentia comparatur ad aliquod bonum proprium sibi conveniens; sicut visus ad perceptionem coloris, intellectus ad cognitionem veri. Et ideo voluntas per modum agentis movet omnes animae potentias ad suos actus ⋯⋯." 제2장의 주 80 참조.

문에 모든 능력과 습성을 사용한다."⁵⁹ 의지의 자기 운동은 다름 아닌 이러한 이유에서, 다시 말해 더 상위의 목적을 향한 현실적인 의지 활동이 그 목적에 종속된 수단을 향한 의지 활동을 불러일으키는 방식으로 일어난다.⁶⁰

의지 활동의 이중적 측면에 따라 의지와 지성이 의지 운동의 각각 상이한 원인으로서 기능한다는 사실이 확인된다면, '의지가 자기 스스로 운동하는가 아니면 지성에 의해 움직여지는가'라는 문제가 양자택일로 제기되지 않는다는 것은 명확해진다. 자기 운동이라는 규정과 지성에 의한 수동적 운동이라는 규정은 하나의 구체적 의지 운동 안에서 모순 없이 조화를 이룰 수 있다.⁶¹ 의지 활동의 이중적 구조에 대한 분석을 통해 토마스가 의도하고 있는 바는 어떻게 해서 의지와 지성 사이의 상호 운동이 하나의 구체적 의지 활동('x를 원함')으로 통일될 수 있는지를 설명하는 것이었다.⁶²

---

59 *De malo*, q. 6, c.: "Intelligo enim quia volo; et similiter utor omnibus potentiis et habitibus quia volo."; *Sum. theol.* I-II, q. 9, a. 1, c.: "Utimur enim aliis potentiis, cum volumus. Nam fines et perfectiones omnium aliarum potentiarum comprehenduntur sub obiecto voluntatis sicut quaedam particularia bona."; *Sum. theol.* I-II, q. 9, a. 1, c.: "Utimur enim aliis potentiis, cum volumus. Nam fines et perfectiones omnium aliarum potentiarum comprehenduntur sub obiecto voluntatis sicut quaedam particularia bona."

60 *De malo*, q. 6, c.: "…… et hoc modo voluntas movet se ipsam et omnes alias potentias."

61 *Sum. theol.* I-II, q. 9, a. 3, ad 3 참조. 이는 초기 저작에서 토마스가 의지에 의한 지성의 운동과 지성에 의한 의지의 운동이라는 두 가지 상이한 운동이 전혀 모순을 일으키지 않는다고 강조했던 것과 마찬가지이다. *Sum. theol.* I, q. 82, a. 4; *De ver.*, q. 22, a. 12 참조.

62 *Sum. theol.* I-II, q. 9, a. 1, c & ad 3; q. 10, a. 2, c.; *De malo*, q. 6, c. 참조. 두 운동이 의미상으로 서로 구분되는 상이한 종류의 운동인 경우에만, 그 두 운동이 시간적 순환 관계 속에서 혹은 순차적으로 일어나는 것이 아니라 동시에 하나의 활동으로 일어난다는 것을 설명할 수 있다.

2) 이중적 자유 개념: 실행의 자유와 종별화의 자유

토마스는 의지 활동의 내적 구조에 대한 분석을 통해 의지는 활동의 수행이라는 의미에서 자기 스스로 운동하며, 이러한 자기 운동의 과정에서 의지에는 목적인이, 지성에는 형상인이 귀속된다는 점을 설명했다. 그렇다면 이제 던져야 할 질문은 다음과 같다. 의지의 자기 운동은 어떤 의미에서 자유의 근거가 되는가? 토마스 자신이 『악론』 제6문과 『신학대전』 제2부 제1편의 제10문에서 던졌던 질문, 즉 '의지는 대상에 의해 필연적으로 움직여지는가'라는 질문을 설명의 통로로 삼자.[63]

초기 저작에서와 마찬가지로 후기 저작에서도 토마스는 의지 개념이 특정 대상들을 향한 자연적 경향(inclinatio naturalis)을 배제하지 않는다는 사실을 논의의 전제로 삼고 있다. 이성적 인식의 원리들, 다시 말해 합리적 증명 과정이 전제하는 제일원리들을 인간이 자연적으로 인식하고 있는 것과 마찬가지로 의지 역시 수많은 의지적 운동의 원리와도 같은 어떤 자연적 의지 대상(aliquid naturaliter volitum)을 지니고 있다.[64] 말하자면, 의지는 보편적 선 혹은 최종 목적에 자연적으로 이끌린다.[65] 보통 행복이라고

---

[63] De malo, q. 6, c.; Sum. theol. I-II, q. 10, a. 2 참조.

[64] Sum. theol. I-II, q. 10, a. 1, c.: "Et ideo necesse est, quod hoc modo accipiendo naturam, semper principium in his quae conveniunt rei sit naturale. Et hoc manifeste apparet in intellectu; nam principia intellectualis cognitionis sunt naturaliter nota. Similiter etiam principium motuum voluntariorum oportet esse aliquid naturaliter volitum."

[65] 최종 목적의 개념을 우리는 이성적 증명 과정에 전제되어 있는 제일원리들의 개념을 통해 유비적으로 이해할 수 있다. 즉 최종 목적에 대한 개별적 의지 대상의 관계는 증명 과정의 제일원리들에 대한 그 밖의 가지적(可知的) 대상들의 관계와 같다. Sum. theol. I-II, q. 10, a. 1, c.: "Hoc autem est bonum in communi in quod voluntas naturaliter tendit, sicut etiam quaelibet potentia in suum obiectum, et etiam ipse finis ultimus, qui hoc modo se habet in appetibilibus, sicut prima principia demonstrationum in intelligibilibus."

불리는 이 보편적 선 외에도 의지가 한 인간 전체의 경향인 한에서 자연적으로 욕구하게 되는 것 — 즉 삶, 진의 인식, 존재, 건강, 우정 등 — 이 있다.[66] 이러한 대상들을 향한 경향은 인간의 실체적 본성에 달려 있는 것들이다.

그러나 의지에 이러한 자연적 경향이 존재한다고 해서 의지 활동이 최종 목적에 의해 필연적으로 결정되어 있는 것은 아니다. 그렇다면 그 이유는 무엇일까? 그 이유는 무엇보다도 그 스스로 자신의 활동을 수행할 수도 있고 수행하지 않을 수도 있는 의지의 힘 자체에서 찾아야 할 것이다. 우리가 어떠한 관점에서도 선하고 적합한 것으로 파악되는 최종 목적을 인식하고 있는 상태를 가정한다면 종별화의 측면에서 의지는 그 보편적 선, 즉 행복(beatitudo)을 필연적으로 지향할 수밖에 없다. 그러나 활동의 수행 측면에서 의지가 그러한 선을 향한 현실적 의지 활동을 실제로 산출해 낼 것인가 하는 여부는 여전히 전적으로 의지의 재량에 달려 있다. 의지는 그러한 선에 대해 사유하기를 포기함으로써 그러한 선을 원하지 않을 수 있는 능력도 지니고 있기 때문이다!

그런데 나는 [행복에 대해] 필연적으로 [움직여진다]라는 말을 활동의 결정에 관해 하는 것이지 활동의 실행에 관해 하는 것은 아니다. 왜냐하면 인간은 물론 [행복의] 반대를 원할 수 없지만, 어떤 사람이 특정 시점에 행

---

66 *Sum. theol.* I-II, q. 10, a. 1: "Non enim per voluntatem appetimus solum ea quae pertinent ad potentiam voluntatis, sed etiam ea quae pertinent ad singulas potentias et ad totum hominem. Unde naturaliter homo vult non solum obiectum voluntatis, sed etiam alia quae conveniunt aliis potentiis; ut cognitionem veri, quae convenit intellectui; et esse et vivere, et huiusmodi alia, quae respiciunt consistentiam naturalem."; *Sum. theol.* I-II, q. 1, a. 6, ad 1; ad 2; q. 5, a. 4, ad 2; *Sum. theol.* III, q. 18, a. 1, ad 3; q. 18, a. 3, c. 참조.

복에 대해 생각하기를 원하지 않을 수는 있기 때문이다.[67]

그렇다면 의지가 보편적 선을 사유하지 않기를 원할 수 있고, 그럼으로써 그러한 대상을 현실적으로 원하지 않을 수도 있는 근본적 까닭은 무엇일까? 그것은 모든 인식 활동과 의지 활동이 그 자체로서 일종의 개별적이고 제한적인 선이기 때문이다.[68] 어떠한 개별적이고 제한적인 선도 의지를 원하도록 강제할 수 없다. 그러므로 토마스에 따르면, 종별화의 관점에서 존재일 수 있는 필연성이란 기껏해야 의지가 행복(보편적 선)에 반대되는 것, 말하자면 비참(miseria)과 같은 것을 그 자체로서 원할 수는 없음을 뜻할 뿐이다.[69]

이로써 최종 목적이 종별화의 관점에서는 의지를 필연적으로 운동시키지만 — 행복을 인식했을 경우에 그것을 원하지 않을 수는 없다는 의미에서 — 실행의 관점에서는 의지를 결코 필연적으로 운동시키지는 않는다 — 의지가 행복에 대한 사유를 원하지 않을 수도 있다는 의미에서 — 는 사실이 분명해졌다.[70] 그렇다면 의지의 자연적 지향의 대상이 아니라 다만 선호 혹은 선택의 대상일 뿐인 개별적이고 유한한 선의 경우에는 사

---

67 *De malo*, q. 6, c.: "Dico autem ex necessitate quantum ad determinationem actus, quia non potest velle oppositum; non autem quantum ad exercitium actus, quia potest aliquis non velle tunc cogitare de beatitudine."; *Sum. theol.* I-II, q. 10, a. 2, c.: "Primo ergo modo voluntas a nullo obiecto ex necessitate movetur; potest enim aliquis de quocumque obiecto non cogitare, et per consequens neque actu velle illud."

68 *De malo*, q. 6, c.: "…… quia etiam ipsi actus intellectus et voluntatis particulares sunt."

69 *De potentia*, q. 2, a. 3, c.: "…… sicut voluntas humana non potest non velle beatitudinem, nec potest velle miseriam."

70 최종 목적을 현실적으로 원하지 않을 수 있는 가능성이 언급되는 것은 토마스 후기 저작의 특징이다. 앞서 말했듯이, 초기 저작에서 의지의 자유는 다양한 개별적 선택 가능성 사이의 결단과 관련해 이해되었을 뿐이다.

정이 어떨까? 최종 목적과는 달리, 이러한 선들은 설사 그 선성이 적절하게 발견되고 인식되는 순간이라 하더라도 반드시 원해져야 하는 것은 아니다. 그러므로 이러한 대상들과 관련해 의지는 실행의 관점뿐만 아니라 종별화의 관점에서도 전적으로 비결정성을 지닌다. 모든 유한한 선은 어떤 식으로든 그 자신의 선성에 있어 특정한 결함을 지니고 있기 마련이므로, 어떤 특정한 유한한 선이 인식되었다 하더라도 우리는 여전히, 관점에 따라 더 큰 선성을 지니는 것으로 나타나는 다른 대상을 원할 수 있기 때문이다.[71] 말하자면, 인간은 어떤 약이 건강의 관점에서 선하고 적합한 것으로 인식되었음에도 불구하고 그것을 복용하기를 원치 않을 수 있다. 일종의 유한한 선으로서의 약은, 예컨대 미각적 즐거움의 관점에서 다른 대상보다 더 많은 결점을 지닌 것으로 나타날 수 있기 때문이다.[72]

구체적 결단 혹은 선택이 가능한 것은, 그 가치에서 동등하지 않은 복수의 대안적 대상이 동시에 고려의 시야에 들어왔을 때이다. 그런데 여기서 중요한 것은 토마스가 종별화하는 선택 활동을 설명하면서 의지의 주체적 역할을 강조한다는 점이다. 즉 객관적 선성을 수취하는 일(accipere)

---

71 *De malo*, q. 6, c.
72 이상의 설명을 표로 나타내 보자.

	종별화의 자유	실행의 자유
보편적 선(행복)에 대하여	X	O
개별적 선(유한한 선)에 대하여	O	O

의지는 보편적 선과 유한한 선 양자에 대해 이른바 '실행의 자유'(freedom of exercise, Vollzugsfreiheit)를 지니며, 특히 유한한 선에 대해서는 실행의 자유뿐만 아니라 '종별화의 자유'(freedom of specification, Spezifikationsfreiheit)도 지닌다. 이 이중적 자유 개념은 구체적 선택 활동에서 의지가 지니게 되는 자유의 두 본질적 국면이다. 즉 의지는 선택이 가능한 대상들과 관련해 의지 활동을 실제로 수행할 것인가 수행하지 않을 것인가라는 점에서도 자유로우며, 이것을 원할 것인가 저것을 원할 것인가라는 점에서도 자유롭다.

은 의지의 소관이며, 따라서 의지는 모든 관점에서 선으로 관찰될 수는 없는 어떤 선이 지성에 의해 제시되었을 때, 원칙적으로 얼마든지 그것에 동의할 수도 있고 거부할 수도 있다.[73] 어떤 대상이 다만 일반적 선의 관점에서 파악된다는 사실만으로는, 의지를 현실적으로 운동시키기 위한 충분한 근거가 되지 못한다. 대상이 의지 활동을 종적으로 결정하기 위해, 대상은 다만 선한 대상으로서뿐만 아니라 개별적 욕구 주체에게 적합한 대상으로 나타나야만 한다.[74] 그러므로 상정 가능한 모든 개별적 관점에서 적합한 선으로 나타나는 최종 목적 — 최고선으로서의 신 — 을 제외하고는 어떠한 대상도 — 설사 그것이 지성에 의해 선으로 제시되었다고 하더라도 — 의지 활동을 필연적으로 종별화할 수 있는 능력을 지니지 못한다.[75]

---

[73] *Sum. theol.* I-II, q. 10, a. 2, c.: "Alia autem quaelibet particularia bona inquantum deficiunt ab aliquo bono possunt accipi ut non bona; et secundum hanc considerationem possunt repudiari vel approbari a voluntate, quae potest in idem ferri secundum diversas considerationes." 그러므로 의지가 종별화의 관점에서 결정되어 있지 않다는 근거를 제시하기 위해 일차적으로 관건이 되는 것은 전면적이고 포괄적인 목적의 선성과 제한적이고 유한한 수단의 선성을 구분하는 것이다.

[74] *De malo*, q. 6, c.: "Unde si aliquod bonum proponatur quod apprehendatur in ratione boni, non autem in ratione convenientis, non movebit voluntatem. Cum autem consilia et electiones sint circa particularia, quorum est actus, requiritur ut id quod apprehenditur ut bonum et conveniens, apprehendatur ut bonum et conveniens in particulari, et non in universali tantum."

[75] *De malo*, q. 6, c.: "Si ergo apprehendatur aliquid ut bonum conveniens secundum omnia particularia quae considerari possunt, ex necessitate movebit voluntatem (...) Si autem sit tale bonum quod non inveniatur esse bonum secundum omnia particularia quae considerari possunt, non ex necessitate movebit etiam quantum ad determinationem actus." 이와 동일한 맥락의 언급이 『신학대전』 제2부 제1편에서도 발견된다. *Sum. theol.* I-II q. 10, a. 2, c.: "Unde, si proponatur aliquod obiectum voluntati quod sit universaliter bonum et secundum omnem considerationem, ex necessitate voluntas in illud tendit si aliquid velit; non enim poterit velle oppositum. Si autem proponatur ei aliquod obiectum quod non secundum quamlibet

3) 선택 활동의 통일성

지금까지 설명한 이중적 자유 개념 — 실행의 자유와 종별화의 자유 — 을 통해 토마스가 궁극적으로 말하고자 하는 요점은 개별적 대상에 대한 의지의 원칙적인 비결정성일 뿐만 아니라 더 본질적으로는 지성에 대한 의지의 독자적 운동 능력이다. 앞서 언급한 것처럼 의지는 자신의 선택 활동에 있어 종별화의 관점에서도, 실행의 관점에서도, 지성에 의해 선으로 제시된 대상에 대해 결코 필연적으로 결정되지 않는다. 이러한 사태는 의지가 자신의 활동에 있어 지성의 판단을 필연적으로 따르지는 않는다는 명제로 표현될 수 있다.[76]

그러나 '의지가 이성을 필연적으로 따르는 것은 아니다'라는 명제는 그렇게 쉽사리 이해될 수 있는 명제가 아니다. 만일 종별화의 관점에서 의지가 자기 스스로에 의해서가 아니라 지성에 의해서 움직여진다면, 지성에 묶여 있지 않은 '자기 결정'이라는 엄밀한 의미에서의 종별화의 자유는 의지에 속하지 않을 것이다. 특수한 대상들에 대한 의지의 비결정성, 즉 종별화의 자유는 다만 지성 덕분에 가능한 것이 아닐까? 그렇다면 종별화의 자유는 의지에 고유하게 속한다기보다는 지성에 속한다고 말하는 것이 더 정확하고 적절한 표현이 아니겠는가? 사태가 이러하다면 엄밀하게 말해 의지에는 단지 실행의 자유만이 속하며, 우리는 실행의 의미에서 의지의 자기 운동(self-motion)에 대해서는 말할 수 있을지언정 종별화의 의미에서 의지의 자기 결정(self-determination)에 대해서는 말할 수 없다는 결론이 나올 것이다.

자, 토마스라면 이러한 의문에 어떻게 대응했을까? 그는 아마 실행과 종

---

considerationem sit bonum, non ex necessitate voluntas fertur in illud."
76 이 장의 주 49 참조.

별화가 그 자체로서 아직 현실적 활동이 아니며, 활동을 구성하는 계기에 불과하다는 사실을 강조했을 것이다. 방금 언급한 의문이 생기는 근본적 이유는 실행과 종별화를 그 자체로서 현실적 활동 단위로 간주하거나, 적어도 활동 속에서 순차적으로 나타나는 계기로 간주하기 때문일 것이다. 그러나 구체적인 의지 활동은 그 자체 안에 인식의 계기를 포함하는 현실성, 다시 말해 실행과 종별화의 엄격한 일치(coincidence)로서만 생겨나는 그러한 현실성이다. 선택 활동에서 의지와 지성은 서로 분리된 채로 각각의 기능을 순차적으로 수행하는 것이 아니다. 양자의 기능은 '동시에'(simul) 현실화되어야 한다. 어떤 의지 활동에는 당연히 숙고 활동과 다른 의지 활동이 시간적으로 앞설 수 있지만, 의지 활동을 종적으로 규정하는 최종의 실천적 판단은 반드시 의지 활동 자체와 동시적으로—더 정확히 말하자면 의지 활동의 본질적 계기의 하나로서—일어나야 한다. 바로 이것이 의지 활동 혹은 선택 활동의 통일성이 뜻하는 바이다. 따라서 의지가 지성의 판단을 필연적으로 따르는가의 여부에 대한 물음은 시간적 함의가 아니라 다만 양상적 함의를 지닌 물음일 따름이다.

  토마스가 말하지 않은 토마스의 사유를 계속 추적해 보자. 지성의 종별화 기능과 의지의 실행 기능의 일치로서의 선택 활동의 통일성 안에서 우리는 어떤 이중성을 관찰할 수 있을 것이다. 한편으로 지성의 판단을 '최종적 판단'으로 만드는 것은 지성에 의해 선하고 적합한 것으로 제시된 대상을 마침내 수취하는 의지 자신이다. 그리고 그런 한에서 의지가 지성에 의해 선으로 판단된 것으로 필연적으로 운동하지는 않는다는 사실은 분명하다. 의지는 지성에 의해 일단 선으로 판단된 것을 현실적인 의지 대상으로 만드는 대신에, 수취하지 않음으로써 다만 '숙고되었을 뿐인 어떤 것'으로 남겨 둘 능력을 지니고 있기 때문이다. 그러나 다른 한편으로 의지가 지성에 의해 선으로 판단된 대상을 거부하고 다른 대안적 대상으로 이끌릴 경우에, 의지는 거부된 대상의 결점과 대안적 대상의 상대적 장점에 주목해 대안적 대상이 더 선호될 수 있는 그러한 상황을 어떻게든 만들어 내야 한다. 즉 어떤 대안적 대상을 선택하기 위해 의지는 그 대안적 대상의 장점이 부각될 수 있는 새로운 숙고 활동을 원함으로써 작용시켜야만 한다. 지성에 의해 선하고 추구할 만한 가치가 있는 것으로 최종적으로 판단되지 않는다면, 그 어떤 대상도 의지에 의해 현실적으로 원해질 수는 없기 때문이다. 말하자면, 의지는 어떤 경우라 하더라도 그것이 특정 대상을 향한 현실적 의지 활동을 산출하는 그 순간에는 결국 지성의 최종적 판단과 일치해야만 하는 것이다.[77]

따라서 '의지가 지성의 판단을 필연적으로 따르는 것은 아니다'라는 명제는 판단으로부터 의지가 어긋난 채로 독자적 활동을 할 수 있다는 뜻이 아니다. 지성과 의지의 불일치가 종국적으로 해소되지 않고 남아 있다면, 한 인간의 내적인 심리적 삶의 통일성은 존재하기 힘들 것이며, 심지어 한 인격의 통일성 역시 흔들리게 될 것이다. 그러므로 앞에서 언급했던, 의지가 과연 엄밀한 의미에서 종별화의 자유를 지니는가라는 회의적 물음에 대한 해답은 내적 이중성을 지닌 선택 활동의 통일성에 대한 통찰을 통해서만 얻어질 수 있을 것이다. 지성의 최종적 판단으로부터 종별적 결정을 받아들이지 않고 혼자 자신의 활동을 수행할 수는 없다는 의미에서, 의지는 지성에 의해 움직여진다. 그러나 지성이 판단을 통해 의지를 운동시키는 것은 의지가 지성을 판단 활동으로 운동시키고 그렇게 해서 제시된 특수한 선을 수취한다는 바로 그 사실 때문이므로, 이런 의미에서 의지가 자기 결정의 능력과 종별화의 자유를 지닌다는 것 역시 분명하다.

---

[77] 이는 심지어 의지가 어떤 것을 원하지 않기로 결정하는 경우, 다시 말해 자신의 활동을 멈추기로 결정하는 경우에도 해당된다. 이 경우에는 원하지 않는 것(non velle) 그 자체가 지성에 의해 특정 의미에서 더 유리하고 선한 것으로 판단되어야 하기 때문이다.

4) 의지의 자유와 선택의 합리성

의지 활동은 인식된 형상에서 연원하는 경향, 다시 말해 지성에 의해 '형상을 받아들인'(informed) 혹은 '종별화된'(specificated) 경향이라고 할 수 있다. 자연적 경향이 자연물의 실체적 형상에 의해 결정되듯이, 의지 활동은 인식된 형상(forma intellecta)에 의해 결정된다. 토마스는 『악론』 제6문에서 인간의 의지 활동을 자연적 경향의 연속선상에서 파악하는 시각을 포기하지 않는다.[78] 의지의 자유를 정초하기 위한 요점은 의지 활동의 형상인이 어떤 성격을 지니는지, 즉 의지가 어떤 방식으로 결정되는지를 이해하는 것이다. 의지 활동을 다른 낮은 단계의 경향들과 구별해 주는 그 형상인의 성격을 우리는 먼저 지성의 편에서 고찰해 볼 수 있다. 질료에 전적으로 매몰되어 있으며 질료에 의해 전적으로 개별화되어 있는 자연물들의 형상이 단지 한 가지만을 향해 고정되어 있는 경향의 원인임(열은 가열 작용의 원인이다)에 비해, 지성에 의해 인식된 형상은 다양한 개별 사물을 포괄할 수 있는 어떤 보편자이므로 의지의 경향은 어떤 하나의 특정 대상으로 결정되어 있지 않다. 토마스의 말을 들어 보자.

> 그러나 자연 사물의 형상이 질료에 의해 개별화된 형상이어서 그 형상을 따르는 경향이 한 가지 결과를 낳도록 결정되어 있음에 비해, 지성적으로 인식된 형상은 보편적인 것이어서 그 안에 수많은 [개별적 대상이] 포함될

---

78 *De malo*, q. 6, c.: "Quod quidem principium partim convenit cum principio activo in rebus naturalibus, partim ab eo differt. Convenit quidem, quia sicut in rebus naturalibus invenitur forma, quae est principium actionis, et inclinatio consequens formam, quae dicitur appetitus naturalis, ex quibus sequitur actio; ita in homine invenitur forma intellectiva, et inclinatio voluntatis consequens formam apprehensam, ex quibus sequitur exterior actio."

수 있다는 점에서는 [양자 사이에] 차이가 존재한다. 활동은 개별적인 것에 속하고 어떤 개별적인 것도 보편자와 관련된 능력과 동등할 수는 없기에, 의지의 경향은 다수의 [대상]과 비결정적 방식으로 관계를 맺고 있다. 마치 기술자가 다양한 집의 형태를 포함하는 보편적인 집의 형상을 파악한다면, 그의 의지가 사각형의 집도 둥근 집도 제작하기를 원할 수 있고 또는 그 밖의 다른 형태의 집도 제작하기를 원할 수 있는 것처럼 말이다.[79]

의지 활동의 형상인의 성격을 설명하면서 토마스가 염두에 두는 것은 의지 활동으로서의 선택이 이성의 질서에 따라(secundum ordinem rationis) 일어난다는 사실이다. 구체적 선택으로 표출되는 의지 활동은 상위 목적의 관점에서 그리고 이 상위 목적 때문에 일어난다. 다시 말해 선택은 선택되는 대상이 그 상위 목적에 수단으로서 관계하는 한에서 일어난다. 우리는 학교에 가기 위해 버스 승차를 선택하고, 교양 있는 삶을 살기 위해 고전 읽기를 선택하며, 좋은 삶을 살기 위해 사회 참여를 선택한다. 그런데 선택이 목적에 대한 질서적 관계 안에서, 말하자면 '합리적'으로 일어난다는 것은 과연 무엇을 뜻하는가? 그것은 무엇보다도 현실적으로 이미 원해지고 있는 목적에 그리고 원해질 수 있는 선택의 대상에 의지가 '동시적으로' 관계한다는 것을 뜻해야 한다. 그렇지 않다면, 즉 목적을 의식적으로 원하는 동안에는 선택 대상을 아직 현실적으로 원하지 못하고 선택 대상

---

[79] *De malo*, q. 6, c.: "…… sed in hoc est differentia, quia forma rei naturalis est forma individuata per materiam; unde et inclinatio ipsam consequens est determinata ad unum, sed forma intellecta est universalis sub qua multa possunt comprehendi; unde cum actus sint in singularibus, in quibus nullum est quod adaequet potentiam universalis, remanet inclinatio voluntatis indeterminate se habens ad multa: sicut si artifex concipiat formam domus in universali sub qua comprehenduntur diversae figurae domus, potest voluntas eius inclinari ad hoc quod faciat domum quadratam vel rotundam, vel alterius figurae."

을 원하는 순간에는 목적에 대한 욕구가 잠재적 경향의 수준으로 떨어진다면, 엄밀히 말해 '의지가 이 대상을 어떤 목적을 위해 욕구한다'는 진술 자체가 무의미할 것이다.[80]

상이한 대상에 동시적으로 관계할 수 있는 능력, 즉 종국적으로는 비물질성에 근거하는 이러한 능력 때문에 의지는 목적에 대한 현실적 활동으로부터 수단에 대한 새로운 활동으로 '자기 운동'할 수 있는 것이다. 그런데 한편으로 목적을 향하는 의지가 수단에 해당하는 선택 대상에 동시에 ─ 다시 말해 목적에 대한 의식적 지향을 중단함 없이 ─ 관계할 수 있는 까닭은 지성이 그 대상을 목적을 위해 욕구할 만한 어떤 것으로, 즉 목적에 대한 질서적 관계 안에 있는 어떤 것으로 제시해 주기 때문이다.[81] 그러므로 의지의 자기 운동은 언제나 목적의 관점에서 선택 대상의 선성과 유용성을 검토하고 판단하는 '중개적 숙고에 의해'(mediante consilio) 일어난다.[82]

선택 활동이 이성의 질서에 따라 일어나는 한에서, 다시 말해 의지 운동이 그때마다의 이성적 숙고를 따르는 한에서, 우리는 선택 활동이 형상적으로(formaliter) 이성에 속한다고 말할 수 있다. 토마스의 말이다.

> 따라서 선한 것으로서 자신 앞에 제시되는 어떤 것을 의지가 향하는 그

---

80 동물은 목적을 '목적으로서' 의식하지 못한다. 따라서 동물은 자신의 활동이 '무엇을 위해' 이루어지는지를 설명하지 못한다. 이 장의 주 17 참조.

81 *Sum. theol.* I-II, q. 13, a. 1, c.: "Manifestum est autem quod ratio quodammodo voluntatem praecedit et ordinat actum eius, inquantum scilicet voluntas in suum obiectum tendit secundum ordinem rationis, eo quod vis apprehensiva appetitivae suum obiectum repraesentat."

82 그러므로 토마스 아퀴나스는 자신이 제시한 의지의 자기 운동(self-motion, Selbstbewegung)이라는 개념이 그 안에 자기 현실화(self-actualization, Selbstaktuierung)뿐만 아니라 자기 결정(self-determination, Selbstdetermination)까지도 내포하는 포괄적 개념이라고 주장했을 것이다.

활동은 질료적으로는 의지에 속하지만, 형상적으로는 이성에 속한다. [의지가 향하는] 그 어떤 것은 이성에 의해 목적을 향한 질서 속에 놓이기 때문이다.[83]

그런데 선택 활동이 형상인으로서의 지성으로부터 규정된다고 해도 선택 활동은 어디까지나 대상을 향한 의지 자신의 현실적 운동이며, 따라서 그것은 실체적 또는 질료적 의미에서는 다만 의지에 속할 따름이다.

따라서 선택은 실체적으로는 이성의 활동이 아니라 의지의 활동이다. 선택은 선택되는 선을 향한 영혼의 어떤 운동에서 수행되기 때문이다.[84]

질료-형상의 합성 모델에 따른 토마스의 설명은 선택 활동의 합리성과 자발성이라는 문제를 어떻게 이해해야 할지에 대한 실마리를 제공한다. 이성에 의해 인식된 형상으로부터 비롯되는 한에서 선택 활동은 합리적이다. 즉 내가 어떤 선택을 할 때, 내가 이 대상을 왜 선택하는지에 대해 목적의 근거로부터 '설명을 제시할 수 있다'는 의미에서 선택 활동은 합리적이다. 그러나 선택 활동의 실체가 의지의 운동인 한에서, 그것은 자기 자신을 현실화하고 결정하는 의지의 자발성이 표출된 것이다. 토마스가 말하는 의지의 자기 운동 개념이 그 자체 안에 이성의 중개를 포함하듯이, 의지의 자유는 의지 활동의 합리성을 전제한다.

---

83 *Sum. theol.* I-II, q. 13, a. 1, c.: "Sic igitur ille actus quo voluntas tendit in aliquid quod proponitur ut bonum, ex eo quod per rationem est ordinatum ad finem, materialiter quidem est voluntatis, formaliter autem rationis."
84 *Sum. theol.* I-II, q. 13, a. 1, c.: "Et ideo electio substantialiter non est actus rationis, sed voluntatis: perficitur enim electio in motu quodam animae ad bonum quod eligitur."

제4장
감정은 어떤 의미에서 도덕적인가

아우구스티누스는 『신국론』 제9권 도입부에서 문필가 아울루스 겔리우스(Aulus Gellius, 125?~80?)가 남겨 놓은 어떤 스토아철학자의 일화를 소개한다. 배를 타고 항해하던 중 갑자기 폭풍이 닥쳐 위험에 처했을 때 얼굴이 창백해진 철학자를 보고, 폭풍이 지난 후에 사람들은 마음의 평정을 가르치는 자가 어찌 위험에 처해 동요했느냐고 비웃음을 던졌다. 비웃는 사람들이 물러간 후에 함께 배를 타고 있던 겔리우스가 그 철학자에게 동요했던 이유를 진지하게 묻자 그는 에픽테토스(Epiktetos)의 책을 배낭에서 꺼내 보여 주었다. 겔리우스가 읽은 책에는, 영혼에 나타나는 표상은 인간의 힘에 달려 있지 않고 따라서 현자 역시 어느 정도 감정(정념, passio)의 영향을 받는다고 쓰여 있었다. 다만 현자는, 어쩔 수 없이 감정의 영향을 받음에도 불구하고, 취해야 할 것과 피해야 할 것을 이성적으로 판단해 흔들림 없는 마음으로 참된 생각을 유지하는 사람이라는 것이다. 겔리우스가 전하는 일화를 우리에게 다시 전해 주는 아우구스티누스의 어조에는 스토아철학에 대한 냉소적 태도가 스며들어 있다. 이러한 태도는 그리스도교 지식인으로서 그가 지닌 자긍심의 표현이기도 한데, 그 지적 자긍심은 다음과 같이 표현된다. "우리 가르침에서는 경건한 정신이 분노하는지 여부가 아니라 왜 분노하는지를, 슬퍼하는지 여부가 아니라 어째서 슬퍼하

는지, 두려워하는지 여부가 아니라 무엇을 두려워하는지를 묻는다."¹

진리보다 말싸움을 더 즐겼다고 그가 평가하는 '그리스적 인간들'(homines Graeculae)²에 대해 아우구스티누스가 갖는 자긍심이 어느 정도로 타당한 것인지는 논외로 하자. 다만 주목할 점은 감정의 대상과 원인을 묻지 않고 감정의 존재 자체에 대한 도덕적 판단을 내리는 것이 무의미하다는 아우구스티누스의 생각이다. 그의 생각에 따르면, 감정의 부재로서의 평정은 듣기에는 좋을지 몰라도 제대로 살아 낼 수 있는 것이 아닐뿐더러, 설사 그럴 수 있다 하더라도 바람직한 것이 아니다. 인간에게 중요한 것은 올바른 감정을 갖는 것이다.

올바른 감정이란 무엇인가? 마땅히 분노할 것에 대해 분노하고 마땅히 기뻐할 것에 대해 기뻐하는 것이 올바른 감정일 것이다. 아리스토텔레스처럼 말하자면, 올바른 감정을 갖기 위해서는 성격적 덕(성격적 탁월성)을 지녀야 한다. 덕은 변덕스럽지 않은 것이어서, 덕을 지닌 사람은 때때로 올바른 감정을 지니는 것이 아니라 늘 올바른 감정을 지닐 것이다. 그런데 아마도 올바른 감정은 이해된 감정일 가능성이 크다. 올바른 감정을 갖고 살기 위해서는 마땅한 성격적 덕을 갖추어야 하고 덕을 갖추기 위해서는 올바로 살아야 하며, 올바로 살기 위해서는 삶을 이해해야 한다. 삶에 대한 이해에는 인간적 삶을 구성하는 중요한 요소인 감정에 대한 이해도 포함된다.

감정을 이해해야 하는 까닭은 무엇일까? 그것은 감정이 이해됨으로써 이성화되기 때문일 뿐만 아니라 감정을 이해함으로써 그 감정이 관계하는 대상의 가치를 우리가 더 잘 이해할 수 있기 때문이기도 하다. 감정이란

---

1 *De civitate Dei* IX, 5: "Denique in disciplina nostra non tam quaeritur utrum pius animus irascatur, sed quare irascatur; nec utrum sit tristis, sed unde sit tristis; nec utrum timeat, sed quid timeat."

2 *Ibid.*

이미 일종의 이해이다. 그런데 모든 이해는 스스로 이해됨으로써 삶의 투명하고 규범적인 한 양상이 될 수 있다. 내가 지금 여기서 갖는 개별적이고 구체적인 감정을 이해하기 위해, 그럼으로써 올바른 감정을 지니고 살아가기 위해, 감정의 정의와 종류를 이해하는 것이 필요할 것이다.

1. 감정의 위치와 정체

1) '영혼적 수동'으로서의 감정

토마스를 포함한 고전 철학의 전통에서 '감정'이란 '수동'(pathe, passio, 겪음)이라는 형이상학적 개념의 심리적 국면으로 파악된다. 토마스가 수동 개념의 분석을 통해 감정의 정의에 도달하는 과정은 『신학대전』 제22문 제1절과 『진리론』 제26문 제1절과 제2절에서 가장 인상 깊게 나타난다. 여기서 토마스는 수동 개념의 세 가지 층위를 구별한다.[3] 가장 기초적인 수동 개념은 모든 방식의 '받아들임'(recipere)을 가리키는데, 이런 의미의 수동은 존재 안에 가능성을 포함하고 있는 존재자 일반에 속한다.[4] 이 경우에 수동의 개념은 수용의 주체가 수용의 과정을 통해 애초의 상태와는 반대되는 상태로 이행하는 변화를 전혀 내포하지 않는다.[5]

---

3 수동의 삼중적 의미에 대한 분석은 *Sum. theol.* I, q. 79. a. 2, c.; q. 97, a. 2에서도 동일하게 나타난다.

4 *De ver.*, q. 26, a. 1, c.: "Communiter quidem dicitur passio receptio alicuius quocumque modo ······ Passio igitur primo modo accepta invenitur in anima, et in qualibet creatura, eo quod omnis creatura habet aliquid potentialitatis admixtum, ratione cuius omnis creatura subsistens est alicuius receptiva."

5 예컨대, 공기가 빛을 수용해 밝아지는 것은 이러한 의미에서 수동이라고 말할 수 있다. *Sum. theol.* I-II, q. 22, a. 1, c.: "Uno modo, communiter, secundum quod

이에 비해 고유하고 특수한 수동 개념도 존재하는데, 이것은 능동과 수동이 '운동'으로 표출되는 한에서의 수동, 즉 운동을 통해 상반되는 성질로 변화하는 주체의 수용 과정을 가리킨다.[6] 이때 주체는 수용 과정을 통해 본래 성질이 탈각되고 애초의 상태와 반대되는 성질을 얻게 된다. 이런 의미의 수동은 물체적 존재자에 속한다. 자신이 지닌 성질과 대립하는 성질을 받아들임으로써 변화의 주체가 될 수 있는 것은 질료적 실체, 즉 물체이기 때문이다.[7] 그래서 토마스는 이러한 본래적 의미의 수동이 "운동과 상반성이 있는 곳",[8] 즉 "물체적 변화가 있는 곳"[9]에서 발견된다고 말한다.

---

omne recipere est pati, etiam si nihil abiiciatur a re, sicut si dicatur aerem pati, quando illuminatur. Hoc autem magis proprie est perfici, quam pati."

6 *Ibid.*: "Proprie vero dicitur passio secundum quod actio et passio in motu consistunt; prout scilicet aliquid recipitur in patiente per viam motus. Et quia omnis motus est inter contraria, oportet illud quod recipitur in patiente, esse contrarium alicui quod a patiente abiicitur. Secundum hoc autem, quod recipitur in patiente, patiens agenti assimilatur."

7 따라서 토마스가 두 번째 수동 개념에서 주목하는 운동은 오로지 성질 변화(alteratio)를 가리킨다. 잘 알려져 있듯이, 토마스는 아리스토텔레스를 따라 운동을 네 가지 형식, 즉 장소 이동, 양적 증감, 생성 소멸, 성질 변화로 이해한다. 그런데 앞의 세 가지는 하나의 주체가 기존의 질적 형상을 버리고 상반되는 질적 형상을 갖게 되는 과정으로 이해될 수 없다. *Ibid.*: "Huiusmodi autem passio non est nisi secundum motum alterationis. Nam in motu locali non recipitur aliquid immobile, sed ipsum mobile recipitur in aliquo loco. In motu autem augmenti et decrementi recipitur vel abiicitur non forma, sed aliquid substantiale, utpote alimentum, ad cuius additionem vel subtractionem sequitur quantitatis magnitudo vel parvitas. In generatione autem et corruptione non est motus nec contrarietas, nisi ratione alterationis praecedentis; et sic secundum solam alterationem est proprie passio, secundum quam una forma contraria recipitur, et alia expellitur."

8 *De ver.*, q. 26, a. 1, c.: "…… passio vero sedundo modo accepta non invenitur nisi ubi est motus et contrarietas."

9 *Sum. theol.* I-II, q. 22, a. 3, c.: "…… passio proprie invenitur ubi est transmutatio corporalis."

마지막으로 어떤 영향을 받아들이는 것이 본성적 작용의 수행에 걸림돌이 될 때, 그러한 '방해받음'을 수동이라고 부르기도 한다. 토마스에 따르면, 무거운 돌이 아래로 떨어지지 못하도록 방해를 받거나 인간이 자기 의지를 펼치지 못하는 상황이 이러한 수동의 사례이다.[10] 이 셋째 의미의 수동은 『신학대전』에서 둘째 의미의 수동에 속하는 특수한 종별적 케이스인 것처럼 설명된다. 즉 소유한 성질이 탈각되고 다른 성질을 받아들이는 것이 둘째 의미의 수동인데, 여기에는 받아들이는 성질이 자신에게 적합한 것인 경우(건강의 회복)도 있고 탈각되는 성질이 자신에게 적합한 것인 경우(발병)도 있다. 『신학대전』에 따르면, 후자의 경우가 가장 본래적인 셋째 의미의 수동에 해당하거니와, 그 까닭은 어떤 것이 자신에게 가장 적합한 성질로부터 멀어질 때, 그것이 다른 성질로 이끌린다는 사실이 잘 드러난다는 데에 있다.[11]

토마스의 감정론은 수동의 이 상이한 개념이 영혼에 적용될 수 있는지를 검토하는 작업에서 출발한다. 영혼이 가능성을 지닌 피조물이라는 점

---

10 *Ibid.*: "…… ampliatur nomen passionis secundum usum loquentium, ut qualitercumque aliquid impediatur ab eo quod sibi competebat, pati dicatur; sicut si dicamus grave pati ex hoc quod prohibetur ne deorsum moveatur; et hominem pati si prohibeatur suam facere voluntatem."

11 *Sum. theol.* I-II, q. 22, a. 1. c.: "Alio modo, quando e converso contingit, sicut aegrotare dicitur pati, quia recipitur infirmitas, sanitate abiecta. Et hic est propriissimus modus passionis. Nam pati dicitur ex eo quod aliquid trahitur ad agentem, quod autem recedit ab eo quod est sibi conveniens, maxime videtur ad aliud trahi." 그런데 『진리론』에서는 수동의 둘째 의미와 셋째 의미 사이의 이러한 포섭 관계가 부각되지 않는다. 말하자면, 방해받음으로서의 수동을 물리적 과정으로 국한해 이해할 수도 있고 물리적-심리적 영역을 포괄하는 의미로 이해할 수도 있는데, 『신학대전』은 수동의 셋째 의미를 전자의 방식으로, 『진리론』은 후자의 방식으로 설명하는 것이다. 이 차이는 두 텍스트의 상이한 문제 설정에서 생겨나는 것으로 보인다. 인간학의 틀에서 '인간적 감정'을 다루는 『신학대전』과 달리, 『진리론』의 논의는 분리된 영혼의 수동에 대한 신학적 질문(제26문 제1절)에서 출발하기 때문이다.

에서, 첫 번째 의미의 수동이 영혼에 속한다는 점에는 의심의 여지가 없다. 영혼 능력의 현실화, 예컨대 감각, 인식, 욕구 같은 것들은 이런 의미의 겪음으로 파악될 수 있다. 문제는 두 번째 의미의 고유한 수동이다. 영혼은 물체가 아니므로 물체적 변화를 뜻하는 이 수동을 '그 자체로'(per se) 지닐 수는 없다. 그러나 신체와 결합해 있는 한에서, 영혼은 이 수동을 '우유적으로'(per accidens) 지닐 수 있다. 이것은 다시 두 가지 방식으로 설명된다. 영혼은 형상으로서, 그리고 기동자로서 신체와 결합해 있기 때문이다. 먼저 신체의 형상인 한에서, 영혼은 수동의 종착점이 된다. 예컨대, 몸에 손상을 입거나 병이 들었을 때, 이러한 수동은 몸에서 시작되어 영혼으로 나아간다. 반면에 영혼이 신체를 움직이는 한에서, 영혼에서 시작되어 신체로 나아가는 수동도 있다. 예컨대, 분노나 두려움 같은 여러 감정이 바로 그것이니, 이것은 인식과 욕구에 따라 생겨나 육체적 변화를 일으키기 때문이다. 토마스는 영혼이 육체의 형상인 한에서 겪는 수동을 '신체적 수동'(passio corporalis)이라 부르고, 영혼이 육체의 기동자인 한에서 겪는 수동을 '영혼적 수동'(passio animalis)이라 부른다.[12]

---

12 *De ver.*, q. 26, a. 2, c.: "Unitur [anima] autem corpori dupliciter: uno modo ut forma, in quantum dat esse corpori, vivificans ipsum; alio modo ut motor, in quantum per corpus suas operationes exercet. Et utroque modo anima patitur per accidens, sed diversimode. Nam id quod est compositum ex materia et forma, sicut agit ratione formae, ira patitur ratione materiae: et ideo passio incipit a materia, et quodammodo per accidens pertinet ad formam; sed passio patientis derivatur ab agente, eo quod passio est effectus actionis. Dupliciter ergo passio corporis attribuitur animae per accidens. Uno modo ita quod passio incipiat a corpore et terminetur in anima, secundum quod unitur corpori ut forma; et haec est quaedam passio corporalis: sicut cum laeditur corpus, debilitatur unio corporis cum anima, et sic per accidens ipsa anima patitur, quae secundum suum esse corpori unitur. Alio modo ita quod incipiat ab anima, in quantum est corporis motor, et terminetur in corpus; et haec dicitur passio animalis; sicut patet in ira et timore, et aliis huiusmodi: nam huiusmodi per apprehensionem et appetitum animae

우리가 감정(정념)이라고 부르는 현상은 영혼적 수동의 개념으로 파악될 수 있다. 이것은 영혼의 수동(passio animae)과 혼동되기 쉬운 개념이지만, 사실 구별되어야 하는 개념이다. 영혼의 수동에는 신체적 수동과 영혼적 수동이 포함되기 때문이다.

세 번째 의미의 수동은, 영혼의 수동이 악화의 방식으로 일어날 때 영혼에 속하게 된다. 예컨대 슬픔과 환희를 놓고 보았을 때, 이런 의미에서 수동으로 분류될 수 있는 것은 슬픔뿐이다.[13]

---

peraguntur, ad quae sequitur corporis transmutatio."

13 *Sum. theol.* I-II, q. 22, a. 1, c.: "Passio autem cum abiectione non est nisi secundum transmutationem corporalem, unde passio proprie dicta non potest competere animae nisi per accidens, inquantum scilicet compositum patitur. Sed et in hoc est diversitas, nam quando huiusmodi transmutatio fit in deterius, magis proprie habet rationem passionis, quam quando fit in melius. Unde tristitia magis proprie est passio quam laetitia." 『신학대전』에서 토마스는 세 번째 수동이 영혼에 속하는 방식을 설명하면서 이처럼 부정적 감정의 발생을 거론할 뿐이지만, 『진리론』 제26문 제1절에서는 이 귀속 방식을 '분리된 영혼이 불의 고통을 겪을 수 있는가'라는 신학적 질문을 해결하는 열쇠로 사용한다. 즉 분리된 영혼은 둘째 의미에서는 수동을 전혀 겪지 않지만(감정을 겪지 않지만), 불의 고통을 셋째 의미에서 겪는다는 것이다. *De ver.*, q. 26, a. 1 c.: "Passio vero secundo modo accepta non invenitur nisi ubi est motus et contrarietas. Motus autem non invenitur nisi in corporibus, et contrarietas formarum vel qualitatum in solis generabilibus et corruptibilibus. Unde sola huiusmodi proprie hoc modo pati possunt. Unde anima, cum sit incorporea, hoc modo pati non potest: et si etiam aliquid recipiat, non tamen hoc fit per transmutationem a contrario in contrarium, sed per simplicem agentis influxum, sicut aer illuminatur a sole. Tertio vero modo quo nomen passionis transumptive sumitur, anima potest pati eo modo quo eius operatio potest impediri."

2) 감정의 위치

감정을 단순히 '영혼의 수동'이 아니라 '영혼적 수동'이라고 정확히 규정할 때, 토마스 감정 개념의 중요한 함축이 드러난다. 즉 감정은 목마름, 포만감, 통증, 쾌감 같은 '몸의 느낌'과 구별된다는 것이다. 이런 것들은 영혼의 수동이되, 영혼이 신체의 형상인 한에서 신체와 함께 겪는 '신체적 수동'에 속하는 현상들이다. 영혼적 수동과 신체적 수동의 차이는 다음의 사실에서 단적으로 드러난다. 즉 영혼은 신체적 수동을 겪을 때, 그 수동을 일으키는 대상에 대한 인식을 전제하지 않는다. 말하자면, 신체적 수동은 특정 대상에서 비롯되는 것이되 그 대상에 '대한 것'이 아니다. 이에 비해 영혼이 신체의 기동자로서 겪는 '영혼적 수동', 즉 감정은 언제나 특수한 대상에 대한 것이고 대상에 대한 특정한 인식에서 비롯되는 것이다. 말하자면, 감정은 언제나 '지향성'을 지닌다.[14]

그렇다면 감정이 전제하는 인식은 과연 어떤 인식이며, 인식은 어떤 의미에서 감정을 초래하는 것일까? 이에 대한 답변을 위해서는 수동 개념의 구별을 통한 감정 규정(감정의 정의)에서 한 걸음 더 나아가 감정이 영혼 중의 어떤 능력에 속하는지(감정의 위치)를 조사해 보아야 한다. 토마스는 영혼 능력의 체계 속에서 감정의 위치를 설정하기 위해 감정이 인식적 부분과 욕구적 부분 중 어디에 있는지, 그리고 지성적 부분과 감각적 부분 중 어디에 있는지, 각각 횡적 검토와 종적 검토를 거친다.

먼저 횡적 검토에서 시작하자. 이 검토는 다음과 같은 논변으로 압축된다.

---

14 Dominik Perler, *Transformationen der Gefühle*, Frankfurt a. M.: Fischer 2011, pp. 90~91.

대전제: 감정이라는 이름은 작용자에 속하는 것으로 수동자가 작용자로 끌어당겨짐을 의미한다.

소전제: 그런데 영혼은 인식 능력보다 욕구 능력에 의해 더 어떤 사물로 끌어당겨진다.

결론: 따라서 감정의 본성은 인식적 부분보다는 욕구적 부분에서 찾아야 한다.[15]

대전제는 작용자가 수동자를 자신과 유사하게 만들고 수동자는 작용자를 닮아간다는 아리스토텔레스의 원리에 근거하고 있다.[16] 토마스는 '끌어당긴다'(trahere)라는 은유적 표현을 사용해 이 유사화의 원리를 말하고자 한다. 중요한 부분은 소전제이다. 토마스는 『형이상학』 제6권의 통찰, 즉 인식 능력의 대상인 참과 거짓이 사유 안에 있음에 비해 욕구 능력의 대상인 선과 악은 사물 안에 있다는 통찰에 호소한다.[17] 말하자면, 인식 능력은 그 자체로 존립하는 어떤 사물을 향해 이끌리는 것이 아니라 자신이 이미 소유하고 있는 사물의 어떤 지향적 존재와 관계한다.

욕구적 힘을 통해 영혼은, 사물이 존재하는 한에서 그 사물 자체에 대한 질서를 지닌다. 따라서 철학자는 『형이상학』 제6권에서 욕구적 능력의 대상인 선과 악은 사물 자체 안에 있다고 말한다. 그런데 파악하는 힘은, 사물이 존재하는 한에서 그 사물 자체로 끌어당겨지지 않으며, 자신 안에 지

---

15 *Sum. theol.* I-II, q. 22, a. 2: "⋯⋯ in nomine passionis importatur quod patiens trahatur ad id quod est agentis. Magis autem trahitur anima ad rem per vim appetitivam quam per vim apprehensivam. ⋯⋯ Unde patet quod ratio passionis magis invenitur in parte appetitiva quam in parte apprehensiva."
16 *De generatione et corruptione* I, 7, 324a5-15.
17 *Met.* VI, c. 4, 1027b25-27.

니고 있는 또는 자신 고유의 방식으로 수용한 사물의 지향에 따라 사물을 인식할 뿐이다. 따라서 [아리스토텔레스는] 같은 곳에서 인식과 관계하는 진과 허위는 사물 안이 아니라 정신 안에 있다고 말한다.[18]

자신 안의 유사상이 아니라 그 자체로 존립하는 외부 사물과 관계를 맺고 있다는 점에서 욕구 능력이 인식 능력보다 더 수동적이라는 것이 토마스의 핵심 논지이다. 여기서 주목할 점은 토마스가 영혼 능력이 지닌 수동성의 강도와 능동성의 강도를 반비례 관계로 이해하지 않는다는 것이다. 외부 사물과 관계하는 그 본성 때문에 욕구 능력은 더 수동적일 뿐만 아니라 더 능동적이기도 하다. 말하자면 우리는 외적 행위(actus exterior), 즉 신체적 활동을 통해 외부 사물에 도달하는데, 이 활동의 직접적 원리는 인식 능력이 아니라 욕구 능력이라는 것이다.[19] 우리가 행위라고 부르는 것

---

18 *Sum. theol.* I-II, q. 22, a. 2: "Nam per vim appetitivam anima habet ordinem ad ipsas res, prout in seipsis sunt, unde philosophus dicit, in VI Metaphys., quod bonum et malum, quae sunt obiecta appetitivae potentiae, sunt in ipsis rebus. Vis autem apprehensiva non trahitur ad rem, secundum quod in seipsa est; sed cognoscit eam secundum intentionem rei, quam in se habet vel recipit secundum proprium modum. Unde et ibidem dicitur quod verum et falsum, quae ad cognitionem pertinent, non sunt in rebus, sed in mente."; *De ver.*, q. 26, a. 3, c.: "······ cum operatio apprehensivae sit in rem apprehensam secundum quod est in apprehendente, operatio autem appetitivae sit ad rem secundum quod est in seipsa; quod recipitur in apprehensiva, minus habet de proprietate rei apprehensae, quam id quod recipitur in appetitiva, de ratione rei appetibilis; unde verum, quod perficit intelligentiam, est in mente; bonum vero, quod perficit appetitivam, est in rebus, ut dicitur in VI Metaph."; *Met.* VI, c. 4, 1027b25-29.
19 *Sum. theol.* I-II, q. 22, a. 2, ad 2: "······ vis appetitiva dicitur esse magis activa, quia est magis principium exterioris actus. Et hoc habet ex hoc ipso ex quo habet quod sit magis passiva, scilicet ex hoc quod habet ordinem ad rem ut est in seipsa, per actionem enim exteriorem pervenimus ad consequendas res."

(능동)에서든 육체적 변화라고 부르는 것(수동)에서든 간에, 신체에서 나타나는 운동의 직접적 기동자는 인식 능력이 아니라 욕구 능력이다.[20]

한편, 종적 검토, 즉 지성적 부분과 감각적 부분의 비교에서 관건은 영혼의 어느 부분을 신체적 기관과 결부된 능력으로 간주할 수 있느냐는 문제이다. 이 점에서 지성적 욕구(의지)는 고유한 의미의 수동, 즉 감정의 자리가 될 수 없는 것으로 밝혀진다. 고유한 의미의 수동은 신체적 변화가 발생하는 곳에서 관찰되는데, 신체적 기관에 결부되지 않은 의지 능력은 신체적 변화 없이 작용하기 때문이다. 따라서 감정은 의지가 아니라 감각적 욕구 능력에 속한다.[21]

---

20 *De ver.*, q. 26, a. 3, c.: "Et ideo huiusmodi passio[=passio accepta secundo modo] …… nec iterum est in apprehensiva sensitiva, quia ex apprehensione sensus non sequitur motus in corpore nisi mediante appetitiva, quae est immediatum movens. Unde secundum modum operationis eius statim disponitur organum corporale, scilicet cor, unde est principium motus, tali dispositione quae competat ad exequendum hoc in quod appetitus sensibilis inclinatur. Unde in ira fervet, et in timore quodammodo frigescit et constringitur."; *Sum. theol.* I-II, q. 22, a. 2, ad 3.

21 *Sum. theol.* I-II, q. 22, a. 3, c.: "…… passio proprie invenitur ubi est transmutatio corporalis. Quae quidem invenitur in actibus appetitus sensitivi; et non solum spiritualis, sicut est in apprehensione sensitiva, sed etiam naturalis. In actu autem appetitus intellectivi non requiritur aliqua transmutatio corporalis, quia huiusmodi appetitus non est virtus alicuius organi. Unde patet quod ratio passionis magis proprie invenitur in actu appetitus sensitivi quam intellectivi."; *De ver.*, q. 26, a. 3, c.: "Passio vero animalis, cum per eam ex operatione animae transmutetur corpus, in illa potentia esse debet quae organo corporali adiungitur, et cuius est corpus transmutare. Et ideo huiusmodi passio non est in parte intellectiva, quae non est alicuius organi corporalis actus."

3) 감정의 정체

　능력심리학의 관점에서 감정의 위치를 검토한 토마스의 결론은 감정이 감각적 욕구 능력에 속한다는 것이다. 즉 감정은 '감각적 욕구의 운동'(motus appetitus sensitivi)이다. 감각적 욕구의 운동은 감각적 인식을 전제한다. 앞서 말했듯이, 토마스는 욕구적 능력을 인식된 대상에 의해 움직여지는 수동적 능력으로 규정하는데,[22] 작용자인 대상이 지성적 인식 대상과 감각적 인식 대상으로 구별되니, 수동자인 욕구도 지성적 욕구와 감각적 욕구로 구별된다고 추론한다. 따라서 감정은 지성적 인식이 아니라 감각적 인식을 따르는 현상이다. 물론, 감정을 일으키기 위해 감각적 인식은 평가력(vis aestimativa)의 작용과 결합되어야 한다.[23] 즉 감정은 감각적으로 인식된 어떤 것이 선하거나 악하다고, 유익하거나 유해하다고 평가될 때 발생한다.[24] 감각적 대상 또는 그 대상을 평가하고 제시하는 인식 능력은 목적인의 의미에서 감정을 일으키는 작용자(activum)이다. 그리고 이런 한에서 감정은 감각적·인지적·평가적 성격을 지닌다.

　이처럼 감정은 지성적 욕구, 즉 의지의 운동과 구별되어야 하며(감정의 감각적 성격), 단순한 신체적 느낌 또는 반응과 구별되어야 한다(감정의 인지적, 평가적 성격). 또한 근본적으로 감정은 인식 자체와도 구별되어야 한다. 토마스에 따르면, 인식 자체도 대상에 의한 수동적 과정이지만, 욕구가 수

22　제2장의 주 68 참조.
23　개별 대상의 가치나 위험성을 판단할 수 있는 능력을 토마스는 '평가력'이라 부른다. *In III Sent.*, d. 26, q. 1, a. 2, c.; *Sum. theol.* I, q. 81, a. 3; *SCG* II, c. 60 등 참조. 예컨대, 양이 늑대를 피하는 까닭은 감각하는 늑대의 모양이나 색깔이 양에게 반감을 불러일으키기 때문이 아니라 일종의 자연적 평가력 덕분에 늑대가 위험하다고 판단하기 때문이다.
24　*De ver.*, q. 25, a. 2, c.; *Sum. theol.* I, q. 78, a. 4 c.; q. 81, a. 3, c.; Dominik Perler, *op. cit.*, pp. 70~72 참조.

동적이라는 의미에서 수동적인 것은 아니다. 앞서 말했듯이, 인식은 사물 자체가 아니라 유사상에 이끌리기 때문이다.[25] 인식은 가장 넓은 의미에서—앞에서 말한 수용의 세 의미 가운데 첫째 의미에서—수동일 뿐이다. 따라서 인식은 대상과의 관계 속에서는 피동자이지만, 욕구와의 관계 속에서는 작용자로 이해될 수 있다.

인식이 감정은 아니라는 말, 이 말은 두 가지 함축을 지닌다. 첫째, 인식은 신체적 변화를 수반하지 않는다. 물론, 감각적 인식은 감각 기관의 현실화라는 의미에서 신체에 의존하고 있지만, 감각적 인식은 결코 그 직접적 결과로서 심장의 박동, 피의 끓어오름, 피부의 수축 같은 신체적 변화를 초래하지 않는다. 이러한 변화는 감각적 인식이 욕구 능력을 운동시켰을 때 수반되는 현상들이다.[26] 둘째, 앞에서도 말했듯이, 인식은 그 자체로서 외적 행위를 일으키는 원리가 될 수는 없다.[27] 인간이나 동물이 신체의 수준에서 목적 지향적 행위를 수행하는 동기는 욕구 능력에서 나온다. 인식을 행위로 전이시키는 것은 욕구이다.[28] 이런 의미에서 감정은 인식과 달리 신체적·동인적(動因的, motivational) 성격을 지닌다.

마지막으로 감정은 습성 또는 성향과 구별되어야 한다. 감정은 항상 지속되는 것이 아니라 특정한 상황에서 발생하는 성질이지만, 습성은 영혼의 능력에 착근해 불변적 지속성 자체를 특징으로 갖는 성질이기 때문이다.[29]

---

25 이 장의 주 18 참조.
26 *Sum. theol.* I-II, q. 44, a. 1, c.: "…… in passionibus animae est sicut formale ipse motus appetitivae potentiae, sicut autem materiale transmutatio corporalis, quorum unum alteri proportionatur. Unde secundum similitudinem et rationem appetitivi motus, sequitur corporalis transmutatio."; q. 22, a. 2, ad 3; q. 28, a. 5, c. 참조.
27 이 장의 주 19 참조.
28 아리스토텔레스가 이미 이런 언급을 뚜렷하게 남기고 있다. *De anima* III, c. 10, 433a22-23; *EN* VI, c. 2, 1139a32-33.

그러므로 감정과 습성의 존재론적 지위는 다르다. 말하자면, 감정은 현실적인 발생의 상태, 즉 제이현실성(actus secundus)에 속하며, 습성은 영혼 능력의 특정한 소질로서 제일현실성(actus primus)에 속한다. 이런 의미에서 감정은 습성과 구별되는 현실적(actual) 성격을 지닌다.

논의를 정리해 보자. 감각적·인지적-평가적·신체적·동인적·현실적 성격은 감정을 영혼의 다른 상태들과 구별해 주는 표지(標識)이다. 이 표지들 가운데 일부가 특정 심적 상태에서 나타난다고 해서 그것을 감정으로 규정할 수는 없다. 감정이라는 독특한 심적 상태는 이 표지들 모두가 충족될 때 생겨난다. 그리고 이 표지들 모두를 충족하는 심적 상태는 반드시 감정일 수밖에 없다.[30] 그렇다면 감정은 그 자체로 또 어떻게 분류될 수 있을까? 감정의 종적 다양성은 어떻게 나타나는 것일까? 이제 이 물음에 대한 토마스의 설명을 살펴보도록 하자.

---

29 『범주론』에서는 습성을 성질 범주의 첫 번째 종류로, 감정(수동)을 성질 범주의 세 번째 종류로 분류한다. *Categoriae* a. 8, 8b25-10a9; *Sum. theol.* I-II, q. 49, a. 2, c.; q. 50, a. 1, ad 3. 물론, 양자는 구별되면서도 불가분하게 연결되어 있다. 즐거움을 자주 겪는 사람이 쾌활한 성격을 지니게 되고 두려움에 자주 빠져드는 사람이 겁많은 사람이 되듯이, 감정의 반복적 경험은 그 감정에 해당하는 습성 또는 성향을 형성한다. 그리고 일단 형성된 습성은 향후 특정 부류의 대상에서 즉발적으로 특정 감정이 생겨나도록 하는 토대가 된다.

30 Dominik Perler, *op. cit.*, pp. 73~74.

2. 감정의 종류

1) 욕망적 욕구와 분노적 욕구

감정의 주체인 감각적 욕구(appetitus sensitivus)를 토마스는 '감성'(sensualitas)이라는 용어로 부르기도 한다.[31] 감정의 분류를 이해하기 위한 첫째 단계는 감각적 욕구, 즉 감성이 그 대상에 따라 두 가지 종류로 구별된다는 점을 확인하는 것이다. 이 구별 작업은 『진리론』 제25문 제2절과 『신학대전』 제1부 제82문 제2절에서 수행된다. 두 텍스트에서 공통으로 발견되는 특징은 토마스가 감정에 대한 심리학적 탐구를 자연학적 지평에서 전개하고 있다는 점이다. 그에 따르면, 자연은 단순한 물체(지수화풍이라는 원소), 식물, 동물이라는 3중의 계층 구조로 이루어져 있다. 완전성의 정도에서 확연한 차이가 남에도 불구하고, 이것들이 연결되어 있다는 증거는 무엇일까? 그 증거는 이것들이 휴식과 운동의 근원을 자신 안에 지니고 있다는 사실이다.[32] 동물에게 속하는 그 근원, 즉 감각적 욕구(appetitus sensitivus)는 물체 일반에 내재하는 자연적 경향(inclinatio naturalis)이 발현되는 특수한 양상이다.[33]

이러한 전제에서 출발해 토마스는 자연적 경향이 지닌 이중 구조에 주

---

31 *Sum. theol.* I, q. 81, a. 2, c.: "······ appetitus sensitivus est una vis in genere, quae sensualitas dicitur." 토마스가 구사하는 능력심리학의 용어법에 따르면, '욕구'(appetitus)는 일차적으로 '욕구 능력'(potentia appetitiva)을 가리킨다. 따라서 여기서 감성이라고 옮긴 'sensualitas'는 감각적 욕구 능력을 가리킨다. 'sensualitas'는 영어로는 주로 'sensuality', 독일어로는 'Sinnlichkeit'로 번역되지만, 우리는 이 개념을 통상적 의미의 '관능'으로 오해하거나 크리스티안 볼프(Christian Wolff) 이후 '감각적 인식'이라는 의미에 초점이 맞추어진 근대적 감성 개념과 혼동해서는 안 될 것이다.

32 *Sum theol.* I, q. 81, a. 2, c.; *De ver.*, q. 25, a. 2, c.

33 *Sum. theol.* I, q. 80, a. 1, c.

목한다. 이중적 경향은 단순한 물체에서 이미 관찰되는데, 예컨대 무거운 사물이 아래를 향하듯이, 사물은 자신을 보존해 주는 대상을 얻으려 하고, 열기가 냉기를 없애듯이, 자신의 존립을 방해하는 대립자를 파괴하려 한다. 불의 상승 운동과 건조 작용을 생각해 보면 된다.

소멸 가능한 자연 사물들에는 적합한 것을 추구하고 해로운 것을 회피하는 경향뿐만 아니라 적합한 것에 장애를 가져오고 해를 일으키는 소멸 요소와 반대 요소에 저항하는 경향도 있을 수밖에 없다. 마치 불이 자신에게 적합하지 않은 아래 위치에서 벗어나 자신에게 적합한 상층 위치를 지향하는 자연적 경향을 지닐 뿐만 아니라 자신을 소멸시키는 요소와 장애 요소에 저항하는 경향도 지니는 것처럼 말이다.[34]

이와 마찬가지로 생물체 역시 자신에게 적합한 것은 획득하려 하고 곤란한 대상은 극복하려 한다. 그런데 선의 추구는 수용의 방식으로(per modum receptionis), 장애의 극복은 작용의 방식으로(per modum actionis)

---

34 *Sum. theol.* I, q. 81, a. 2, c.: "······ in rebus naturalibus corruptibilibus, non solum oportet esse inclinationem ad consequendum convenientia et refugiendum nociva; sed etiam ad resistendum corrumpentibus et contrariis, quae convenientibus impedimentum praebent et ingerunt nocumenta. Sicut ignis habet naturalem inclinationem non solum ut recedat ab inferiori loco, qui sibi non convenit, et tendat in locum superiorem sibi convenientem; sed etiam quod resistat corrumpentibus et impedientibus."; *De ver.*, q. 25, a, 2, c.: "Invenitur autem appetitus naturalis ad duo tendere, secundum duplicem operationem rei naturalis. Una quarum est per quam res naturalis nititur acquirere id quod est conservativum suae naturae; sicut grave movetur deorsum, ut ibi conservetur. Alia est per quam res naturalis sua contraria destruit per qualitatem activam: et hoc quidem necessarium est corruptibili; quia, nisi haberet virtutem, qua suum contrarium vinceret, ab eo corrumperetur."

나타나며, 수용과 작용이 동일한 원리에 근거할 수는 없으므로 양자는 상이한 원리로 소급되어야 한다.[35] 이는 영혼이 때로는 곤란한 상황을 타개하기 위해 욕망의 경향을 거슬러 고통을 감내한다는 사실에서 드러난다.[36] 이러한 관찰에 근거해 토마스는 욕구의 감각적 부분에 두 가지 능력, 즉 '욕망적 욕구'(appetitus concupiscibilis)와 '분노적 욕구'(appetitus irascibilis)를 설정한다.

이 구별은 대상에 따른 구별이다. 그렇다면 양자의 대상은 어떻게 규정되는가? 토마스는 말하기를,

> …… 욕망적 능력의 대상은 단적으로 파악된 감각적 선 또는 감각적 악, 즉 즐거운 것과 괴로운 것이다. 그런데 영혼이 이러한 선을 획득하고 이러한 악을 회피할 때, 때때로 어려움과 도전을 겪는 것은 필연적이다. [영혼적 능력이 손쉽게 획득하거나 회피하기에는] 선 또는 악이 영혼적 능력을 어떤 방식으로든 넘어서기 때문이다. 따라서 힘겹고 어려운 것이라는 의미를 갖는 한에서, 선과 악은 분노적 능력의 대상이다.[37]

---

35 *De ver.*, q. 25, a. 2, c.: "Sic ergo appetitus naturalis ad duo tendit: scilicet ad consequendum id quod est congruum et amicum naturae, et ad habendum quamdam victoriam super illud quod est ei adversum; et primum est quasi per modum receptionis, secundum vero est per modum actionis; unde ad diversa principia reducuntur. Recipere enim et agere non sunt ab eodem principio; ut ignis, qui per levitatem fertur sursum, per calorem contraria corrumpit."

36 *Sum. theol.* I, q. 81, a. 2, c.: "Hae autem duae inclinationes non reducuntur in unum principium, quia interdum anima tristibus se ingerit, contra inclinationem concupiscibilis, ut secundum inclinationem irascibilis impugnet contraria."; I-II, q. 50, a. 3, ad 2.

37 *Sum. theol.* I, q. 23, a. 1. c.: "…… obiectum potentiae concupiscibilis est bonum vel malum sensibile simpliciter acceptum, quod est delectabile vel dolorosum. Sed quia necesse est quod interdum anima difficultatem vel

욕망적 욕구의 대상이 단적인 선 또는 악이라면, 분노적 욕구의 대상은 추구하거나 회피하기 어려운 것으로 제시되는 선 또는 악이다. 두 부류의 대상이 실제적으로(realiter) 구별된다는 증거는 방금 언급했던 바, 난관의 극복을 위해(어려운 선을 추구하거나 어려운 악을 회피하기 위해) 직접적 욕망을 포기한다(즐거움을 추구하지 않거나 괴로움을 회피하지 않는다)는 사실이다. 그런데 욕망과 분노는 상호 배제적 관계에 있지 않다. 양자는 오히려 일종의 의존 관계를 전제한다. 어려운 선과 어려운 악의 개념이 단적인 선과 단적인 악의 개념에서 파생되듯이, 분노의 개념 역시 욕망의 개념에서 파생된다. 욕망적 욕구가 분노적 욕구의 출발점이며 목적이다. 『동물지』에서 언급된 사례가 말해 주듯이, 분노 없는 욕망은 있을 수 있어도 욕망 없는 분노는 있을 수 없지 않은가?[38] 사태가 이러하기에 토마스는 분노적 욕구를 가리켜 "욕망적 능력의 수호자이며 방어자"(propugnatrix et defensatrix concupiscibilis)라고 부르는 것이다.[39]

---

pugnam patiatur in adipiscendo aliquod huiusmodi bonum, vel fugiendo aliquod huiusmodi malum, inquantum hoc est quodammodo elevatum supra facilem potestatem animalis; ideo ipsum bonum vel malum, secundum quod habet rationem ardui vel difficilis, est obiectum irascibilis."

38 토마스가 주목하는 『동물지』의 사례는 동물들이 먹이와 짝짓기를 위해 서로 싸우는 현상이다. *De animalibus* VIII, c. 1, 589a2-5 참조.

39 *Sum. theol.* I, 81, a. 2, c.: "Patet etiam ex hoc, quod irascibilis est quasi propugnatrix et defensatrix concupiscibilis, dum insurgit contra ea quae impediunt convenientia, quae concupiscibilis appetit, et ingerunt nociva, quae concupiscibilis refugit. Et propter hoc, omnes passiones irascibilis incipiunt a passionibus concupiscibilis, et in eas terminantur; sicut ira nascitur ex illata tristitia, et vindictam inferens, in laetitiam terminatur. Propter hoc etiam pugnae animalium sunt de concupiscibilibus, scilicet de cibis et venereis, ut dicitur in VIII de Animalibus."; *De ver.*, q. 25, a. 2, c. "Patet igitur ex dictis, quod irascibilis quodammodo ad concupiscibilem ordinatur, sicut propugnatrix ipsius. Ad hoc enim necessarium fuit animali per irascibilem victoriam de contrariis consequi, ut concupiscibilis sine

2) 감정의 분류 체계

   욕망과 분노라는 두 능력의 구별적 대상에 따라 감정들 역시 욕망적 감정과 분노적 감정이라는 두 부류로 나뉜다.[40] 감정 분류를 위한 다음 단계는 이렇게 구별된 욕망적 감정과 분노적 감정에서 각각 어떤 상반성의 구조가 발견되는지를 묻는 것이다. 토마스는 여기서 아리스토텔레스가 『자연학』 제5권에서 언급했던 운동의 두 가지 상반성에 착안한다. 아리스토텔레스는 운동이라는 현상에서 두 가지 상반성이 관찰된다고 생각했다. 첫째는 서로 반대되는 목표를 향하는 운동의 상반성이며, 둘째는 동일한 목표에 대한 다가섬(접근, accessum)과 물러섬(후퇴, recessum)이라는 상반성이다.

   『자연학』 제5권에서 말하듯이, 변화 또는 운동에는 두 가지 상반성이 있

---

impedimento suo delectabili potiretur: cuius signum est quod propter delectabilia pugna est inter animalia, scilicet propter coitum et cibum, ut dicitur in VIII de animalibus. Et inde est quod omnes passiones irascibilis habent et principium et finem in concupiscibili." 욕망적 욕구와 분노적 욕구의 의존적 관계에 대한 토마스의 관점은 욕망과 분노의 관계에 대한 고대 철학의 이해로 거슬러 올라간다. 플라톤은 『국가』 제4권 435b-441c에서 욕망(epithymia)과 분노(thymos)라는 두 가지 욕구 능력에 대해 언급하면서, 욕망은 이성에 참여하지 못하는 능력이지만 분노는 이성의 조력자 역할을 한다고 설명한다. 아리스토텔레스는 이 구절을 자주 인용하는데, 대표적인 곳이 『니코마코스 윤리학』 제7권 제7장 1149a25-b1이다. 여기서 아리스토텔레스는 분노가 이성을 따른다고 말하는데, 이는 분노를 위해서는 일종의 규범 의식 같은 어떤 것이 요구된다는 뜻이다. 이런 의미에서 분노는 그 존재에 있어 욕망을 전제하되, 그 기능에서는 욕망을 능가하는 능력이라 말할 수 있다.

40 *Sum. theol.* I-II, q. 23, a. 1, c.: "······ passiones quae sunt in irascibili et in concupiscibili, differunt specie. Cum enim diversae potentiae habeant diversa obiecta, ut in primo dictum est, necesse est quod passiones diversarum potentiarum ad diversa obiecta referantur."; *Sum. theol.* I, q. 77, a. 3.

다. 그 하나는 동일한 끝점에 대한 접근과 후퇴에 따른 상반성이다. 이 상반성은 본래적 의미의 변화에, 즉 존재를 향한 변화인 생성과 존재로부터의 변화인 소멸에 속한다. 다른 하나는 양 끝점의 상반성에 따른 상반성으로서 이것이 고유한 의미에서 운동의 상반성이다. 예컨대, 검은색에서 흰색으로 향하는 운동인 백화(白化)가 흰색에서 검은색으로 향하는 운동인 흑화(黑化)와 반대되는 경우이다.[41]

감정은 운동의 일종이니, 감정에서도 상반성의 이 구조들이 관찰될 것이다. 그런데 토마스에 따르면, 욕망적 감정과 분노적 감정에서 나타나는 상반성의 구조는 각각 다르다. 즉 욕망적 감정에는 단적인 선과 단적인 악이라는 반대되는 대상(목표)에 따른 상반성(contrarietas secundum obiecta)만 있지만, 분노적 감정에는 선과 악에 따른 상반성뿐만 아니라 다가섬과 물러섬에 따른 상반성(contrarietas secundum accessum et recessum)도 있다.[42] 분노적 욕구의 대상은 어려움 또는 힘겨움의 의미(ratio dificultatis vel arduitatis)를 지닌 선과 악이므로, 여기서는 (추구와 회피의 가능성뿐만 아니

---

41 *Sum. theol.* I-II, q. 23, a. 2, c.: "Est autem duplex contrarietas in mutationibus vel motibus, ut dicitur in V Physic. Una quidem secundum accessum et recessum ab eodem termino, quae quidem contrarietas est proprie mutationum, idest generationis, quae est mutatio ad esse, et corruptionis, quae est mutatio ab esse. Alia autem secundum contrarietatem terminorum, quae proprie est contrarietas motuum, sicut dealbatio, quae est motus a nigro in album, opponitur denigrationi, quae est motus ab albo in nigrum."; *Physica* V, c. 5, 229a20.

42 *Sum. theol.* I-II, q. 23, a. 2, c.: "Sic igitur in passionibus animae duplex contrarietas invenitur, una quidem secundum contrarietatem obiectorum, scilicet boni et mali; alia vero secundum accessum et recessum ab eodem termino. In passionibus quidem concupiscibilis invenitur prima contrarietas tantum, quae scilicet est secundum obiecta, in passionibus autem irascibilis invenitur utraque."

라) 어려움에도 불구하고 대상과 맞설 가능성과 어려움 때문에 대상에서 물러설 가능성이 생기기 때문이다.

감정 분류를 위한 마지막 단계는 자연적 작용자와의 유비 속에서 대상이 감정을 일으키는 세 방식을 구별하는 것이다. 토마스는 작용자(activum)가 수동자(passivum)를 운동시키는 현상을 세 가지 국면으로 분석한다. 첫째, 작용자는 수동자가 생성될 때 그 수동자에게 목적을 향하는 경향성(inclinatio) 또는 적성(aptitudo)을 부여한다[1]. 둘째, 수동자가 목적에 아직 도달하지 못했을 때에는 목적을 향한 운동(motus)을 부여하며[2], 셋째, 목적에 도달했을 때에는 그 목적 안에서의 휴식(quietatio)을 부여한다[3]. 그렇다면 감정의 운동에서는 어떤 유비적 구조가 발견될까?

먼저 욕망적 감정[C]을 살펴보자. 욕망적 감정에는 흡인력(virtus attractiva)을 지니는 선한 대상[b]과 반발력(virtus repulsiva)을 지니는 악한 대상[m]이 있다. 전자는 영혼에서 선을 향한 일종의 경향, 즉 '사랑'(amor[C-1-b])을 일으키고, 영혼이 선을 아직 소유하지 못했을 때는 선을 향한 운동, 즉 '욕망'(concupiscentia[C-2-b])을 일으키며, 영혼이 선을 소유했을 때는 그 안에서의 휴식, 즉 '즐거움'(delectatio[C-3-b])을 일으킨다.[43] 이것들에는 악한 대상[m]으로 인한 감정들이 대응하거니와, 각각 '미

---

43 토마스는 자연적 작용이 경향성, 운동, 휴식으로 분석될 수 있다고 생각했다. 운동과 휴식은 자연계에서 우리가 관찰할 수 있는 사실이다. 한편, 경향성은 형이상학적 사변에 의해 가정된다. 토마스의 통찰에 따르면, 목적을 향하는 모든 것(불완전한 피동자 또는 질료적 가능성)은 목적에 대한 어떤 적합성 또는 비례성을 가질 수밖에 없다. *Sum. theol.* I, q. 25, a. 2 c.: "Manifestum est autem quod omne quod tendit ad finem aliquem, primo quidem habet aptitudinem seu proportionem ad finem, nihil enim tendit in finem non proportionatum" 말하자면, 선과 영혼이라는 관계항 사이에 일종의 비례 또는 공통 본성이 가정되지 않으면 운동으로서의 사랑은 나타나지 않는다는 것이다. 바로 이런 의미에서, 토마스는 사랑의 운동(욕망이라는 특수 감정)을 위해 사랑의 적성(사랑이라는 특수 감정)이 그 원리로서 가정되어야 한다고 보는 것이다.

움'(odium[C-1-m]), '꺼림'(fuga[C-2-m]), '고통'(dolor[C-3-m])이 그것이다.[44]

다음은 분노적 감정[I]에 이 유비를 적용해 보자. 토마스에 따르면, 분노적 감정은 선을 향하는 또는 악을 피하는 경향성(사랑과 미움)을 전제로 성립한다.[45] 따라서 분노적 부분에는 단순한 경향성에 해당하는 감정[I-1]이 따로 존재하지 않는다. 그렇다면 운동에 해당하는 감정[I-2]은 어떻게 존재할까? 여기서 사태는 약간 복잡해진다. 앞서 말했듯이, 여기서는 선과 악에 따른 상반성뿐만 아니라 다가섬[a]과 물러섬[r]에 따른 상반성도 고려해야 히기 때문이나. 말하자면, 힘겨운 선은 선인 한에서 추구할 수도 있고 힘겨운 것인 한에서 그로부터 물러설 수도 있다. 그리고 힘겨운 악은 악인 한에서 회피될 수도 있고 힘겨운 한에서 맞서 다가설 수도 있다. 따라서 운동에 해당하는 분노적 감정은 다음과 같이 분류된다. 힘겨운 선이 선인 한에서 그것을 추구하는 것이 희망[I-2-b-a]이며, 힘겨운 선이 힘겨운 한에서 그로부터 물러서는 것이 절망[I-2-b-r]이다. 힘겨운 악이 악인 한에서 그것을 피하는 것이 두려움[I-2-m-r]이며, 그것이 힘겨운 한에서 그것에 다가서는 것이 담대함[I-2-m-a]이다.[46]

---

44 *Sum. theol.* I, q. 23, a. 4, c.: "Bonum ergo primo quidem in potentia appetitiva causat quandam inclinationem, seu aptitudinem, seu connaturalitatem ad bonum, quod pertinet ad passionem amoris. Cui per contrarium respondet odium, ex parte mali. Secundo, si bonum sit nondum habitum, dat ei motum ad assequendum bonum amatum, et hoc pertinet ad passionem desiderii vel concupiscentiae. Et ex opposito, ex parte mali, est fuga vel abominatio. Tertio, cum adeptum fuerit bonum, dat appetitus quietationem quandam in ipso bono adepto, et hoc pertinet ad delectationem vel gaudium. Cui opponitur ex parte mali dolor vel tristitia."

45 사태가 이러한 것은, 앞에서 말했듯이 분노적 욕구가 욕망적 욕구에서 출발하기 때문이다.

46 *Ibid.:* "In passionibus autem irascibilis, praesupponitur quidem aptitudo vel inclinatio ad prosequendum bonum vel fugiendum malum, ex concupiscibili, quae absolute respicit bonum vel malum. Et respectu boni nondum adepti,

그렇다면 작용의 마지막 국면, 즉 휴식에서 발견되는 분노적 감정은 어떤 것일까? 여기서 도출되는 것은 엄밀한 의미의 분노(ira)라는 감정이다. 분노[I-3-m]의 대상은 '이미 도래한 악'(malum iam iniacens)이다.[47] 토마스는 이 감정이 상반적 감정을 갖지 않는다는 점에서 독특하다고 강조한다. 악이 도래해 이미 현존한다는 점에서 그 악을 회피하려는 움직임은 존재할 수 없으므로, 접근과 후퇴의 상반성이라는 관점에서 분노에 대비되는 감정은 있을 수 없다.[48] 또한 선과 악의 상반성이라는 관점에서 분노에 대비되는 감정도 있을 수 없다. 만일 있다면 '이미 획득한 선'이 그것의 대상일 텐데, '이미 획득했다'는 것은 '힘겹고 어렵다'는 규정을 없애기 때문이다. 선(악)에 이미 도달했는데, 그것이 여전히 획득하기(회피하기) 어렵다는 말은 일종의 난센스이지 않은가?[49]

---

    est spes et desperatio. Respectu autem mali nondum iniacentis, est timor et audacia."

47 *Ibid.*: "In passionibus autem irascibilis, praesupponitur quidem aptitudo vel inclinatio ad prosequendum bonum vel fugiendum malum, ex concupiscibili, quae absolute respicit bonum vel malum. Et respectu boni nondum adepti, est spes et desperatio. Respectu autem mali nondum iniacentis, est timor et audacia." 뒤에서 설명하겠지만, 분노의 구체적인 대상은 정당하지 않은 경시이다.

48 *Sum theol.* I-II, q. 23, a. 3, c.: "Motum autem ad fugiendum habere non potest: quia iam malum ponitur praesens vel praeteritum. Et sic motui irae non contrariatur aliqua passio secundum contrarietatem accessus et recessus."

49 *Ibid.*: "Similiter etiam nec secundum contrarietatem boni et mali. Quia malo iam iniacenti opponitur bonum iam adeptum: quod iam non potest habere rationem ardui vel difficilis."; q. 25, a. 1, c.: "Sed in passionibus irascibilis non invenitur aliquid pertinens ad quietem, sed solum pertinens ad motum. Cuius ratio est quia id in quo iam quiescitur, non habet rationem difficilis seu ardui, quod est obiectum irascibilis."

3) 분노

　분노라는 특수한 감정을 도출하는 것으로 토마스의 감정분류론은 끝난다. 『신학대전』의 이어지는 부분에서 토마스는 감정의 도덕성(q. 24)과 감정의 질서(q. 25)를 다룬 후에, 열거된 감정 각각에 대한 상론(qq. 26-48)으로 돌입한다. 특수한 감정들 각각의 정체를 상론하는 것은 또 다른 과제이겠지만, 감정의 분류와 관련해 아직 던져야 할 질문이 남아 있다. 지금까지 살펴본 바, 토마스는 작용의 세 국면 가운데 마지막 국면인 휴식에서 분노를 도출했다. 다시 말해 '이미 도래한 악'이 분노의 대상이라는 것이다. 그런데 분노가 분노적 감정에 속하는 이상, 그 대상에는 '어려운'이라는 규정이 속해야 한다. 앞에서 말했던 것처럼 선과 악은 어려움의 의미를 함축하는 한에서 분노적 감정을 일으키기 때문이다. 그런데 토마스는 선이나 악에 이미 도달해 그것들이 기존성(既存性)이라는 규정을 획득한 이상, 그것들은 '어려운'이라는 규정과 양립할 수 없다고 인정했다. 그렇다면 '기존의'와 '어려운'이라는 두 규정의 양립 불가능성(분노의 대상은 '이미 도래한 어려운 악'일 수 없다)과 분노가 분노적 감정에 속한다는 사실(분노의 대상은 '어려운 악'이다)은 어떻게 조화될 수 있는가?

　이 딜레마에서 빠져나오는 방법은 '어려운'이라는 말의 의미를 재규정하는 것이다. 여기서 주목해야 하는 것은, 토마스가 분노의 대상으로 규정한 '이미 도래한 악'이 매우 특수한 상황적 함축을 지니고 있다는 사실이다. 토마스는 분노의 원인이 상대방이 가한 정당하지 못한 경시(parvipensio; oligoria)라는 아리스토텔레스 『수사학』의 규정을 계승한다.[50] 분노의 대상으로 가정되는 것은 '이미 주어진 부당한 경시'라는 특수한 악이다. 악의 이러한 특수한 상황적 함축에 따라 '힘겨운'이라는 규정 역시 특수한 의미

50　*Sum. theol.* I-II, q. 47, a. 2, s. c.; *Rhetorica* c. 2, 1378a31-33.

를 갖게 된다. 여기서 '힘겨운'은 회피에 대한 술어가 아니라 극복에 대한 술어이다. 부당한 경시가 주어진 이상 그것을 회피한다는 것은 이미 무의미하지만, 보복함으로써 극복해야 한다는 과제가 생겨난다. 토마스는 보복이 불가능한 것이거나 어려운 것이라고 생각한다. 보복이 불가능한 경우에는 단지 고통의 감정이 따를 뿐이겠지만, 보복이 어렵지만 가능한 경우에는 그것을 수행하려는 감정, 즉 분노가 따른다.[51]

분노는 내가 부당하게 경시될 때 나를 경시한 당사자에게 합당한 악을 갚아 줌으로써 정의를 회복하려는 감정이다. 이 분노 개념에서 확인해야 하는 요점은 두 가지이다. 첫째, 분노는 '이미 일어난' 악을 대상으로 한다는 점에서 작용의 마지막 국면인 휴식에서 도출되는 감정이지만, 그렇다고 해서 고통 또는 즐거움과 같은 의미에서 휴식에 속하는 감정은 아니라는 사실이다.[52] 분노는 단순한 감내나 향유의 상태가 아니라 보복을 향한 운동이다. 감정의 질서를 분석하면서 토마스는 분노가 휴식에 속하는 감정인 슬픔에서 출발하며, 보복의 성취 여부에 따라 다시 즐거움 또는 슬픔으로 끝난다고 설명한다.[53]

---

51 *Sum. theol.* I-II, q. 46, a. 1, c. 참조. 한편, 보복이 쉬운 경우도 있지 않겠느냐는 질문도 가능하겠지만, 이는 초점을 빗나간 질문이다. 토마스는 보복 자체가 어려운 것이라고 생각한다. '쉬운 보복'이란 있을 수 없다. 말하자면, 난관(부정의)에 맞서려는 태도 없이 보복은 성립하지 않는다. 만일 그러한 태도 없이 보복이 성립할 수 있다면, 이 '쉬운 보복'의 대상이 나에게 가한 경시라는 것 자체가 애초에 무슨 의미가 있겠는가?

52 물론, 고통 또는 즐거움이 휴식에 속하는 감정이라고 말할 때, 이 휴식 역시 작용에 반대되는 개념이 아니라 작용의 한 국면으로 이해되어야 한다. 즐거움에 적용되는 작용 또는 운동 개념의 중층적 의미는 *Sum. theol.* I-II, q. 34, a. 1에서 설명된다.

53 *Sum. theol.* I-II, q. 25, a. 1, c.: "Praecedit autem [tristitia] motum irae, quia cum ex tristitia praecedente aliquis insurgit in vindictam, hoc pertinet ad motum irae. Et quia rependere vicem malis, apprehenditur ut bonum; cum iratus hoc consecutus fuerit, gaudet. Et sic manifestum est quod omnis passio irascibilis terminatur ad passionem concupiscibilis pertinentem ad

둘째, 분노는 이성과 함께 작용한다는 사실이다. 토마스가 강조하는 바, 분노는 여타의 감정과 달리 두 가지 대상에 관계한다. 분노하는 사람은 자신을 부당하게 경시한 사람에게 보복하고자 하는데, 경시한 사람은 악의 의미를 지니는 대상이고, 보복은 선의 의미를 지니는 대상이다.[54] 이 두 가지 대상이 연결되기 위해서는 이성의 작용이 필요하다. 토마스는 분노가 일종의 추론 과정을 전제하고 있다는 아리스토텔레스의 생각을 환기한다.[55] 말하자면, 분노는 자신에게 가해진 행위가 부당한 경시에 해당한다는 사실, 그렇지만 그에 맞서 보복을 감행할 수 있다는 사실에 대한 이성적 추론을 전제한다. 그런데 전자는 고통스러운 사실이고, 후자는 희망적인 사실이다. 따라서 분노는 고통과 희망의 복합에서 생겨나는 감정이라고 할 수 있다.[56] 기존의 악(부당하게 겪는 경시)에 대한 슬픔과 미래의 힘겨운 선(보복)에 대한 희망이라는 두 감정이 분노라는 하나의 감정을 구성할 수 있는 까닭은, 자신이 처한 부정의한 상황을 종합하고 정의의 회복을 전망

---

quietem, scilicet vel ad gaudium vel ad tristitiam."

54 *Sum. theol.* I-II, q. 46, a. 2, c.: "Sed ira respicit unum obiectum secundum rationem boni, scilicet vindictam, quam appetit, et aliud secundum rationem mali, scilicet hominem nocivum, de quo vult vindicari. Et ideo est passio quodammodo composita ex contrariis passionibus."

55 *Sum. theol.* I-II, q. 46, a. 4, c.: "⋯⋯ ira est appetitus vindictae. Haec autem collationem importat poenae infligendae ad nocumentum sibi illatum, unde, in VII Ethic., dicit philosophus quod syllogizans quoniam oportet talem oppugnare, irascitur confestim. Conferre autem et syllogizare est rationis. Et ideo ira est quodammodo cum ratione."; q. 46, a. 5, ad 1: "⋯⋯ ratio quodammodo causat iram, inquantum nuntiat causam irae."

56 *Sum. theol.* I-II, q. 46, a. 1, c.: "Non enim insurgit motus irae nisi propter aliquam tristitiam illatam et nisi adsit desiderium et spes ulciscendi, quia, ut philosophus dicit in II Rhetoric., iratus habet spem puniendi; appetit enim vindictam ut sibi possibilem. Unde si fuerit multum excellens persona quae nocumentum intulit, non sequitur ira, sed solum tristitia, ut Avicenna dicit, in libro de anima."

할 수 있는 이성의 작용 때문이다.

3. 감정의 도덕성

1) 이성 능력의 활동을 따르는 감정

감정이 감각적 욕구의 운동인 한에서, 감정은 인간의 영혼뿐만 아니라 이성을 지니지 않은 감각적 동물의 영혼에도 존재한다. 인간의 감정을 그 자체로서만 고찰하면, 그것은 인간 영혼 안의 동물적 부분이며 동물의 감정과 차이가 없다고 말할 수 있을 것이다. 그러나 인간의 감정과 동물의 그것을 현실적으로 동일시할 수는 없는데, 그 까닭은 인간의 감정은 상위의 영혼 능력, 즉 이성과 특정한 관련을 맺을 수 있기 때문이다. 토마스가 감정의 도덕성에 대한 질문을 던지면서 해답의 실마리로 삼는 것도 바로 감정과 이성의 관련성이다. 감정을 그 자체로서만 고찰하면 감정은 도덕적 질을 지니지 않는 비이성적 욕구일 뿐이지만, 감정이 이성적 능력의 명령에 복속될 수 있는 한에서 우리는 그것을 특정한 의미에서 '수의적(隨意的)인 것'(voluntarium)으로 간주할 수 있고, 따라서 감정의 도덕성에 대해 말할 수 있다.[57] 이성에 적합한 것을 도덕적으로 선한 것으로 보고 이성에 적합하지 않은 것을 도덕적으로 악한 것으로 보는 토마스에게, 어떤 행위(actio) 혹은 활동(actus)이 도덕적 판단의 대상이 되기 위한 조건은 그것이

---

57 *Sum. theol.* I-II, q. 24, a. 1, c. 참조. '수의적인 것'(voluntarium)은 아리스토텔레스가 『니코마코스 윤리학』에서 설명하는 '자발적인 것'(hekousion)과 내용상 대동소이하다. 즉 어떤 행위가 수의적인 것이 되기 위한 조건은 내적 작용인과 인식에 기초한 행위여야 한다는 것이다.

이성적 능력과 관계를 맺고 있어야 한다는 것이다.[58]

토마스는 곳곳에서 감정이 그 발생에 있어 이성적 능력의 활동에 의존할 수 있다고 말하고 있다. 이에 대한 가장 전형적 전거는 『진리론』 제26문 제3절이다.

하위 욕구 안의 감정은 지성에 의해 인식된 것에서 두 가지 방식으로 따라 나올 수 있다. 첫째, 지성에 의해 보편적으로 인식된 것이 상상 안에서 개별적으로 형상을 얻고, 이렇게 해서 하급 욕구가 움직여지는 한에서 그러하다. 예컨대, 믿는 자의 지성이 미래의 형벌을 지성적으로 인식하고 타오르는 불과 갉아먹는 벌레 등을 상상함으로써 형벌의 표상을 구성해, 이로부터 감각적 욕구 안에 공포의 감정이 따라 나오는 한에서 그러하다. 둘째, 지성의 인식으로 인해 상급 욕구가 움직여지고, 흘러넘침 혹은 명령을 통해 상급 욕구의 움직임을 따라 하위 욕구가 함께 움직여지는 한에서 그러하다.[59]

---

58 *Sum. theol.* I-II, q. 18, a. 5, c.: "In actibus autem humanis bonum et malum dicitur per comparationem ad rationem, quia, ut Dionysius dicit, IV cap. de Div. Nom., bonum hominis est secundum rationem esse, malum autem quod est praeter rationem. Unicuique enim rei est bonum quod convenit ei secundum suam formam; et malum quod est ei praeter ordinem suae formae. Patet ergo quod differentia boni et mali circa obiectum considerata, comparatur per se ad rationem, scilicet secundum quod obiectum est ei conveniens vel non conveniens. Dicuntur autem aliqui actus humani, vel morales, secundum quod sunt a ratione."

59 *De ver.*, q. 26, a. 3, ad 13: "…… ex aliquo apprehenso per intellectum potest sequi passio in appetitu inferiori dupliciter. Uno modo in quantum id quod intelligitur universaliter per intellectum, formatur in imaginatione particulariter, et sic movetur inferior appetitus; sicut cum intellectus credentis accipit intelligibiliter futuras poenas, et earum phantasmata format imaginando ignem urentem et vermem rodentem et alia huiusmodi, ex quo sequitur passio timoris in appetitu sensitivo. Alio modo in quantum ex

토마스는 여기서 이성적 능력에 대한 감정의 발생적 의존성을 지성의 측면과 의지의 측면으로 구분해 설명하고 있다. 그가 지성의 측면에서 지적하는 것은 감정의 시초에 단순한 감각적 인식이 아니라 지성적 인식이 있을 수도 있다는 것이다. 지성적으로 인식한다는 것은 사물의 본질적 형상을 받아들인다는 것이며, 그것을 일반적 개념으로 소유하게 된다는 것이다. 물론, 토마스는 지성적 인식의 특징인 보편성이 감각적 욕구의 운동을 직접적으로 일으키는 근원이 될 수는 없다는 것을 믿어 의심치 않았다. 지성적 인식이 감각적 욕구를 운동시키기 위해서는 개별적이고 구체적인 상상 혹은 표상의 매개가 필요하다. 즉 형벌에 대한 공포라는 감정의 발생을 위해서는 형벌의 개념에 대한 이해로는 불충분하며, 개별적 형벌의 표상을 떠올리는 것이 필요하다.

토마스는 『신학대전』 제1부 제81문 제3항에서 지성적 인식에 의존하는 감정의 발생을 더 복잡한 방식으로 설명하고 있다. 여기서 그는 감정의 발생을 위한 직접적인 인식적 토대가 단순히 표상이라고 말하는 것으로 만족하지 않는다. 감정이 발생하는 이유가 단순히 대상의 개별적인 심리적 표상이 아니라 표상되는 감각적 속성으로 환원될 수 없는 그 대상에 대한 어떤 특수한 판단의 내용일 수도 있기 때문이다. 예컨대, 양이 늑대를 지각하고 도망칠 때, 양이 도망치는 까닭은 늑대의 감각적 속성이 양의 감각에 적합하거나 적합하지 않기 때문이 아니라 그것이 위해를 끼친다는 일종의 자연적 판단 때문이다. 도망치고자 하는 양의 욕구 운동을 촉발하는 인식 능력, 즉 개별적 대상의 위해성을 지각할 수 있는 능력을 토마스는 단순한 심리적 인식 능력과 구분해 '평가력'(vis aestimativa)이라고 부른다.[60]

---

apprehensione intellectus movetur appetitus superior, ex quo, per quamdam redundantiam vel imperium, appetitus inferior commovetur."

인간의 경우에, 동물들 안에서 평가적 능력이 수행하는 역할을 떠맡는 것은 바로 이성이다. 그런데 보편적 판단을 표현하는 일반 명제가 감각적 욕구의 운동을 직접 발생시키지는 않기에, 개별 대상에 대한 평가적 역할을 수행하는 어떤 특수한 이성이 있어야 한다. 그것이 토마스가 말하는 이른바 '개별적 이성'(ratio particularis)이다.[61] 그것은 개별 대상의 가치적 속성을 판별함으로써 감각적 욕구에 인식적 내용을 제공하는 역할을 한다. 구체적으로 개별적 이성의 역할은 '이 늑대는 위험하다'라는 개별적 판단의 명제로 나타난다. 그런데 토마스에 따르면, 개별적 이성은 언제나 보편적 이성에 의해 규제될 수 있다. 어떤 목동(牧童)이 자신의 양 떼를 습격하는 늑대를 보고 '이 늑대는 위험하다'고 판단할 경우에, 그의 판단의 이면에는 '(모든) 늑대는 위험하다'라는 보편적 전제가 깔려 있다. 결국 늑대에 대한 두려움이라는 목동의 감정은 개별적 이성의 작용에 의존하고 있으며, 개별적 이성의 작용은 다시 보편적 이성에 의존하고 있다.[62]

그런데 인간의 개별적 이성은 하나가 아닌 다양한 숙고적 추론의 전제와 결합될 수 있다. 즉 늑대를 마주친 목동은 두려움의 감정에 굴복하지 않고 '늑대는 나의 양 떼를 해친다', '무기가 있으면 늑대를 물리칠 수 있다'는 다른 전제에서 숙고를 진행해 늑대에 대한 분노나 퇴치 욕망을 지닐 수

---

60 Sum. theol. I, q. 78, a. 4, c.; 이 장의 주 23 참조.
61 Sum. theol. I, q. 81, a. 3, c.: "…… appetitus sensitivus in aliis quidem animalibus natus est moveri ab aestimativa virtute; sicut ovis aestimans lupum inimicum, timet. Loco autem aestimativae virtutis est in homine, sicut supra dictum est, vis cogitativa; quae dicitur a quibusdam ratio particularis, eo quod est collativa intentionum individualium."
62 Sum. theol. I, q. 81, a. 3, c.: "Ipsa autem ratio particularis nata est moveri et dirigi secundum rationem universalem, unde in syllogisticis ex universalibus propositionibus concluduntur conclusiones singulares. Et ideo patet quod ratio universalis imperat appetitui sensitivo, qui distinguitur per concupiscibilem et irascibilem, et hic appetitus ei obedit."

도 있다. 또한 그 늑대를 죽이고자 하는 목동의 분노는 그 늑대가 서식지가 파괴되어 어쩔 수 없이 목장으로 밀려 나왔을 것이라는 또 다른 숙고적 판단을 통해 동정으로 바뀔 수도 있으며, 그래서 목동은 예컨대 그 늑대를 다치지 않게 사로잡아 야생 동물 보호 구역으로 옮겨 주려는 마음을 먹게 할 수도 있다. 이렇듯 눈앞에 나타난 늑대에 대한 목동의 개별적 인식은 다양한 숙고적 추론과 결합되어 다양한 감정을 발생시킬 수 있다.

이 경우에 두려움이나 분노, 동정의 감정이 이성에 의존하는 감정이라는 것은 명백하다. 토마스의 의도는 이성과 감정의 결합을 가능하게 하는 매개를 규명함으로써 이성에 대한 감정의 의존성을 증명하려는 것이었다. 그 매개에 해당하는 것에는 두 가지가 있으니, 첫째는 대상의 개별적 상상 혹은 표상이며, 또한 표상된 대상에 개별적 판단의 내용 ─ '이 늑대는 위험하다', '이 늑대는 나의 양 떼를 해친다', '이 늑대는 환경 파괴의 피해자이다' 같은 명제 ─ 을 부여하는 개별적 이성이다. 이처럼 표상과 개별적 이성 없이는 이성에 대한 감정의 의존성은 설명될 수 없다.[63]

한편, 토마스는 이성적 능력에 대한 감정의 의존성을 의지의 측면에서도 설명하려 한다. 그는 앞의 인용문뿐만 아니라 그 밖의 여러 곳에서 어떤

---

[63] *De ver.*, q. 25, a. 4, c.: "Subduntur autem appetitivae inferiores, scilicet irascibilis et concupiscibilis, rationi, tripliciter. Primo quidem ex parte ipsius rationis. Cum enim eadem res sub diversis conditionibus considerari possit, et delectabilis et horribilis reddi, ratio opponit sensualitati mediante imaginatione rem aliquam sub ratione delectabilis vel tristabilis, secundum quod ei videtur, et sic sensualitas movetur ad gaudium vel tristitiam."; *Sum. theol.* I-II, q. 9, a. 2, ad 2: "…… sicut imaginatio formae sine aestimatione convenientis vel nocivi non movet appetitum sensitivum ……"; II-I, q. 17, a. 7, c.: "Apprehensio autem imaginationis, cum sit particularis, regulatur ab apprehensione rationis, quae est universalis, sicut virtus activa particularis a virtute activa universali. Et ideo ex ista parte, actus appetitus sensitivi subiacet imperio rationis."

힘들이 서로 관계를 맺고 있을 때, 그중의 한 힘—주로 상위의 힘—안의 강력한 운동이 다른 힘으로 '흘러넘친다'(redundare)라고 말하고 있다.

특정한 질서로 서로 연결된 능력들에서 어느 한쪽 능력, 특히 상위에 있는 능력 안의 강렬한 운동이 다른 능력으로 흘러넘치는 일이 생긴다. 그래서 선택에 의한 의지의 운동이 어떤 대상과 관련해 강렬해질 때, 분노적이고 욕망적인 운동이 의지의 운동을 따르는 일이 생긴다. 그러므로 『영혼론』 제3권에서는, 마치 천체 세계에서 [상위] 천구가 [하위] 천구를 운동시키듯이, 상위 욕구가 하위 욕구를 운동시킨다고 말하는 것이다.[64]

가령, 어떤 사람이 매우 강력한 의지로 죄의 치욕을 피하려 할 때, 그는 동일한 대상에 대한 두려움의 감정 또한 느낄 수 있다.[65] 대상을 향한 의지 운동의 강도가 높을 때, 의지는 동일한 대상에 대한 감각적 감정까지 불러일으킨다. 말하자면, 의지 운동이 감각적 감정을 동반한다는 것은 의지가 강력하다는 사실에 대한 일종의 '표시'(signum)라고 할 수 있다.[66] 이성적 욕구인 의지는 그 지향의 강도로써, 육체의 변화와 결부되어 있는 감

---

[64] De ver., q. 25, a. 4, c.: "In viribus enim ordinatis ad invicem et connexis ita se habet, quod motus intensus in una earum, et praecipue in superiori, redundat in aliam. Unde, cum motus voluntatis per electionem intenditur circa aliquid, irascibilis et concupiscibilis sequitur motum voluntatis. Unde dicitur in III de anima quod appetitus movet appetitum, superior scilicet inferiorem, sicut sphaera sphaeram in corporibus caelestibus."; De anima III, c. 11, 434a13.

[65] De ver., q. 26, a. 6, c.: "…… quando ex voluntate passio excitatur, secundum quod motus superioris appetitus redundat in inferiorem; sicut cum quis per voluntatem detestatur peccati turpitudinem, ex hoc ipso inferior appetitus ad verecundiam afficitur."

[66] De ver., q. 26, a. 7, c. 참조.

각적 욕구에까지 영향을 끼칠 수 있다. 따라서 의지가 전제되지 않았다면 단순히 감각적 즐거움을 향해 움직였을 인간의 감각적 성향이 의지의 힘에 휩쓸려 정신적 선에 맞추어지는 일이 생기는 것이다. 바꾸어 말하자면, 정신적 선에 대한 감정을 갖는 일은 의지의 강력한 선행 운동이 없다면 불가능할 것이다.[67]

의지의 '흘러넘침'이라는 것이 토마스의 텍스트 곳곳에서 발견되는 표현임에도 불구하고, 사실 이에 대한 토마스의 자세하고 명쾌한 설명은 거의 찾을 수 없다. 다만 한 가지 분명하게 확인해야 할 것은, 감정 안으로 의지가 흘러넘친다는 이 표현이 의지가 그 감정을 의식적으로 원하거나 선택한다는 의미로 해석되어서는 안 된다는 것이다. 의지의 흘러넘침은 본래적 대상 자체에 대한 의지의 몰입 속에서 무의식적으로 수반되는 감각적·육체적 반응이라고 보아야 한다. 다시 말해 여기서 문제되는 것은 의지의 대상과 감정의 대상이 일치를 이루는 것이지, 감정 자체가 의지의 대상이 되는 것은 아니다. 즉 여기서 감정은 의지의 대상이 아니라 의지의 효과 (effectus)일 뿐이다.[68]

---

67 토마스는 「시편」 84, 3의 "살아 계신 하느님을 향하여 제 마음과 제 몸이 환성을 지릅니다"라는 구절을 바로 이런 맥락에서 해석한다. *Sum. theol.* I-II, q. 30, a. 1, ad 1: "…… appetitus sapientiae, vel aliorum spiritualium bonorum, interdum concupiscentia nominatur, vel propter similitudinem quandam, vel propter intensionem appetitus superioris partis, ex quo fit redundantia in inferiorem appetitum, ut simul etiam ipse inferior appetitus suo modo tendat in spirituale bonum consequens appetitum superiorem, et etiam ipsum corpus spiritualibus deserviat; sicut in Psalmo LXXXIII, dicitur, cor meum et caro mea exultaverunt in Deum vivum."

68 토마스는 『진리론』 제26문 제6절에서 감정이 의지와 관계를 맺는 방식을 설명하면서 이 사실을 분명하게 강조하고 있다. *De ver.*, q. 26, a. 6, c.: "Habet autem se passio ad voluntatem tripliciter. Uno modo ut voluntatis obiectum …… Secundo prout passio aliqua excitat voluntatem, vel intendit eam …… Tertio modo e converso, quando ex voluntate passio excitatur, secundum quod motus superioris appetitus redundat in inferiorem …… In primo ergo modo

토마스의 표현대로 의지가 '흘러넘쳐' 생겨나는 감정이나 의지에 의해 의식적으로 선택된 감정 모두, 이성적 의지에 대한 발생적 의존성을 잘 보여 주는 감정의 유형들이다. 토마스는 특히 의지에 의해 선택된 감정, 즉 의지의 대상으로서 촉발된 감정을 의지의 보조물(adiutorium)이라고 부른다.[69] 즉 의지는 대상을 향한 자신의 운동을 보다 원활하게 수행하기 위해, 자신의 운동을 강화하는 데 도움이 되는 감정을 자신의 보조물로서 원할 수 있다는 것이다. 신을 사랑하려는 의지를 지닌 사람이 '슬픔의 그리스도'(man of sorrows) 같은 성화(聖畫, Andachtsbild)나 십자고상(十字苦像)을 바라보면서 수난당한 그리스도에 대한 슬픔과 사랑의 감정을 깊이 느끼려는 것도 그러한 사례라고 할 수 있다.

의지가 자신의 보조물로서 감정을 선택하는 까닭은 감정 자체가 의지의 목적 달성에 적합하고 유용한 선으로서 이성에 의해 판단되기 때문이다. 이 점에서 감정의 선택은 무의식적 의지의 흘러넘침보다 이성적 능력에 대한 감정의 의존성을 더 명백한 형태로 보여 주고 있음이 틀림없다. 그러나 선택된 감정이라는 것이 다만 제한적 현실성을 지닐 뿐이라는 것 역시 분명한 사실이다. 슬픔이나 기쁨의 감정을 갖고자 원한다고 해서 언제나 실제로 그런 감정의 영향 아래 놓일 수는 없는 것처럼 감정을 인위적으로 원해 선택하는 것은 그 자체로 분명 가능한 일이기는 하지만, 결코 쉬운 일이 아니며 또한 항상 성공할 수 있는 일도 아니다. 그 까닭은 감정의 발생이 육체적 조건과도 결부되어 있기 때문이다. 감정은 이성적 능력에 복속되어 있지만 자기 자신의 발생 근거 또한 지니고 있기 때문에, 이성에 대해 일방적이고 필연적인 종속성을 지니는 '노예'와 같은 것이 아니다.[70]

---

  passio se habet ad voluntatem ut obiectum: in secundo ut principium: in tertio ut effectus."

69 의지의 '보조물'이라는 표현은 의지가 흘러넘쳐 생겨난 감정이 의지의 강도의 '표시'라는 것에 대비되는 표현이다. De ver., q. 26, a. 7, c. 참조.

2) 이성 활동에 선행하는 감정

지금까지 살펴본 감정은 이성적 능력의 활동을 뒤따르는 것들로서, 이러한 감정의 기원에는 어떤 방식으로든 이성적 판단이나 의지 활동(volitio)이 개재되어 있다. 그러나 토마스는 이성적 능력의 활동에 선행하는 감정 역시 존재한다는 사실을 간과하지 않는다. 감정은 이성적 능력에 의존해 발생할 수도 있지만, 이성적 능력의 활동에 대해 독자적인 자기 자신의 인식적 기원을 지닐 수도 있다. 토마스가 말하듯이, "감각적 욕구는 인간 아닌 동물들 안의 평가적 능력이나 보편적 이성이 인도하는 인간 안의 인식 능력에 의해 움직여질 수 있는 본성을 지닐 뿐만 아니라 상상이나 감각에 의해 움직여질 수 있는 본성도 지니고 있다".[71] 즉 동물의 평가적 능력이나 그에 해당하는 인간의 이성적 인식 능력이 작용하지 않더라도, 단순히 감각적 인식의 표상만으로도 즉흥적으로 생겨날 수 있는 감정이 있다는 것이다. 이러한 감정의 발생은 우리 이성의 힘에 달려 있지 않다. 그것들을 일으키는 외적 감각 대상들의 현존이 이성의 힘에 달려 있지 않기 때문이다.[72]

토마스는 『진리론』 제25문 제5절에서 '관능(sensualitas) 안에 죄가 있을 수 있는가'라는 문제를 다루면서 바로 이러한 '선행 감정'(passio praeveniens

---

70 *Sum. theol.* I, q. 81, a. 3, ad 2; *Sum. theol.* I-II, q. 17, a. 7, c. 참조.

71 *Sum. theol.* I, q. 81, a. 3, ad 2: "Natus est enim moveri appetitus sensitivus non solum ab aestimativa in aliis animalibus, et cogitativa in homine, quam dirigit universalis ratio, sed etiam ab imaginativa et sensu."

72 *Sum. theol.* I, q. 81, a. 3, ad 3: "…… sensus exteriores indigent ad suos actus exterioribus sensibilibus quibus immutentur, quorum praesentia non est in potestate rationis."; *Sum. theol.* I-II, q. 17, a. 7, ad 3: "…… quia ad apprehensionem sensus requiritur sensibile exterius, non est in potestate nostra apprehendere aliquid sensu nisi sensibili praesente, cuius praesentia non semper est in potestate nostra."

iudicium rationis)의 특징을 자신의 논거로 끌어들이고 있다. 죄는 응당 그러해야 할 올바른 질서에서 벗어나는 활동에 다름 아니다. 이러한 질서의 벗어남이 도덕적 결함의 의미를 지닐 때, 다시 말해 질서의 벗어남이 우리의 힘 안에 있는 것일 때, 죄는 사죄(死罪, peccatum mortale)의 성격을 띠게 된다. 그런데 여기서 토마스는 관능에 대한 책임을 어느 정도 제한하려 시도하는데, 그 까닭은 관능의 작용이 이성의 판단에 선행하는 한 완전한 의미에서 우리의 힘 안에 있다고 볼 수는 없기 때문이라는 것이다.[73] 따라서 관능에는 죄가 있지만 적어도 사죄는 있을 수 없다는 것이 토마스의 논지이다. 여기서 토마스는 후속 감정을 배제하고 관능의 작용을 단순히 선행 감정과 동일시하고 있다. 이러한 동일시가 문제를 지나치게 단순화하는 것이라는 문제 제기가 당연히 있을 수 있겠지만, 어쨌든 우리가 확인할 수 있는 것은 선행 감정이 그 도덕적 질의 정도에 있어 앞에서 설명했던 후속 감정들과는 분명하게 구분된다는 토마스의 인식이다.[74]

선행 감정이 후속 감정과는 다른 수준의 도덕성을 지닌다는 이러한 인식은 감정이 죄나 공로를 경감하거나 증대시킬 수 있는가라는 물음과 관련해 특히 중요한 역할을 한다. 토마스에 따르면, 선행 감정은 죄의 본질적 장본(張本)인 이성적 의지의 온전한 작용을 방해해 그 작용을 덜 수의적인 것으로 만들 수 있기 때문에 죄를 경감하며, 후속 감정은 죄를 향한 의지의 강한 지향의 결과이므로 오히려 죄를 증대시킨다.[75] 마찬가지 이유에

---

73 *De ver.*, q. 25, a. 5, c.: "Actus autem sensualitatis non est perfecte in potestate nostra, eo quod praevenit iudicium rationis."
74 관능 안에 사죄가 있을 수 있는가라는 문제를 다루는 병행 문헌은 『신학대전』 제2부 제1편 제74문이다. 여기서도 실질적 결론은 같지만 그를 위한 논거는 좀 다르다. 여기서 토마스는 선행 감정의 특징에 주목하는 대신에, 사죄는 목적을 향한 질서의 결여에 있으며 목적을 향한 질서는 오로지 이성의 몫일 따름이라는 보다 상식적이고 일반적인 논거를 취한다.
75 *Sum. theol.* I-II, q. 77, a. 6 참조.

서 의지가 반대로 공로적 행업을 이루었을 경우에 선행 감정은 그 공로를 경감하고 후속 감정은 그 공로를 증대시킨다.[76] 이렇게 죄와 공로의 크기와 감정의 관계에 대한 토마스의 논의는 선행 감정이 후속 감정보다 덜 수의적일 수밖에 없다는 통찰을 바탕으로 전개되고 있다.[77]

그러나 선행 감정 역시 그 수의성(隨意性)이나 책임성이 어느 정도 완화될 수 있을 뿐, 결코 완전히 제거될 수는 없다. 그 까닭은 선행 감정이 판단이나 선택에 의해 생겨나지는 않았다 하더라도 여전히 특정 의미에서 이성적 능력에 대한 의존성을 지니고 있기 때문이다. 그렇다면 선행 감정은 과연 어떤 의미에서 이성적 능력에 의존하고 있다고 말할 수 있을까? 이에 대한 첫째 대답은 이성적 발생 근거와는 무관한 이러한 감정이 발생하기 이전에 우리가 이성적 예지를 통해 그것을 막을 수 있었다는 것이다.

> 때때로 감각적 욕구의 운동이 상상이나 감각의 파악을 따라 갑자기 촉발될 때가 있다. 이때 그 운동은 이성의 명령과 무관하지만, 이성이 미리 예견했다면 막을 수 있었을 것이다.[78]

선행 감정은 반드시 그것을 촉발하는 감각적 대상을 지니는 바, 상황에 따라 우리는 어떤 감정을 불러일으킬 그러한 특정 대상을 마주치게 되리

76　*De ver.*, q. 26, a. 6; *Sum. theol.* I-II, q. 24, a. 3 참조.

77　*De ver.*, q. 26, a. 6, c.: "Passiones autem non sunt voluntatis nec ut imperantis nec ut elicientis: passionum enim principium, in quantum huiusmodi, non est in nobis; voluntaria autem dicuntur aliqua ex hoc quod in nobis sunt; unde passiones interdum actum voluntatis praeveniunt."

78　*Sum. theol.* I-II, q. 17, a. 7, c.: "Contingit autem etiam quandoque quod motus appetitus sensitivi subito concitatur ad apprehensionem imaginationis vel sensus; et tunc ille motus est praeter imperium rationis, quamvis potuisset impediri a ratione si praevidisset."

라는 앎을 미리 가질 수 있다. 그리고 우리는 그런 대상을 마주쳤을 경우에 아마도 어떤 정서적 반응을 갖게 될 것이라는 자신의 성향이나 습성에 대한 앎을 가질 수 있다. 예컨대, 이성의 질서를 혼탁하게 하는 육체적 쾌락의 욕구를 피하고자 하는 사람은 관능적 여인에게서 쉽사리 육체적 쾌락의 욕구를 느끼는 자신의 성향과 그런 여인을 마주치게 될 정황을 미리 알고 있다면, 그 대상을 마주칠 기회를 의식적으로 봉쇄하든지 혹은 장기적으로 자신의 성향을 개선하려 노력함으로써 쾌락을 쫓는 감정을 피할 수 있을 것이다.

이성적 능력에 대한 선행 감정의 의존성을 설명하는 둘째 방식은 이미 발생한 감정에 대한 조절 가능성에 주목하는 것이다. 즉 어떤 감정이 이성과 무관하게 이미 발생했다 하더라도, 우리는 그 감정의 대상과 감정 자체를 이성적 숙고의 대상으로 만듦으로써 그 감정을 승인하거나 거부할 수 있다. 이러한 일은 일차적으로 기존 감정을 일으킨 표상에 대한 평가적 판단을 철저히 수행함으로써 가능하다. 일반 명제와 표상을 결합한 평가적 판단의 결과 표상이 기존 감정을 낳을 만한 것으로 나타날 경우에 우리는 그 감정을 승인할 것이며, 때늦기는 하지만 이로써 감정은 이성적 판단을 따르는 감정의 질을 획득하게 될 것이다. 반면에 평가적 판단의 결과 기존 감정이 정당하지 못한 것으로 나타난다면, 우리는 기존 감정을 그 자체로 없애 버리거나 혹은 의도적으로 새로운 표상을 구성함으로써 새로운 후속 감정으로 교체할 수 있을 것이다.

3) 감정에 대한 책임의 근거

우리가 어떤 행위의 주인이라고 할 수 있는 이유는 각자가 이성과 의지로써 그 행위를 하기 때문이다.[79] 이성적 능력에 의존하는 행위만이 단순한 '인간의 행위'(actio hominis)가 아니라 엄밀한 의미에서 '인간적 행위'(actio humana)라고 할 수 있다. 그리고 그런 행위들만이 책임의 대상이된다. 어떤 것에 대해 책임을 져야 한다는 것은 그것이 우리 힘 안에 있다는 것, 다시 말해 우리가 그것의 주인이라는 것을 뜻하기 때문이다. 토마스는 이성과 의지에서 비롯되는 것을 수의적인 것(voluntarium)이라 부른다.[80] 수의적인 것들만이 도덕적 선이나 악의 속성을 지닐 수 있으며, 보상이나 처벌받을 가치를 지닌다.[81] 토마스는 『신학대전』 제2부 제1편 제74문에서 죄의 주체를 탐구하면서 그것을 의지와 의지에 의해 움직여지는 능력들로 한정하고 있다.[82] 감정이 도덕성을 지니며 우리가 감정에 대해 책임

---

79 *Sum. theol.* I-II, q. 1, a. 1, c.: "Est autem homo dominus suorum actuum per rationem et voluntatem."; q. 77, a. 6, c.: "In nobis autem aliquid esse dicitur per rationem et voluntatem."; *De ver.,* q. 26, a. 6, c.: "Sumus autem domini nostrorum actuum per voluntatem."

80 *Sum. theol.* I-II, q. 6, aa. 1-2 참조. 따라서 수의적인 것과 인간적인 것은 결국 동일한 것이다. *Sum. theol.* I-II, q. 18, a. 6: "…… aliqui actus dicuntur humani, inquantum sunt voluntarii."

81 *Sum. theol.* I-II, q. 24, a. 1, c.: "Si autem [passiones animae] considerentur secundum quod subiacent imperio rationis et voluntas, sic est in eis bonum et malum morale. Propinquior enim est appetitus sensitivus ipsi rationi et voluntati, quam membra exteriora; quorum tamen motus et actus sunt boni vel mali moraliter, secundum quod sunt voluntarii. Unde multo magis et ipsae passiones, secundum quod sunt voluntariae, possunt dici bonae vel malae moraliter."; a. 9, c.: "Unde necesse est omnem actum hominis a deliberativa ratione procedentem in individuo consideratum bonum esse vel malum."

82 토마스는 『신학대전』 제2부 제1편 제74문 제1항과 제2항에서 죄의 주체를 탐구하면서 의지와 의지에 의해 움직여지는 능력들만이 도덕성의 주체가 될 수 있다고 말하고 있다. *Sum. theol.* I-II, q. 74, a. 1, c.: "Cum autem proprium sit actuum moralium quod sint voluntarii, ut supra dictum est; sequitur quod voluntas, quae est principium actuum voluntariorum, sive bonorum sive malorum quae sunt peccata, sit principium peccatorum."; a. 2, c.: "Unde non sola voluntas potest esse subiectum peccati, sed omnes illae potentiae quae

을 져야 하는 까닭은 감정이 의지에 의해 움직여지기 때문이다. 다시 말해 감정에 대한 책임의 근거는 이성적 능력에 대한 감정의 의존성 혹은 감정의 수의성에 있는 것이다.

지금까지 선행 감정과 후속 감정의 구분을 기초로 해서 이성적 능력에 대한 감정의 의존성이 두 가지로 구분될 수 있다는 점을 살펴보았다. 이것은 감정에 대한 책임의 근거가 두 가지 방식으로 이해될 수 있음을 의미한다. 후속 감정은 애초에 이성적 능력에 대한 발생적 의존성을 지니고 있기 때문에, 그것이 존속하고 있는 한에서 책임의 근거는 이미 그 자체에 내재하고 있다. 그러나 후속 감정에서는 책임의 근거를 찾기 위해 감정의 조절 가능성을 따질 필요가 없다. 하지만 이성 혹은 의지의 명령과 무관하게 생겨난 선행 감정의 경우에, 책임의 근거는 이성적 능력이 그것의 발생을 막을 수 있었으며 지금이라도 조절할 수 있다는 가능성에 있다. 다시 말해 그 근거는 감정의 발생에 전혀 개입한 바가 없기 때문에, 그 감정에 대해 아직 낯선 능력으로 남아 있을 수밖에 없는 이성과 의지가 그 감정에 가하는 외적 영향에서 찾아져야 한다.

이러한 두 종류의 의존성은 토마스가 구분하는 두 가지 의미의 수의성에 대응한다. 토마스에 따르면, 우리는 의지가 어떤 것을 지향할 때 그것을 수의적인 것이라고 말하기도 하지만, 의지가 그것을 막을 수 있었으나 막지 않은 것 역시 수의적인 것이라고 말한다.[83]

---

    possunt moveri ad suos actus, vel ab eis reprimi, per voluntatem. Et eadem etiam potentiae sunt subiecta habitum moralium bonorum vel malorum ……."

83 *Sum. theol.* I-II, q. 24, a. 1, c.: "…… ipsae passiones, secundum quod sunt voluntariae, possunt dici bonae vel malae moraliter. Dicuntur autem voluntariae, vel ex eo quod a voluntate imperantur, vel ex eo quod a voluntate non prohibentur."

어떤 것은 직접적 의미에서 그리고 간접적 의미에서 수의적이라고 말할 수 있다. 의지가 향하는 것[대상]은 직접적으로 수의적이다. 의지가 막을 수 있었으나 막지 않은 것은 간접적으로 수의적이다.[84]

의지의 지향 혹은 명령을 현실적으로 내포하고 있는 후속 감정이 직접적·내재적 의미의 수의성을 지닌다면, 선행 감정은 막을 수 있는 잠재력이라는 의미의 수의성, 즉 보다 넓은 기초적 의미의 수의성만을 지닌다.

첫 번째 의미의 수의성이 보다 강한 의미의 수의성이며, 따라서 보다 엄격한 의미에서 책임의 근거가 될 수 있다는 것은 의심의 여지가 없다. 문제는 선행 감정이 지니는 두 번째 의미의 수의성에 있다. 선행 감정에 관한 예지를 가졌더라면 그것을 막을 수 있었을 것이라는 설명이나 그것이 일단 생겨났더라도 이성적 능력에 의해 제어할 수 있으리라는 설명은, 다만 이미 발생한 비이성적 감정에 대한 일종의 반사실적 가정(counterfactual assumption) 또는 아직 확정되지 않은 개연적 가능성에 기초한 논거로 보이기 때문이다.

그러나 감정을 촉발할 수 있는 다양한 외적 조건과 한 인격체 내부에 잠재해 있는 복잡한 정서적 성향을 모두 예지한다는 것은 그다지 가능한 일로 보이지 않는다. 이미 발생한 감정에 대한 조절 가능성 역시 이성적 능력에 대한 감정의 의존성을 유보나 제한 없이 증명해 주기에는 역부족인 것처럼 보이는데, 무엇보다 이러한 조절 가능성은 선행 감정의 발생 그 자체에 대해서는 적용될 수 없기 때문이다. 말하자면, 어떤 감정이 발생하는 첫 순간에는 이성적 능력이 개입할 여지가 없다. 따라서 우리는 책임을 물을 수 없는 하나의 주어진 사실로서의 감정에서 출발해야 한다.

---

84 *Sum. theol*. I-II, q. 77, a. 7, c.: "…… aliquid dicitur voluntarium directe vel indirecte: directe quidem, id in quod voluntas fertur; indirecte autem, illud quod voluntas potuit prohibere, sed non prohibet."

또한 우리가 선행 감정에 대해 그것이 정당하지 않다는 이성적 판단을 사후적으로 내렸다고 해서, 그것을 의도적으로 없애 버리거나 '이성적' 감정으로 교체하는 것이 간단한 일은 아니라는 점도 염두에 두어야 한다. 감정을 이성적으로 조절하려는 우리의 노력이 감정의 완강한 저항에 의해 실패로 돌아가는 일은 어째서 그렇게 자주 일어나겠는가! 감정의 중단을 선택하는 것은 감정의 발생을 선택하는 것과 크게 다를 바 없다. 정의로운 슬픔이나 분노의 감정을 갖기를 원한다고 쉽게 생겨나지 않는 것처럼 비이성적 쾌락이나 두려움의 감정이 사라지기를 원한다고 쉽게 사라지는 것은 아니다. 그 이유는 감정이 이성적 능력에 의존하면서도 자기 자신의 존속 근거를 지니고 있기 때문이다. 감정은 이성에 절대적으로 노예처럼 맹종하는 것이 아니다.[85] 이런 의미에서 토마스는 감정에 대한 이성의 지배권이 전제적 지배권(despoticus principatus)이 아니라 정치적·합법적 지배권(politicus et regalis principatus)이라고 말한다. 그러므로 우리는 이성이 당연히 감정을 조절하는 능력을 지니고 있지만, 반대로 감정 역시 이성에 영향을 끼칠 수 있다는 것을 염두에 두어야 한다. 토마스 역시 이성에 대한 감정의 반대 영향을 곳곳에서 강조하고 있다.[86]

4) 감정에 대한 내적 태도

그러므로 예지 가능성과 조절 가능성을 감정의 도덕성에 대한 근거로 삼는다면, 우리는 현실적으로 감정의 도덕성에 어떤 예외를 인정해야만 할 것 같다. 전혀 예상치 못한 상태에서 급작스럽게 발생하는 감정이나 이성

85　이 장의 주 70 참조.
86　*Sum. theol.* I-II, q. 77, a. 1; *De ver.*, q. 26, a. 6, c.; a. 10, c. 등 참조.

의 조절 노력에도 불구하고 완강하게 잔존하는 감정의 경우에, 그것들 역시 앞에서 언급한 기초적 의미의 수의성을 지닌다고 단언하기는 그리 쉬워 보이지 않기 때문이다. 평생 원죄로 인해 타락한 삶을 살아가면서 비이성적 감정에서 벗어나지 못하는 것이 우리네 죽을 인간의 현실이라는 것을 애초에 인정한다면, 감정에 대한 책임에 한계를 설정하고 적어도 '어쩔 수 없는 감정들'에 대해서는 면책 가능성을 인정하는 것이 옳지 않을까? 토마스가 『신학대전』 제74문 제3항에서 관능 안에 죄가 있을 수 있는지를 논하면서 예시하고 있는 반론 가운데 하나가 이러한 물음과 관련해 중요한 시사점을 준다.

> 아우구스티누스가 말하듯이, 피할 수 없는 일에 대해서는 그 누구도 죄를 짓지 않는다. 그런데 인간은 무질서한 관능의 활동을 피할 수 없다. 인간이 사멸적 삶을 살아가는 한에서 종신토록 타락의 관능이 있기 때문이다. 아우구스티누스가 말하듯이, 관능은 바로 그래서 뱀이라 불리는 것이다. 따라서 관능의 운동의 무질서는 죄가 아니다.[87]

관능 안에 죄가 있을 수 없다고 말하는 이 반론에 대해 토마스는 어떻게 대답할까? 그는 인간이 현세의 삶에서 관능의 무질서한 운동, 즉 무질서한 감정을 모두 피할 수는 없다는 것을 전혀 부정하지 않는다. 관능의 타락은 현실적으로 남아 있는 원죄의 영향으로서, 인간 안에 결코 완전히 사라지지 않는 죄의 불씨가 있기 때문에 모두 피할 수는 없다. 토마스가

---

87 *Sum. theol.* I-II, q. 74, a. 3, arg. 2: "…… nullus peccat in eo quod vitare non potest; sicut Augustinus dicit. Sed homo non potest vitare quin actus sensualitatis sit inordinatus: est enim sensualitas perpetuae corruptionis quandiu in hac mortali vita vivimus; unde et per serpentem significatur, ut Augustinus dicit. Ergo inordinatio motus sensualitatis non est peccatum."

제시하는 대답의 요점은 설사 인간이 관능의 타락을 모두 피할 수는 없다 하더라도, 관능의 개별적 운동을 피할 수 있는 능력은 언제나 가지고 있다는 것이다.[88] 죄의 불씨가 아무리 뿌리 깊다 하더라도 이성적 의지의 본원적 자유를 박탈할 수는 없다는 것이 그의 믿음이다.

토마스는 반론의 전제와 관능의 수의성 및 도덕성이 양립할 수 있다고 주장한다. 이성적 의지는 어느 상황에서도 관능의 개별적 운동에 대한 저항 능력을 지닌다. 그럼에도 인간이 현실적으로 평생 관능의 타락에서 벗어날 수 없는 까닭은, 의지가 한번 무질서한 관능에 대해 승리하고 나면 그 즉시 또 다른 무질서한 관능의 도전에 직면하기 때문이다. 예컨대, 어떤 사람이 지식의 사변으로 자신의 관심을 돌려 육적 쾌락의 욕망을 겨우 극복했다 하더라도, 의지가 승리한 바로 그 자리에서 예상치 못한 헛된 영예를 향한 감정의 운동이 시작될 수 있다.[89] 이성적 의지가 관능의 개별적 운동은 조절할 수 있되 무질서한 관능의 무한한 운동 가능성 자체를 근절할 수 없다는 사실, 바로 이것이 우리가 관능의 타락을 모두 피할 수는 없다고 말하는 이유이다. 그러나 이 사실은 적어도 관능의 개별적 운동 각각

---

88 *Sum. theol.* I-II, q. 74, a. 3, ad 2: "Sed talis corruptio fomitis non impedit quin homo rationabili voluntate possit reprimere singulos motus inordinatos sensualitatis, si praesentiat, puta divertendo cogitationem ad alia." 아울러 q. 6, a. 7, ad 3도 참조. "Sed quandoque in his quae per concupiscentiam aguntur, non totaliter tollitur cognitio, quia non tollitur potestas cognoscendi; sed solum consideratio actualis in particulari agibili. Et tamen hoc ipsum est voluntarium, secundum quod voluntarium dicitur quod est in potestate voluntatis, ut non agere et non velle, similiter autem et non considerare, potest enim voluntas passioni resistere, ut infra dicetur."

89 *Ibid.*: "Sed dum homo ad aliud cogitationem divertit, potest etiam circa illud aliquis inordinatus motus insurgere, sicut cum aliquis transfert cogitationem suam a delectabilibus carnis, volens concupiscentiae motus vitare, ad speculationem scientiae, insurgit quandoque aliquis motus inanis gloriae impraemeditatus."

에 대해서는 어떠한 책임 면제의 이유가 될 수 없다.

그런데 토마스는 비이성적 감정을 모두 피할 수는 없는 현실적 조건을 잘 알고 있으면서도 왜 감정 일반의 기초적 수의성을 양보하지 않으려는 것일까? 다음의 구절은 토마스의 본의를 더 잘 이해할 수 있게 해 준다.

> 사도 바오로가 나는 악을 미워하지만 그것을 행한다 — 이는 곧 욕망한다는 말이다 — 고 말하듯이, 설사 의지가 욕망의 운동이 발생하는 것을 막을 수 없다고는 하더라도 의지는 욕망을 원하지 않을 수 있으며 욕망에 동의하지 않을 수 있다.[90]

토마스는 여기서 의지가 감정의 발생이나 잔존을 막는 데 실제로 성공했느냐의 여부보다 감정에 대한 의지의 내적 태도를 문제 삼고 있다. 궁극적으로 의지의 자유는 비이성적 감정에 대한 저항이 성공해 그것이 실제로 제거되어야 한다는 사실이 아니라 저항이나 동의의 태도를 스스로 선택할 수 있는 의지의 능력 그 자체에서 발견되어야 한다. 경우에 따라 외적 행위로 실현되지 못하는 의지의 운동이 있을 수 있듯이, 감정의 제거 여부와 상관없이 감정에 대한 의지의 저항은 언제나 존재할 수 있다. 어떤 활동이 수의적일 수 있는 근본적 이유는, 그 활동에 대한 의지의 사실적 통제 여부에 있다기보다는 자유로운 내적 태도로서 그 활동에 대해 관계를 맺을 수 있는 의지의 능력에 있다. 토마스가 주장하는 감정의 기초적 수의성과 도덕성은 바로 이 의지의 능력에 근거하는 것이다.

---

[90] *Sum. theol.* I-II, q. 10, a. 3, ad 1. "...... etsi voluntas non possit facere quin motus concupiscentiae insurgat, de quo apostolus dicit Rom. VII, *quod odi malum, illud facio*, idest concupisco; tamen potest voluntas non velle concupiscere, aut concupiscentiae non consentire. Et sic non ex necessitate sequitur concupiscentiae motum."; 「로마」 7, 15: "나는 내가 하는 것을 이해하지 못합니다. 나는 내가 바라는 것을 하지 않고 오히려 내가 싫어하는 것을 합니다."

앞의 인용문에서 나타나는 것처럼 토마스의 본의는 분명 책임의 근거를 결과의 차원, 즉 감정의 현실적 중단이나 조절 여부가 아니라 원인의 차원, 곧 내면에 있는 의지의 활동과 태도로 소급하려는 것 같다.[91] 감정의 현실적 운동과 그에 대한 의지의 태도를 분리하는 이러한 시각을 받아들인다면, 우리는 아마도 의지의 단호한 저항에도 불구하고 막지 못하는 감정이 존재할 수 있다는 결론 또한 받아들여야 할 것이다. 이러한 '어쩔 수 없는 감정'의 경우에, 도덕적 판단에서 중요한 것은 그 감정 자체가 아니라 감정에 대한 의지의 태도이다. 만일 어떤 사람이 자신의 내면에 현실적으로 잔존하는 비이성적 감정에도 불구하고 이성적 의지로써 그것을 막고자 충분히 노력했다면, 이로써 그 사람은 단죄당해야 하는 것이 아니라 오히려 공로를 쌓았다고 보는 것이 옳을 것이다.

감정이 의지에 의해 움직여질 수 있는 본성을 지니고 있으며 그런 의미에서 의지에 복속되어 있다는 토마스의 일반적인 주장은, 우리가 모든 감정을 완벽하게 통제할 수 있으며 그리하여 감정의 책임성에 어떠한 예외도 없다는 것을 뜻하지는 않는다. 물론, 토마스의 저작은 이러한 예외적 감정들에 대한 분명한 논의를 담고 있지 않다. 그러나 책임성을 면제받을 수 있는 예외적 감정들의 존재를 토마스가 기본적으로 부정하는 것 같지는 않다. 예컨대, 『신학대전』 제77문 제7절은 그가 수의적이지 않은 원인에서 생겨나는 감정의 면책 가능성을 인정하고 있음을 잘 보여 준다. 병

---

91 이러한 토마스의 시각은 감정에 대한 이성의 다양한 관계 가능성을 분석하는 『악론』의 다음 구절에서도 엿볼 수 있다. *De malo*, q. 7, a. 6, ad 6: "······ quando motus illicitus est in sensualitate, tripliciter se potest ad ipsum habere ratio. Uno modo sicut resistens: et tunc nullum est peccatum, sed est meritum coronae. Aliquando autem se habet ut imperans, puta cum ex proposito motum concupiscentiae illicitae excitat: et tunc si sit illicitum in genere peccati mortalis, erit peccatum mortale. Aliquando autem se habet ut neque prohibens neque imperans, sed consentiens; et tunc est peccatum veniale."

(aegritudo)과 같은 수의적이지 않은 원인들로 인해 이성의 실행을 차단할 정도로 강한 감정에 빠져드는 수가 있다는 것이다.[92]

감정의 현실적 운동과 그에 대한 의지의 태도를 분리하는 이러한 시각에 대해 우리가 마지막으로 던져 볼 수 있는 질문은 의지의 저항에도 불구하고 막지 못한 감정의 현실적 운동을 '어쩔 수 없는 감정'으로 판정할 수 있는 기준이 과연 무엇인가라는 것이다. 어떤 비이성적 감정이 책임을 면하기 위해서는 그것을 막기 위한 의지의 '충분한' 노력이 전제되어야 할 터인데, 도대체 이 충분한 노력이라는 것이 어느 정도의 노력을 말하는 것일까? 만일 누군가가 인간 영혼의 심리적 활동들에 대한 보상과 처벌의 객관적 기준을 찾으려 한다면, 그는 당연히 이러한 물음을 피해갈 수 없을 것이다. 그러나 우리가 사람들의 내면에서 심리적 활동의 데이터들을 직접 관찰할 수 있는 능력을 갖고 있지 않은 이상, 우리 인간들 가운데 그 누구도 이러한 물음에 대답할 수는 없을 것이다. 하지만 감정의 면책 가능성을 성립시키는 의지적 저항 노력의 객관적 기준을 제시할 수 없다고 해서 감정의 면책 가능성 자체가 부정되어야 하는 것은 아니다. 객관적 기준을 찾을 수는 없을지언정 감정의 현실적 운동에 의지가 동의하지 않는 현상, 바꾸어 말하자면 의지의 진실한 내면적 투쟁에도 불구하고 감정이 발생해 존속하는 현상은 우리가 우리 자신의 심리적 삶 속에서 얼마든지 경험할 수 있는 일이기 때문이다.

인간의 의지는 언제나 자유롭지만 결코 전능하지는 않다. 의지가 외적 대상을 언제나 성취할 수 있는 것이 아니듯이, 자신과 구분되는 특정한 영

---

92 *Sum. theol.* I-II, q. 77, a. 7, c.: "Si vero causa non fuit voluntaria, sed naturalis, puta cum aliquis ex aegritudine, vel aliqua huiusmodi causa, incidit in talem passionem quae totaliter aufert usum rationis; actus omnino redditur involuntarius, et per consequens totaliter a peccato excusatur." 비슷한 언급은 *Sum. theol.* I-II, q. 10, a. 3, c.에서도 발견된다.

혼의 능력에 언제나 성공적으로 영향을 끼칠 수 있는 것도 아니다. 이런 이유에서 감정에 대한 책임이 면제되는 일이 생기기는 하지만, 한편으로 우리는 이러한 면책 가능성이 감정이라는 심리적 운동을 넘어 감정으로 인한 외적 행위에까지 확장될 수 있는 것은 결코 아니라는 점 또한 확인해야 한다. 토마스는 의지의 동의 없이 감정이 홀로 결코 외적 행위를 실행시키지는 못한다고 강조한다.[93] 내가 어떤 감각적 대상 앞에서 두려움을 갖는 것 자체는 피할 수 없을지 몰라도, 적어도 두려움 때문에 도망치는 행위 자체는 의지의 동의 없이 일어나지 않는다는 것이다. 따라서 감정의 면책 가능성을 감정에 휘말린 행위의 면책 가능성으로 확장해서는 안 된다. 감정의 수의성과 책임의 토대인 의지의 내적 태도를 가늠할 수 있는 최소한의 기준은 어쩌면 바로 여기서 찾을 수 있을지도 모른다. 감정의 무질서

---

93 *De ver.*, q. 25, a. 4, c.: "Tertio ex parte motivae exequentis. Sicut enim in exercitu progressio ad bellum pendet ex imperio ducis, ita in nobis vis motiva non movet membra nisi ad imperium eius quod in nobis principatur, id est rationis, qualiscumque motus fiat in inferioribus viribus. Unde ratio irascibilem et concupiscibilem reprimit, ne in actum exteriorem procedant; propter quod dicitur Genes. IV, 7: *subter te erit appetitus tuus.*"; *Sum. theol.* I, q. 81, a. 3, c.: "Voluntati etiam subiacet appetitus sensitivus, quantum ad executionem, quae fit per vim motivam. In aliis enim animalibus statim ad appetitum concupiscibilis et irascibilis sequitur motus sicut ovis, timens lupum statim fugit, quia non est in eis aliquis superior appetitus qui repugnet. Sed homo non statim movetur secundum appetitum irascibilis et concupiscibilis; sed expectatur imperium voluntatis, quod est appetitus superior. In omnibus enim potentiis motivis ordinatis, secundum movens non movet nisi virtute primi moventis, unde appetitus inferior non sufficit movere, nisi appetitus superior consentiat. Et hoc est quod philosophus dicit, in III de anima, quod *appetitus superior movet appetitum inferiorem, sicut sphaera superior inferiorem.* Hoc ergo modo irascibilis et concupiscibilis rationi subduntur."; *Sum. theol.* I-II, q. 77, a. 7, c.: "…… vel [ratio potest passionem] impedire ne suum consequatur effectum, quia membra non applicantur operi nisi per consensum rationis, ut supra dictum est. Unde talis passio non totaliter excusat a peccato."

한 운동을 막으려 진실하게 저항하는 의지는 적어도 그 감정이 외적 행위로 나타나는 것을 허용하지 않을 것이다. 즉 감정으로 인한 외적 행위를 막는 것은 이미 존재하는 감정 자체의 책임이 면제되기 위한 충분조건은 아닐지언정 최소한의 필요조건으로 간주될 수 있을 것이다.

지은이의 말

1997년, 그러니까 지금으로부터 27년 전의 일이다. 토마스 아퀴나스를 공부하겠다고 독일 유학길에 오른 지 6개월 만에 비로소 뮌헨 예수회 철학대학(Hochschule für Philosophie München)에 등록하고는 들뜬 마음으로 도서관 서가에 찾아갔던 11월 초의 어느 날이었다. 중세 철학 서가를 채우고 있는 고색창연하고도 육중한 질감의 수백 권 전집을 목격하고는 그 가운데 한 권을 힘껏 꺼내 펼쳐 보자, 얇은 종이에 깨알 같은 글씨로 가득 인쇄된 라틴어가 눈에 들어왔다. 나중에야 알았지만, 그날 내가 마주한 누런색의 전집은 저 유명한 미뉴 판 '라틴 교부 전집'이였다.[1] 세월이 흐르면서 많은 일이 흐릿해졌지만 그날 느꼈던 감정은 똑똑히 떠오르거니와, 그것은 나 자신이 거대한 성벽 앞에 서 있는 개미 같다는 물리적 느낌이었다. 그 이후 내가 중세 철학을 공부한다는 것은 거대한 성벽 앞에서 개미굴 하나 파는 작업, 그 외에 다른 것이 아니었다. 지식과 지혜의 가늠할 수 없는 역'l를 파헤치는 작업! 다른 공부도 왜 안 그렇겠는가마는, 중세 철

---

1 19세기 후반 자크-폴 미뉴(Jacques-Paul Migne, 1800~75)는 '라틴 교부 전집'(Patrologia Latina) 총 221권, '그리스 교부 전집'(Patrologia Graeca) 총 161권을 발간해 교부학 연구의 토대를 놓았다. 한국에는 서울가톨릭대, 수원가톨릭대, 대구가톨릭대의 신학대학 도서관에 소장되어 있다.

학을 공부하는 좋은 점 가운데 하나는 끊임없이 자신을 인식하면서 착실한 겸손함을 배울 수 있다는 것이었다.

물론, 조바심이 나고 열패감이 들던 순간이 없었다면 그 또한 부끄러운 거짓말일 터이다. 그럼에도 지금까지 어찌어찌 중세 철학을 공부해 올 수 있었던 까닭은, 내가 아는 또 미처 모르는 수많은 은인의 희생 덕분일 것이다. 남들 덕에 또 남들 대신에 할 수 있었던 공부의 작은 결실이 지금 내놓는 이 책이다. 사실 이 책을 쓰려는 마음을 처음 가졌던 때는 2007년이다. '토마스 아퀴나스 윤리학의 영혼론석 기초'라는 다소 딱딱한 가제 아래, 대략의 목차를 구상해 놓고 나서 정작 집필은 오랫동안 미루고 미루다가 몇 년 전부터 비로소 본격적인 집필 작업을 할 수 있었다. 계획했던 원고의 몇 부분은 그동안 논문으로 작성해 먼저 발표하기도 했다. 이 책에는 이런 논문의 내용이 일부 반영되어 있기도 하지만, 이런 경우 단행본 연구서의 성격에 맞게 문맥과 문장을 다듬고 고쳤다. 더 풍부한 각주와 엄격한 학술적 형식을 갖추고 있는 나의 기존 발표 논문에 관심 있는 독자는 참고문헌을 확인하기 바란다.

프리부르 대학의 중세 철학 대가인 루디 임바흐(Ruedi Imbach)는 철학의 작업을 등정으로 비유하는 한 논문에서 생 빅토르의 리카르두스(Richardus de Sancto Victore, Richard of Saint Victor, 1110?~73)가 남긴 말을 다음과 같이 인용한다.

> 학문의 위대한 고상함은 자기 자신을 완전히 인식하는 것이다. 위대하고 고상한 도덕은 이성적 정신의 충만한 인식이다. 이 산은 세상의 모든 학문의 정점을 초월하며, 모든 철학과 모든 세상 학문을 높은 곳에서 내려다본다. 아리스토텔레스는 무엇을 발견했고 플라톤은 무엇을 발견했는가? 철학자들의 저 무리는 무엇을 발견할 수 있었는가? …… 오르기를 원치 않아

서든 그럴 능력이 없어서든 간에, 오, 얼마나 드문가, 이곳까지 오르는 이들이. 이 산에 오르는 일은 매우 드물고, 산의 정상에 서서 머무르는 일은 더 드물며, 여기서 거주하며 마음의 평안을 얻는 일은 극히 드물다. …… 먼저 올라야 하고 그다음에 서 있어야 한다. 서 있는 데는 물론 수고가 있지만 오르는 데는 더 큰 수고가 있다. 많은 사람이 등정의 지나친 수고 때문에 오르다 포기하고, 많은 이가 험난한 정상에 올랐다가 서 있는 수고 때문에 서둘러 내려온다. 이는 아마도 그들에게 참을 수 없게 보였을 것이다. 이 산에 오르기 위해서는 큰 수고가 필요할 뿐만 아니라 그곳에 머무르는 것 역시 큰 어려움 없이 허락되지 않기 때문이다.[2]

리카르두스가 말한 산은 「시편」에 나오는 '주님의 거룩한 산'이다.[3] 인격적 신이든 그렇지는 않은 또 다른 어떤 충만한 가치든 간에, 진리와 지혜에 다가선다는 것은 자기 인식에 다가선다는 뜻이다. 그리고 그것은 내면

---

[2] *Benjanmin minor*, cc. 75-76(ed. Châtillon 308-310): "Magna altitudo scientiae, semetipsum perfecte cognouisse. Mos magnus et altus, plena cognitio rationalis spiritus. Omnium mundanarum scientiarum cacumina mons iste transcendit, omnem philosophiam, omnem mundi scientiam ab alto despicit. Quid tale Aristoteles, quid tale Plato inuenit, quid tanta philosophorum turba inuenire potuit? …… O quam rari sunt, uel quia nolunt, uel quia nequeunt, qui huc usque ascendunt. Rarum ualde in hunc montem ascendere, sed multo rarius in eius vertice stare, et ibi moram facere, rarissimum autem ibi habitare et mente requiescere …… Prius est ascendere, postea stare. In stando quidem labor, sed in ascendendo maior. Multi quidem in ipsa ascensione deferunt propter minium laborem ascendendi, multi ab arduo eius uertice ocius descenderunt propter laborem standi. Hoc fortassis eis intolerabile uidebatur, quoniam non solum in hunc montem nisi per magnum laborem ascenditur, uerum etiam non sine magma difficultate ibi immorari non datur." (Ruedi Imbach, "Was bringt das Klettern?", *Freiburger Zeitschrift für Philosophie und Theologie* 61, 2014, pp. 1~18, 특히 pp. 10~11에서 재인용함).

[3] 「시편」 23, 3: "누가 주님의 산에 오를 수 있으랴? 누가 그분의 거룩한 곳에 설 수 있으랴?"

으로 들어간다는 말이면서 동시에 자신을 벗어나 위로 올라간다는 뜻이기도 하다. 플라톤, 플로티노스, 아우구스티누스, 마이스터 에크하르트 같은 선인(先人)들에게서 끊임없이 나타나는 이 상승과 등정의 모티프를 철학을 공부하는 사람들은 잊어서는 안 된다. 철학을 공부한다는 것은 공부하는 그 사람의 삶이 변화된다는 것이다. 철학은 삶의 양식이기 때문이다. 물론, 지상의 낮은 것들에 대한 욕심을 줄이고 위로 도망치는 이 변화[4]에는 수고가, 고통이 수반된다. 행복은 거저 주어지지 않거니와, 자유는 그것을 선택하고 버티는 끈기와 용기이리라.

힘이 곧 정당함이라고 믿는 사람이 권력을 누리고 경박한 사람이 진지한 사람보다 더 잘 살아가며, 염치를 모르는 사람이 평화의 보상을 받는 것처럼 보이는 시대이다. 그럴수록 가난한 마음으로 제 직무에 최선을 다할 일이다. 안으로 돌아가고 위로 올라가는 수고 없이는 누구도 지상의 것들을 바로잡을 수 없다. 올바른 수고 없이 희망은 어디 있겠으며, 희망 없는 분투가 또 어찌 올바름을 낳을 수 있겠는가? 탈고의 이 순간, 소중한 은인과 벗들이 — 그리고 이 책의 독자들이 — 수고로운 오르막길의 삶을 무사히 살 수 있기를 기도할 뿐이다. 이 책을 사랑하는 딸에게 준다.

2024년 10월
김율

---

4 *Enneades* III, 4, 6.

참고문헌

⟨ 원전 ⟩

『성경』, 한국천주교중앙협의회, 2005.
Thomas Aquinas, *Sancti Thomae Aquinatis Opera omnia iussu Leonis XIII*, Rome 1882f.
──, 『신학대전』, 정의채·이재룡 외 옮김, 바오로딸 1985-2020; 한국성토마스연구소 2020f.
──, 『대이교도대전』, 신창석·박승찬·김율 옮김, 분도출판사 2015f.
──, 『신학요강』, 박승찬 옮김, 도서출판 길 2022.
──, 『영혼에 관한 토론문제』, 이재룡·이경재 옮김, 나남 2013.
──, 『지성단일성』, 이재경 옮김, 분도 2007.
──, 『존재자와 본질』, 박승찬 옮김, 도서출판 길 2021.
──, 『신앙의 근거들』, 김율 옮김, 철학과현실 2005.
──, 『자연의 원리들』, 김율 옮김, 철학과현실 2005.

Anselmus Canturiensis, *Opera omnia*, ed. F. S. Schmitt, Stuttgart, Bad Cannstatt: Frommann 1984
Aristoteles, *Categories*, trans. E. Edghill, Oxford: Clarendon 1928(『범주론, 명제론』, 김진성 옮김, 이제이북스 2005).
──, *Posterior Analytics*, trans. G. Mure, Oxford: Clarendon 1928.
──, *Physics*, trans. R. Waterfield, Oxford: Oxford University Press 1996.
──, *On Generation and Corruption*, trans. H. Joachim, Oxford: Clarendon

1930.

──, *Parts of Animals*, trans. A. L. Peck, Cambridge, MA: Harvard University Press 1937.

──, *History of Animals*, trans. D. Thompson, Oxford: Clarendon 1910.

──, *Metaphysics*, trans. & ed. W. D. Ross, Oxford: Clarendon 1908(『형이상학』, 김진성 옮김, 이제이북스 2007; 조대호 옮김, 도서출판 길 2017).

──, *Eudemian Ethics*, trans. P. Simpson, Piscataway, NJ: Transaction Publishers 2013(『에우데모스 윤리학』, 송유레 옮김, 한길사 2012).

──, *Nicomachean Ethics*, trans. T. Irwin, Indianapolis: Hackett 1999(『니코마코스 윤리학』, 김재홍 외 옮김, 도서출판 길 2011).

Augustinus, *Confessiones*, ed. L. Verheijen, Turnhout: Brepols 1981(『고백록』, 성염 옮김, 경세원 2016).

──, *De Civitate Dei*, eds. B. Dombart & A. Kalb, Turnhout: Brepols 1955. (『신국론』, 성염 옮김, 분도출판사 2004).

Bernard von Clairvaux, *Sämtliche Werke* (Lat./Dt.), Innsbruck: Tyrolia 1990-1999.

Henricus de Gandavo, *Quodlibet* I, ed. R. Macken(Henricus de Gandavo opera omnia V), Louvain 1979.

──: *Quodlibet* IX, ed. R. Macken(Henricus de Gandavo opera omnia XIII), Louvain 1983.

(eds.) Denifle, H. & Chatelain, E., *Chartularium Universitatis Parisiensis*, 4 vols., Paris 1899.

(ed.) Hissette, R., *Enquête sur les 219 articles condamnés à Paris le 7 mars 1277*, Louvain; Paris 1977.

〈 2차 문헌 〉

김윤상, 「감정연구의 출발점으로서의 토마스 아퀴나스의 감정 개념」, 『독어독문학』 54, 2013, 69~89쪽.

김율, 「성 토마스의 후기 저작에 나타난 의지와 지성의 작용적 통일성과 의지의 자유」, 『가톨릭철학』 7, 2005, 206~31쪽.

──, 「토마스 아퀴나스 자유결단 이론의 의미와 한계」, 『철학연구』 96, 2005, 81~109쪽.
──, 「정념에 대한 책임」, 『가톨릭철학』 8, 2006, 82~115쪽.
──, 「의지의 자기운동은 운동공리에 맞서 어떻게 정당화될 수 있는가? 헨리쿠스 간다벤시스를 중심으로」, 『철학』 91, 2007, 107~32쪽.
──, 「의지는 대상에 의해 왜 필연적으로 움직여지지 않는가」, 『중세철학』 14, 2008, 139~210쪽.
김율·정현석, 「영혼 능력의 존재론적 위상과 그 체계」, 『인문과학연구』 53, 2024, 33~54쪽.
박승찬, 「아퀴나스: 영혼론의 새로운 체계화」, 『마음과 철학, 서양편 (상): 플라톤에서 마르크스까지』, 서울대학교출판문화원 2012, 115~49쪽.
──, 『서양 중세의 아리스토텔레스 수용사』, 누멘 2010.
서병창, 「감정과 이성의 정치적 관계」, 『가톨릭철학』 24, 2015, 73~106쪽.
──, 「토마스 아퀴나스에 따른 의지의 필연적 추구와 공적의 문제」, 『인격주의 생명윤리』 14, 가톨릭생명윤리연구소 2024.
손은실, 「토마스 아퀴나스의 아리스토텔레스 주석: 〈니코마코스 윤리학 주석〉을 중심으로」, 『서양고전학연구』 28, 2007, 173~98쪽.
──, 「보에티우스 다치아의 〈최고선에 관하여〉: 13세기의 신학적 행복론과 철학적 행복론의 충돌?」, 『철학사상』 41, 2011, 307~45쪽.
이경재, 「자유, 그 진정한 의미와 한계」, 『중세철학』 8, 2002, 109~38쪽.
이상섭, 「의지의 자유선택에 있어서 이성의 역할: 토마스 아퀴나스에게서 의지와 이성의 관계에 대한 하나의 고찰」, 『철학연구』 145, 2018, 325~50쪽.
──, 「토마스 아퀴나스에게서 개별선, 공동선, 최고선의 관계와 형이상학적 근거」, 『철학연구』 130, 2014, 219~46쪽.
──, 「자기실현에서 자기규정으로」, 『철학』 118, 2014, 27~58쪽.
이재경·정현석, 「거룩한 가르침과 철학의 역할」, 『인격주의 생명윤리』 12, 2022, 115~51쪽.
이재룡, 「성 토마스의 형이상학」, 『신학과 사상』 49, 2004, 153~207쪽.
이진남, 「지성과의 화해: 아리스토텔레스와 아퀴나스의 욕구 개념」, 『범한철학』 54, 2009, 169~94쪽.
이태수, 「감정의 변증론적 이해」, 『감성연구』 5, 2012, 5~29쪽.
임경헌, 「토마스 아퀴나스 사상에서 지성과 의지의 관계: 최초의 운동에 관한 아리스토텔레스의 힌트」, 『철학사상』 73, 2019, 33~67쪽.
장욱, 『중세철학의 정신』, 동과서 2002.

정현석, 「철학의 행복과 종교의 행복: 아베로에스를 중심으로」, 『가톨릭철학』 25, 2015, 5~32쪽.
──, 「죽은 몸과 되살아난 몸의 수적 동일성 문제를 통한 1277년 단죄의 재조명」, 『가톨릭철학』 27, 2016, 35~79쪽.
한석환, 『감정의 귀환』, 성균관대학교출판부 2022.

Aertsen, J., "Thomas von Aquin: Alle Menschen verlangen von Natur nach Wissen", ed. T. Kobusch, *Philosophie des Mittelalters*, Darmstadt: Wissenschaftliche Buchgesellschaft 2008, pp. 186~201.
Auer, J., *Die menschliche Willensfreiheit im Lehrsystem des Thomas von Aquin und Johannes Duns Scotus*, München 1938.
Bradley, D., *Aquinas on the Twofold Human Good*, Washington D.C.: The American Catholic University Press 1997.
Brungs, A., *Metaphysik der Sinnlichkeit*, Halle: Hallescher Verlag 2002.
Celano, A. J., "The 'Finis hominis' in the thirteenth century commentaries on Aristotle's Nicomachean Ethics", in: *Archives d'histoire doctrinale et littéraire du moyen âge* 53, 1986, pp. 23~53.
──, "Act of the Intellect or Act of the Will: the Critical Reception of Aristotle's Ideal of Human Perfection in the 13th and early 14th Centuries", in: *Archives d'histoire doctrinale et littéraire du moyen âge* 57, 1990, pp. 93~119.
Chenu, M.-D., *Das Werk des Hl. Thomas von Aquin*, übers. von O. M. Pesch, Graz: Styria 21982.
Dales, R., *The Problem of the Rational Soul in the Thirteenth Century*, Leiden: Brill 1995(『13세기의 영혼 논쟁』, 이재룡 옮김, 가톨릭대학교출판부 2010).
Davies, B., *Aquinas's Summa Theologiae: Critical Essays*, Lanham: Rowman and Littlefied 2005.
De Boer, S., *The Science of the Soul*, Leuven: Leuven University Press 2013.
Elders, L., *Die Metaphysik des Thomas von Aquin in historischer Perspektive* I, Salzburg: Pustet 1985(『토마스 아퀴나스의 형이상학』, 박승찬 옮김, 가톨릭출판사 2003).
Floyd, S., "Aquinas on Emotions: A Response to Some recent Interpretations", *History of Philosophy Quarterly* 15, 1998, pp. 161~75.
Frey, J., "Happiness as the constitutive principle of action in Thomas

Aquinas", *Philosophical Explorations* 22, 2019, pp. 208~21.

Fuchs, M., "Philia and Caritas: some aspects of Aquinas's reception of Aristotle's theory of friendship", eds. T. Hoffmann et al., *Aquinas and the Nicomachean Ethics*, Cambridge: Cambridge University Press 2013, pp. 203~19.

Gilson, É., *L'esprit de la philosophie médiévale*, Paris: Vrin 21969.

-----, *The Philosophy of St. Thomas Aquinas*, trans. by E. Bullough, New York 1948.

Glorieux, P., "Les Questions disputées de Saint Thomas et leur suite chronologique", *Recherches de théologie ancienne et médiévale* 4, 1932, pp. 5~33.

Gondreau, P., *The Passions of Christ's Soul in the Theology of St. Thomas Aquinas*, Münster: Aschendorff 2002.

Gorman, M., "Intellect and Will", eds. E. Stump et al., *The New Cambridge Companion to Aquinas*, Cambridge: Cambridge University Press 2022, pp. 211~30.

Hoffmann, T., "Freedom without Choice: Medieval Theories of the Essence of Freedom", ed. T. Williams, *The Cambridge Companion to Medieval Ethics*, Cambridge: Cambridge University Press 2018, pp. 194~216.

——, *Free Will and the Rebel Angels in Medieval Philosophy*, Cambridge: Cambridge University Press 2021.

——, "Intellectualism and voluntarism", ed. R. Pasnau, *The Cambridge History of Medieval Philosophy*, Cambridge: Cambridge University Press 2009, pp. 414~27.

Hoping, H., *Weisheit als Wissen des Ursprungs. Philosophie und Theologie in der >Summa contra Gentiles< des Thomas von Aquin*, Freiburg: Herder 1997.

House, J., "Thomas Aquinas and the Voluntarists", *Medieval Philosophy and Theology* 6, 1997, pp. 167~82.

Imbach, R., "Was bringt das Klettern?", *Freiburger Zeitschrift für Philosophie und Theologie* 61, 2014, pp. 1~18.

Irwin, T., *The Development of Ethics. Vol. 1: From Socrates to the Reformation*, Oxford: Oxford University Press 2007.

Jeschke, T., *Die Lehre von den Seelenpotenzen bei Durandus von Saint-Pourçain*, Leiden: Brill 2022.

Keenan, J., *Goodness and Rightness in Thomas Aquinas's Summa theologiae*, Washington D.C.: Georgetown University Press 1992.

Kenny, A., *Aquinas on Mind*, London: Routledge 1993(『아퀴나스의 심리철학』, 이재룡 옮김, 가톨릭대학교출판부 1999).

Kent, B., *Virtues of the Will*, Washington D.C.: The Catholic University of America Press 1995.

Kretzmann, N., *The Metaphysics of Creation*, Oxford:. Clarendon 1999.

Kim, Y., *Selbstbewegung des Willens bei Thomas von Aquin*, Berlin: Akademie 2007.

──, "A Change in Thomas Aquinas's Theory of the Will: Solution to a Long-Standing Problem", *American Catholic Philosophical Quarterly* 82, 2008, pp. 221~36.

King, P., "Aquinas on the Passions", eds. by S. MacDonald & E. Stump, *Aquinas's Moral Theory*, Ithaca: Cornell University Press 1999, pp. 101~32.

──, "Late Scholastics Theories of the Passions: Controversies in the Thomistic Tradition", eds. by H. Lagerlund & M. Yrjönsuuri, *Emotions and Choice from Boethius to Descartes*, Dordrecht: Kluwer 2002, pp. 229~58.

──, "Dispassionate Passions", eds. M. Pickavé & L. Shapiro, *Emotion and Cognitive Life in Medieval and Early Modern Philosophy*, Oxford: Oxford University Press 2012, pp. 9~31.

──, "Emotions", ed. B. Davies, *Oxford Handbook of Aquinas*, Oxford: Oxford University Press 2012, pp. 209~26.

Knuuttila, S., *Emotions in Ancient and Medieval Philosophy*, Oxford: Oxford University Press 2004.

Korolec, J., "Free Will and Free Choice", eds. N. Kretzmann et al., *The Cambridge History of Later Medieval Philosophy*, Cambridge: Cambridge University Press 1982, pp. 629~41.

Kretzmann, N., "Philosophy of mind", eds. N. Kretzmann & E. Stump, *The Cambridge Companion to Aquinas*, Cambridge: Cambridge University Press 2006, pp. 128~59.

Künzle, P., *Das Verhältnis der Seele zu ihren Potenzen*, Fribourg: Universitätsverlag 1956.

Lonergan, B., *Grace and Freedom: Operative Grace in the Thought of St. Thomas Aquinas*, ed. by R. Crowe, Toronto: University of Toronto Press 2000(『은총과 자유』, 김율 옮김, 가톨릭출판사 2005).

Lottin, D. O., *La théorie du libre arbitre depuis S. Anselme jusqu'à S. Thomas d'Aquin*, Louvain: St.-Maximin 1929.

─── , "Liberté humaine et motion divine de S. Thomas d'Aquin la condamnation de 1277", *Recherches de théologie ancienne et médiévale* 7, 1935, pp. 52~69.

─── : *Psychologie et morale aux XIIe et XIIIe siécles*, Gembloux: J. Duculot 1957.

Loughlin, S., "Similarities and Differences Between Human and Animal Emotion in Aquinas's Thought", *The Thomist* 65, 2001, pp. 45~65.

Miner, R., *Thomas Aquinas on the Passions*, Cambridge: Cambridge University Press 2009.

Müller, J., "Duplex beatitudo: Aristotle's Legacy and Aquinas's Conception of Happiness", eds. T. Hoffmann et al., *Aquinas and the Nicomachean Ethics*, Cambridge: Cambridge University Press 2013, pp. 52~71.

Murphy, C., "Aquinas on Our Responsibility for Our Emotions", *Medieval Philosophy and Theology* 8, 1999, pp. 163~205.

Pasnau, R., *Thomas Aquinas on Human Nature: A Philosophical Study of Summa theologiae 1a 73–89*, Cambridge: Cambridge University Press 2002.

Perkams, M., "Aquinas on choice, will and voluntary action", eds. T. Hoffmann et al., *Aquinas and the Nicomachean Ethics*, Cambridge: Cambridge University Press 2013, pp. 72~90.

Perler, D., *Transformation der Gefühle*, Frankfurt a. M.: Fischer 2001.

─── , "How Many Souls Do I Have? Late Aristotelian Debates on the Plurality if Faculties", eds. R. Friedman & J.-M. Counet, *Medieval Perspectives on Aristotle's De anima*, Louvain: Peeters 2013, pp. 277~96.

─── , *Eine Person sein*, Frankfurt a. M.: Klostermann 2020.

Pesch, O. M., "Philosophie und Theologie der Freiheit bei Thomas von Aquin in quaest. disp. 6 De malo", *Münchner Theologische Zeitschrift* 13, 1962, pp. 1~15.

Pickavé, M., "Thomas von Aquin: Emotionen als Leidenschaften der Seele", eds. H. Landweer & U. Renz, *Klassische Emotionstheorien der Philosophiegeschichte*, Berlin: De Gruyter 2008, pp. 187~204.

――, "Pleasure in Later Medieval Latin Philosophy: The Case of Thomas Aquinas", ed. L. Shapiro, *Pleasure: A History*, Oxford: Oxford University Press 2018, pp. 99~123.

Pope, S., *The Ethics of Aquinas*, Washington D.C.: Georgetown University Press 2002(『아퀴나스의 윤리학』, 이재룡 옮김, 한국성토마스연구소 2021).

Porro, P., *Thomas Aquinas*, trans. J. Trabbic & R. Nutt, Washington D.C.: The Catholic University America Press 2016.

Putallaz, F., *Insolente liberté: controverses et condamnations au XIIIe siècle*, Paris: Cerf 1995.

Riesenhuber, K., *Die Transzendenz der Freiheit zum Guten*, München: Berchmanskolleg 1971.

――, "The Bases and Meaning of Freedom in Thomas Aquinas", *Proceedings of the American Catholic Philosophical Association* 48, 1974, pp. 99~111.

Roberts, R., "Thomas Aquinas on the Morality of Emotions", *History of Philosophy Quarterly* 9, 1992, pp. 282~305.

Ricken, F., "Aristotelische Interpretationen zum Traktat De passionibus animae (Summa theologiae I II 22-48) des Thomas von Aquin", ed. M. Thurner, *Die Einheit der Person*, München: Kohlhammer 1998, pp. 125~40.

Ryan, C., "Man's Free Will in the Works of Siger of Brabant", *Mediaeval Studies* 45, 1983, pp. 155~99.

Schönberger, R.: *Thomas von Aquins >Summa contra gentiles<*, Darmstadt: Wissenschaftliche Buchgesellschaft 2001.

――, *Anselm von Canterbury*, München: C. H. Beck 2004.

――, "Im Grunde frei. Über die gemeinsame Grundlage von Handlungs- und Behauptungsansprüchen", eds. C. Erhard et al., *Die Zukunft der Metaphysik*, Hamburg: Felix Meiner 2023, pp. 113~38.

Schockenhoff, E., "Die Lehre von den passiones animae in der Anthropologie des Thomas von Aquin", eds. Ch. Schäfer & M. Thurner, *Passiones animae: Die 'Leidenschaften der Seele' in der mittelalterlichen Theologie und Philosophie*, München: Akademie Verlag 2013, pp. 225~44.

Stadter, E., *Psychologie und Metaphysik der menschlichen Freiheit*, München: Schöningh 1971.

Stump, E., "Aquinas's Account of Freedom: Intellect and Will", *The Monist* 80,

　　　　1997, pp. 576~97.

──, *Aquinas*, London: Routledge 2003.

Teste, M., "Utrum felix indigeat amicis: The Reception of the Aristotelian Theory of Friendship at the Arts Faculty in Paris", ed. B. István, *Virtue Ethics in the Middle Ages*, Leiden: Brill 2007, pp. 173~95.

Wang, S. "Aquinas on Human Happiness and the Natural Desire for God", *New Blackfriars* 88, 2007, pp. 322~34.

──, "The Indetermination of Reason and the Role of the Will in Aquinas's Account of Human Freedom", *New Blackfriars* 90, 2008, pp. 108~29.

Weisheipl, J., *Friar Thomas d'Aquino*, New York: Doubleday 1974(『토마스 아퀴나스 수사』, 이재룡 옮김, 성바오로 1998).

Westberg, D., "Did Aquinas Change his Mind about the Will?", *The Thomist* 58, 1994, pp. 41~60.

Wieland, G., "Happiness: the perfection of man", eds. N. Kretzmann et al., *The Cambridge History of Later Medieval Philosophy*, Cambridge: Cambridge University Press 1982, pp. 673~86.

Williams, T., "Human Freedom and Agency", ed. B. Davies, *The Oxford Handbook of Aquinas*, Oxford: Oxford University Press 2012, pp. 199~208.

──, "Will and Intellect", ed. T. Williams, *The Cambridge Companion to Medieval Ethics*, Cambridge: Cambridge University Press 2018, pp. 238~56.

Wippel, J., *The Metaphysical Thought of Thomas Aquinas*, Washington D.C.: The Catholic University of America Press 2000.

Zimmermann, A., "Der Begriff der Freiheit nach Thomas von Aquin", ed. L. Oeing-Hanhoff, *Thomas von Aquin 1274-1974*, München: Kösel 1974, pp. 125~60.

| 찾아보기 |

「로마서」 30
「마태오 복음서」 32
「요한 복음서」 32
「콜로새 신자들에게 보낸 서간」 30

『결단의 자유』(De libertate arbitrii) 109
『고백록』 28
『국가』 167
『니코마코스 윤리학』 9, 12, 13, 15, 33~35, 48, 64, 111, 126, 167, 175
『대이교도대전』 31, 32, 36, 42, 80, 108, 125
『동물지』 166
『명제집 주해』 48, 108
『범주론』 162
『분석론 후서』 13, 39
『수사학』 172
『신학대전』 16, 30, 35, 37, 48, 50, 60, 61, 64, 99, 100, 108, 110, 112, 120, 121, 130, 131, 133, 134, 136, 140, 151, 153, 155, 163, 172, 177, 184, 187, 191, 194
『악론』 108, 112, 133, 136, 144, 194
『영적 피조물에 대한 토론문제』 65
『영혼론』 22, 46, 71, 88, 180
『영혼론 주해』 12, 29
『영혼에 대한 토론문제』 64

『원인론』 43
『원인론 주해』 15
『은총과 자유 결단』(De gratia et libero arbitrio) 109
『자연학』 25, 65, 167
『진리론』 75, 99, 104, 108, 121, 127, 151, 153, 155, 163, 176, 181, 183
『최고선에 대하여』 38
『형이상학』 21, 22, 66, 88, 118, 157

| ㄱ |

가능성 15, 23, 24, 37, 60~63, 66, 81, 91, 92, 115, 130, 151, 153, 168, 169, 186, 188~92, 194~96
 - 제이가능성 24, 95
 - 제일가능성 24
가능 지성 23
감각 21, 22, 28, 40, 59, 64, 68, 71, 76, 85, 88, 89, 93, 105, 154, 160, 177, 183, 185
감정 17, 123, 149~51, 153~57, 159~63, 167~97, 199
개별자 75, 76, 88, 103, 134
결정론 123
 - 감정결정론 123

212 행복과 자유 서양 중세 윤리학 연구

- 심리결정론 123~25, 127, 129
- 우주론적 결정론 123
- 주지주의적 결정론 123
- 지성결정론 123

경향 24, 74, 80~89, 93, 114, 116, 122, 137, 144, 145, 164, 165, 169
- 자연적 경향(inclinatio naturalis) 136, 137, 144, 163, 164

계몽주의 19
고데프리두스 데 폰티부스(Godefridus de Fontibus) 107
고통 42, 155, 165, 170, 173, 174
관능(sensualitas) 29, 163, 183, 184, 191, 192
구알테루스 브루겐시스(Gualterus Brugensis) 108
그리스도교 14, 40, 57, 109, 149
- 그리스도교 신학 14
- 그리스도교적 삶 13
- 그리스도교적 자유 58

그리스적 인간들(homines Graeculae) 150

|ㄴ|

능동자 67, 88, 89, 97
능력 17, 59, 61~69, 72, 73, 76, 86, 90, 103, 104, 111, 119, 129, 133, 146
- 능동적 능력 66~68, 98, 103, 108, 134
- 반성적 능력 104, 108
- 수동적 능력 66~68, 88, 97, 98, 160
- 식물적 능력 71, 73, 74
- 욕구(적) 능력 72, 74~76, 78, 79, 88, 90, 94, 95, 98, 126, 157~61, 163, 167
- 지성(적) 능력 60, 69, 72, 74, 88, 117, 120

능동 지성 41
능력심리학 59, 160, 163
니사의 그레고리우스(Gregorius Nyssenus) 109

|ㄷ|

다가섬(accessum) 167, 168, 170
단죄(1277년) 38, 123, 124
덕(德)/탁월성 9, 10, 12, 14, 16, 150
- 성격적 덕(성격적 탁월성) 150

덕 윤리 14
도덕심리학 110, 123

|ㄹ|

라틴아베로에스주의 107
로베르투스 그로세테스테(Robertus Grosseteste) 14

|ㅁ|

목적 19, 20, 22, 25, 27, 32, 48~51, 66, 68, 74, 75, 78, 80~86, 90~92, 94~96, 98, 102, 103, 111, 112, 116, 117, 126, 132~35, 145~47, 169, 184
- 최종 목적 32, 114, 115, 121, 136~40

목적인 91, 94~99, 102, 132, 136, 160
무지 42
물러섬(recessum) 167, 168, 170
물질 13

|ㅂ|

발출(exitus, 나옴) 31
베르나르두스, 클레르보의(Bernardus Claravallensis) 26, 109
보나벤투라(Bonaventura) 14, 109, 110
보에티우스(Boethius) 109
보에티우스, 다치아의(Boetius de Dacia) 38
보편자 75, 76, 88, 144, 145

찾아보기 **213**

볼프, 크리스티안(Wolff, Christian) 163
부활 53~55
분노 149, 150, 154, 166, 167, 171~74, 178, 179, 190
분리 실체(substantia separata) 25, 26, 41~43, 45, 46
불완전자의 현실성(actus imperfecti) 22
비물질성 76, 146
비참(miseria) 57, 138

습성(habitus) 110, 111, 135, 161, 162, 186
신(神) 25, 26, 30~33, 35~37, 40, 41, 43, 45~51, 53~56, 58, 61, 62, 140, 182
신 인식 16, 32, 36~41, 44
신 존재 증명 37
신의 모상(imago Dei) 31
신의 향유(fruitio Dei) 50
신앙 30, 40, 41, 45
신플라톤주의 25, 31, 70, 109
신학 13, 37
실천철학 13, 17

| ㅅ |

삼위일체 40
생명 16, 33, 73, 93, 95
생장 59
선(善, bonum)/좋음 10~12, 30, 34, 39, 43, 51, 53, 55, 75, 76, 78, 84, 87, 90, 91, 94, 95, 97, 100~04, 113~16, 126, 128, 131~34, 137~43, 147, 157, 160, 164~66, 168~72, 174, 182
 - 보편적 선(bonum universale) 102, 113, 136~39
 - 외적 선(bonum exterior) 54, 55
 - 최고선(summum bonum) 38, 43, 49~51, 114, 115, 141
선성(善性) 29, 46, 87, 92, 96, 114, 131, 139, 140, 146
성경 13, 16, 27, 31, 33, 36, 45, 46
소크라테스(Socrates) 20
수동(passio) 68, 98, 151~56, 159, 161, 162
 - 신체적 수동(passio corporalis) 154~56
 - 영혼적 수동(passio animalis) 154~56
수의적인 것(voluntarium) 175, 184, 187, 188
스콜라철학 58, 110, 122
스토아철학 149

| ㅇ |

아랍 철학 37
아리스토텔레스(Aristoteles) 11~16, 20~23, 26, 29, 31~37, 39, 45, 46, 48, 51, 55, 64, 65, 67, 71, 80, 88, 90, 93~95, 108, 111, 118, 126, 150, 152, 157, 158, 161, 167, 172, 174, 175
아리스토텔레스 금지령 14
아베로에스(Averroes, Ibn Rushd) 37, 41
아벰파체(Avempace) 41
아비첸나(Avicenna, Ibn Sina) 37
아우구스티누스(Augustinus) 13, 28, 29, 42, 53, 58, 109, 149, 150, 191
아울루스 겔리우스(Aulus Gellius) 149
악(惡) 43, 157, 160, 165, 166, 168, 170~74, 187, 193
알렉산드로스, 아프로디시아스(Alexander von Aphrodisias) 41
알베르투스 마그누스(Albertus Magnus) 14, 107, 109, 110
애지디우스 로마누스(Aegidius Romanus) 107
에픽테토스(Epiktetos) 149
영광의 빛(lux gloriae) 47
영혼 9, 12, 13, 16, 17, 24, 29, 36, 37, 42, 45, 46, 49, 52, 54, 56, 57, 59, 61~65,

67, 69~75, 77~79, 84, 93~98, 102~05, 110, 113, 123, 147, 149, 153~57, 159, 161, 165, 169, 175, 195
- 분리 영혼(anima separata) 53~55
- 지성혼(anima intellectiva) 52, 57, 89

영혼 능력 12, 59, 63, 65, 68~74, 100, 104, 110, 111, 129, 133, 134, 154, 156, 158, 162, 175

오리게네스(Origenes) 109

올리비, 페트루스 요하네스(Olivi, Petrus Johannes) 14

완전성 16, 22, 25, 30, 43~45, 48, 50, 54, 79, 91, 133, 163

욕구 20~23, 25, 26, 29, 31, 32, 36, 39, 41, 42, 49, 51, 53, 59, 64, 75, 76, 78, 83~88, 90~96, 100, 102, 108, 110~15, 117, 126, 127, 137, 146, 154, 159~61, 163, 165, 186
- 감각적 욕구(appetitus sensitivus) 75, 76, 85~89, 93, 94, 96, 98, 105, 159, 160, 163, 175~78, 180, 183, 185
- 자연적 욕구(appetitus naturalis) 83~86, 88, 93, 94
- 지성적 욕구(appetitus intellectivus) 76, 77, 87~89, 113, 159, 160
- 합리적 욕구(appetitus rationalis) 77

욕망 28, 29, 165~67, 169, 192, 193

우유(偶有, accidens) 54, 62, 63, 68, 70

운동 21, 22, 25, 31, 49, 52, 65, 72, 74, 76, 79~83, 85, 91~94, 96~104, 114, 131~36, 138, 140, 142, 143, 147, 152, 159~61, 163, 167~70, 173, 175, 177, 178, 180, 182, 185, 191~93, 197

운동인(causa movens) 67, 96

원죄(原罪) 58, 191

원함(velle) 99, 111

원환 운동 25, 31

월하(月下) 세계 103

위(僞)디오니시우스(Pseud Dionysius Areopagita) 90

유출 70

육체 12, 13, 29, 42, 45, 48, 52~55, 57, 64, 68, 73, 154, 180
- 동물적 육체(corpus animale) 55

윤리신학 13, 17, 48

윤리학 12, 15, 16

은총 14, 40, 52

의지 17, 40, 48, 50~52, 57~59, 64, 65, 75~77, 79, 80, 83, 87~90, 96~104, 108~16, 119, 121~29, 131~47, 159, 160, 177, 179~82, 184~89, 192~96
- 의지 능력 90, 130, 131, 159
- 의지 운동 51, 90, 96~99, 135, 146, 180
- 의지 활동 62, 77, 96, 100, 102, 104, 113, 123, 129~32, 135~40, 142~45, 147, 183

이성 40, 45, 110~12, 117~20, 122, 124, 125, 128, 141, 145~47, 167, 174, 175, 178, 179, 182~88, 190, 194, 195
- 개별적 이성(ratio particularis) 178, 179

인식 형상(forma cognita) 77, 84, 94, 97, 132

| ㅈ |

자기 원인(causa sui) 118

자기 확산자(diffusivum sui) 90

자유 57, 58, 86, 87, 115, 116, 118, 119, 122, 124, 127, 136, 139, 141
- 실행의 자유 139, 141
- 종별화의 자유 139, 141, 143

자유 결단(liberum arbitrium) 58, 86, 109~12, 114, 116~20, 122, 124, 125, 127

자유 의지 17, 58, 108~10

작용의 근거(ratio agendi) 92, 96

작용인 94, 96~99, 102, 126
장소 이동 능력 71, 72, 74
정신 13, 158
제라르 다베빌(Gerard d'Abbeville) 108
제일원인 15, 16, 32, 37, 38, 45
제일철학 37
주의주의(主意主義, voluntarism) 108, 122
주지주의(主知主義, intellectualism) 122
주체 11, 12, 21, 58, 70, 73, 82, 93, 94, 100, 102, 129~31, 151, 152, 187
증명 37~40, 58, 59, 112, 122
지배권(dominium) 87, 88, 116, 118, 190
지성 15~17, 22~26, 36, 40, 42, 44~47, 51, 52, 54, 62, 65, 74~77, 79, 88, 89, 96~104, 108, 110~13, 116, 117, 121~29, 131, 132, 134~36, 140~44, 146, 147, 176, 177
지성적 실체 46, 52, 57
지성적 피조물 46, 52
지성체 43
지향(intentio) 74, 75, 79, 91, 97
진(眞, verum) 100~03, 132, 134, 137, 158
질료 22~24, 26, 50, 52, 144, 147
질서 부여자(ordinator) 37

| ㅊ |

천사 26, 44, 46, 52, 58, 60~62
천체/상위 물체(corpus superior) 37, 69, 103, 123, 180
친구 49, 54~56

| ㅋ |

캔터베리의 안셀무스(Anselmus Cantuariensis) 58, 102, 109

| ㅌ |

탁발수도회 107
택함(eligere) 111, 112
테미스티우스(Themistius) 41
토마스 아퀴나스(Thomas Aquinas) 9, 11, 12, 14~17, 20~26, 29~37, 39~56, 58~62, 64~71, 73~86, 88, 90~95, 97, 99, 100, 102~04, 107~33, 135, 136, 138, 139, 141, 142, 144~47, 151~58, 160, 162, 163, 165~70, 172~79, 181~85, 187, 188, 190~94, 196
토마스 중심주의 15

| ㅍ |

파리 대학 14, 56, 107
판단 86, 87, 99, 116~29, 141~43, 146, 160, 177, 178, 184~86
 - 자연적 판단(iudicium naturale) 105, 117, 177
 - 합리적 판단(iudicium rationale) 116~18, 122
평가력(vis aestimativa) 160, 177
플라톤(Platon) 26, 167
피동의 기동자(movens motum) 95

| ㅎ |

하위 물체(corpus inferior, 지상계의 물체) 69, 103, 134
행복 12, 14~17, 19, 20, 32~39, 41~58, 114, 121, 136~39
 - 관조적 행복 32
 - 그리스도교적 행복 33
 - 불완전한 행복 36, 52, 55
 - 영원한 행복 33
 - 완전한 행복 33, 35, 36, 42, 44~46, 52, 54~56
헨리쿠스 간다벤시스(Henricus

Gandavensis)　124
헨리쿠스 바테누스(Henricus Batenus)
　　107
현실성　22~24, 52, 60~64, 66, 82, 90~92,
　　94, 98, 100, 142, 182
　- 제이현실성(actus secundus)　24, 63,
　　90, 95, 96, 98, 99, 162
　- 제일현실성(actus primus)　24, 63, 90,
　　95, 96, 99, 162
형상　22~24, 50~52, 63, 64, 73, 80, 82,
　　84~86, 92, 95, 113, 131, 132, 144,
　　145, 147, 154, 156, 176
형상의 이중화　84
회귀(reditus, 돌아감)　31